文系プログラマーのための

Python
で学び直す
高校数学

谷尻かおり メディックエンジニアリング

日経BP社

はじめに

　もう一度、数学を学び直したい——理由はどうであれ、本書を手にした方の共通する思いでしょう。もちろん本気で数学を勉強したいのなら、学習参考書のほうが適切です。しかし、みなさんは試験のために勉強するわけではないでしょう？

　おそらく、みなさんはプログラマーか、プログラマーを目指す方たちだと思います。実際にプログラミングをしながら、「もっとちゃんと数学を勉強しておけばよかったな……」と思った方もいるでしょう。「話題の機械学習やAIについて勉強しようと書籍を買ってみたけれど、何が書いてあるのかさっぱりわからない！」と挫折した方も、中にはいるかもしれませんね。そんなみなさんのお手伝いができれば……と思いながら書いたのが、この本です。

　本書で取り上げるのは、小学校から高校卒業までに習う数学テーマの、ごく一部です。学習参考書とは違って問題の解き方を重視するのではなく、学生時代にいつも思っていた「こんなの何に使うんだろう？」、「いったい何の役に立つんだろう？」という疑問に対して、「コンピュータの世界では、こんなふうに使うよ」、「これを使えば、こんなことができるよ」という答えを示すことに努めました。現在の高校数学では習わない「行列」を取り上げたのも、行列がコンピュータグラフィックス（CG）やゲームの世界で、とても重要なテーマだからです。

　また、ただ読んで漠然と理解するのでは

なく、「なるほど！」と思っていただけるように、Pythonで簡単なスクリプトを作って動作を確認できるような工夫もしました。スクリプトの中で使っている変数の値を変えたり、式の一部を変えたりすることで結果がどのように変わるのか、実際に試してみることで、さらに数学への理解が深まると思います。それと同時に、数学で習った公式をプログラムで実装するコツのようなものもつかんでいただけるはずです。

　繰り返しになりますが、本書は数学の問題を解くための本ではありません。私たちの身の回り、特にコンピュータの世界で数学がどのように使われているのか、具体的な例を見て、体験しながら数学知識を自分のものにすることを目指した本です。本来、数学は曖昧なところがないゆえに美しい学問なのですが、本書では数学を身近なものにすることを第一目標として、わかりやすさ、読みやすさを重視しました。そのため、数学を本格的に勉強した人から見れば「ん？」と首をひねる個所があると思います。そこはどうか片目をつぶって見逃していただければと思います。

　最後になりましたが、本書の執筆にあたり電気通信大学 情報理工学研究科 情報・ネットワーク工学専攻の関口 雄太氏に大変貴重なアドバイスをいただきました。心より御礼申し上げます。

谷尻 かおり

もくじ

はじめに ……………………………… 2
サンプルファイルのダウンロード ……… 8

第1章
コンピュータと「数」 …… 9

1 位取り記数法 …………… 10
1.1 10進位取り記数法 ………… 10
1.2 ○○の0乗 ………………… 11
1.3 2進位取り記数法 …………… 12
[Try Python] 10進数から2進数へ …… 13
[コラム] ○進法と○進数 …………… 13
1.4 16進位取り記数法 ………… 14
[Try Python] 10進数、2進数から16進数へ
…………………………………… 16

2 基数変換 …………………… 16
2.1 10進数から2進数へ ……… 16
[Try Python] 10進数から2進数に変換する
プログラム ……………………… 18
2.2 10進数を16進数に ……… 19
[Try Python] 10進数から16進数に変換する
プログラム ……………………… 19
2.3 2進数や16進数を10進数に ……… 20
[Try Python] ほかの位取り記数法から10進
数に変換するプログラム …… 21

3 コンピュータの世界の
数字のお話 ………………… 23
3.1 データの扱い方 …………… 24
[コラム] ゼロで埋めることの意味 …… 25
3.2 扱える値には限りがある …… 26

4 負の数の扱い方 ………… 27

4.1 $x + 1 = 0$を計算する ……… 28
4.2 2の"補数"って何だ？ ……… 29
4.3 符号ビットで正負を見分ける …… 31
4.4 どこまでの値を扱える？ …… 32
[コラム] 数値を扱うデータ型 ……… 33
4.5 2の補数と基数変換 ……… 34
[Try Python] 2の補数を調べる ……… 35

5 実数の表し方 …………… 35
5.1 桁には重みがある ………… 35
5.2 実数を基数変換する ……… 37
[Try Python] 10進数の実数を2進数に変換する
プログラム ……………………… 38
5.3 コンピュータは浮動小数点数を扱う
…………………………………… 40
5.4 避けられない実数誤差 …… 41

6 文字や色の扱い方 ……… 42
6.1 コンピュータは文字をどう扱うか …… 42
6.2 コンピュータは色をどう扱うか …… 44

第2章
コンピュータの「演算」
…………………………………… 47

1 算術演算はコンピュータの
四則演算 …………………… 48
1.1 計算式の書き方 …………… 48
[コラム] 複合演算子 ………………… 50
1.2 計算の優先順位 …………… 51
[コラム] ( )の役割 ………………… 53
1.3 実数誤差を減らす工夫 …… 53

2 シフト演算で掛け算・割り算 …… 54
2.1 桁を左右に動かす ………… 55
[コラム] シフト演算と算術演算 …… 58
2.2 右シフトには「算術」と「論理」の
2種類 ……………………… 59

3 コンピュータに特有のビット演算 ——61

3.1 ビット演算とは ——61
[Try Python] ビット演算を実行してみよう ——61

3.2 AND演算 ——62
3.3 OR演算 ——63
3.4 XOR演算 ——65
3.5 NOT演算 ——66
[Try Python] 複数桁のビット演算 ——66
3.6 2の補数を求める ——67
3.7 マスクをかけて一部を取り出す ——68
[Try Python] 色の成分を取り出す ——70
3.8 ビットをフラグとして利用する ——72
[Try Python] フラグを操作する ——74

4 コンピュータは論理演算で判断する ——78

4.1 比較演算 ——78
[Try Python] 比較演算でプログラムの流れを変える ——79
4.2 TrueとFalseを使う論理演算と真理値表 ——80
4.3 論理積（AND演算）——81
[Try Python] 論理積（AND演算）を使った成績判定プログラム ——83
4.4 論理和（OR演算）——83
[Try Python] 論理和（OR演算）でYもyも「はい」と判定する ——84

第3章
方程式で図形を描く ——87

1 matplotlibでグラフを描く ——88
[Try Python] グラフを描画する ——88

2 方程式からグラフへ ——90

2.1 方程式 ——91
[コラム] 文字式の書き方 ——92
2.2 関数 ——93
2.3 関数とグラフ ——95
[Try Python] 式を使ってグラフを描画する ——95

3 直線の方程式 ——97

3.1 2点を結ぶ直線 ——97
[Try Python] 連立方程式を解く ——99
3.2 直交する2本の直線 ——100
[Try Python] 点 (1,5) を通って直線
$$y = \frac{1}{2}x + \frac{1}{2}$$ と直交する直線 ——102

3.3 2直線の交点 ——103
[Try Python] 2直線の交点を求める ——103

4 比例式と三角比 ——104

4.1 比例式の性質 ——104
4.2 線分を$m:n$に内分する点 ——105
[コラム] 線分の中点を求める方程式 ——107
[Try Python] 線分を垂直に二等分する直線 ——108

4.3 三角比と円 ——110
[Try Python] 三角比を使って円を描く ——113
[コラム] 度数法と弧度法 ——115
4.4 三角比と角度 ——116
[Try Python] 直角をはさむ2辺の比から角度を求める ——117

5 三平方の定理 ——118

5.1 円の方程式 ——118
[Try Python] 半径rの円を方程式から描画する ——119
[Try Python] 円の中心が座標の原点以外のとき ——120

4

5.2 2点間の距離 ……………… 123

[コラム] 画像から実際の長さを求める方法 ……………… 124

6 便利な公式 ……………… 125

6.1 点から直線までの距離 ……………… 125

6.2 直線で囲まれた領域の面積 ……………… 127

[コラム] マウスを使って円を描く ……………… 129

第4章 ベクトル ……………… 133

1 ベクトルの演算 ……………… 134

1.1 ベクトルと矢印 ……………… 134

1.2 ベクトルの成分 ……………… 135

[コラム] ベクトルの成分を求める ……………… 137

1.3 ベクトルの方向 ……………… 137

[Try Python] ベクトルの方向を求める ……………… 138

1.4 ベクトルの大きさ ……………… 139

[コラム] 単位ベクトル ……………… 140

1.5 ベクトルの演算 ……………… 140

[Try Python] Pythonでベクトルの演算を実行 ……………… 144

[コラム] 大きさも方向も持たない
ゼロベクトル ……………… 144

1.6 ベクトルの分解 ……………… 145

2 ベクトル方程式 ……………… 147

2.1 直線の表し方 ……………… 147

[Try Python] 2点を結ぶ直線の方程式 ……………… 149

2.2 2直線の交点 ……………… 150

2.3 ベクトルを使う理由 ……………… 152

[コラム] 空間図形とベクトル ……………… 153

3 ベクトルの内積 ……………… 154

3.1 貢献度を計算する ……………… 154

[Try Python] 太郎くんの貢献度を求める ……………… 157

3.2 仕事の量を計算する ……………… 157

3.3 ベクトルの内積 ……………… 158

3.4 2直線のなす角度 ……………… 159

[Try Python] 2直線のなす角度を求める ……………… 160

3.5 内積の性質 ……………… 163

[コラム] コサイン類似度 ……………… 164

4 ベクトルの外積 ……………… 165

4.1 法線ベクトル ……………… 166

[Try Python] ベクトルの外積を求める ……………… 167

4.2 面積を求める ……………… 167

[Try Python] 三角形の面積を求める ……………… 168

第5章 行列 ……………… 171

1 行列とは ……………… 172

1.1 行列の表記方法 ……………… 172

1.2 行列の持つ意味 ……………… 173

[コラム] 本書の行列表記 ……………… 174

2 行列の演算 ……………… 174

2.1 足し算・引き算 ……………… 174

[Try Python] 行列の足し算と引き算を
Pythonで実行 ……………… 176

2.2 行列の実数倍 ……………… 177

[Try Python] 行列の実数倍を求める ……………… 178

2.3 掛け算 ……………… 178

[Try Python] 行列の掛け算を実行してみよう ……………… 180

2.4 掛け算のルール ……………… 180

[Try Python] $l×m$行列と$m×n$行列の掛け算 ……………… 181

2.5 単位行列 ……………… 182

[Try Python] 行列×単位行列を計算する ……………… 182

2.6 逆行列 ……………… 183

[Try Python] 逆行列を求める ……………… 184

2.7 逆行列と連立方程式 ……………… 184

[コラム] 行列を利用するメリット━━186
[Try Python] 逆行列で連立方程式を解く

━━━━186

3 図形の一次変換 ━━188

3.1 ベクトルと行列の関係 ━━188
[Try Python] ベクトルと行列の掛け算━━189
3.2 図形の対称移動━━190
[Try Python] x軸に対して線対称に変換する

━━━━190

3.3 図形の拡大と縮小━━195
[Try Python] 図形を拡大して描画する━━196
3.4 図形の回転━━197
[Try Python] 図形を回転させて描画する 198
[コラム] 回転行列ができるまで━━199
3.5 図形の平行移動━━201
3.6 2×2行列から3×3行列へ━━202
[Try Python] 図形を平行移動して描画する

━━━━204

3.7 一次変換の組み合わせ━━206
[Try Python] 図形を平行移動してから回転
させる━━207
[コラム] 変換行列を1つにまとめる━━210

第6章 集合と確率 ━━213

1 集合 ━━214

1.1 集合の特徴━━214
[Try Python] Pythonで集合を扱う━━215
1.2 いろいろな集合━━216
1.3 集合とデータベース━━220

2 順列と組み合わせ ━━221

2.1 場合の数━━222
[コラム]「試行」と「事象」の関係━━222
2.2 場合の数の求め方━━222
[Try Python] 集合の要素数━━224

2.3 順列 ━━224
[Try Python] 順列を求めるプログラム━━226
2.4 階乗 ━━228
[Try Python] 階乗の計算はfactorial()関数で

━━━━229

2.5 重複順列 ━━230
[Try Python] 重複順列をプログラムで求める

━━━━230

2.6 組み合わせ ━━231
[Try Python] 何通りの組み合わせがあるか
求める━━232

3 確率 ━━234

3.1 確率の求め方 ━━234
[Try Python] 確率を計算してみよう━━235
3.2 数学的確率と統計的確率━━238
3.3 積の法則と和の法則━━238
[Try Python] 3番目にくじを引く人が当たる
確率を求める━━240
3.4 モンテカルロ法━━241
[Try Python] モンテカルロ法で円周率を
計算しよう━━242

第7章 統計と乱数 ━━245

1 統計とは ━━246

1.1 母集団と標本━━246
[Try Python] CSVファイルを読み込む━━247
1.2 データのばらつき具合を見る━━249
1.3 平均値、中央値、最頻値━━250
[Try Python] 平均値、中央値、最頻値を求める
プログラム━━252
[コラム] NumPyとstatisticsモジュール━━253
1.4 度数分布図━━254
[Try Python] プログラムで度数分布図を作る

━━━━254

2 ばらつきを調べる ━━257

2.1 分散と標準偏差 ─────── 257

[Try Python] 分散、標準偏差をプログラムで
　　　　求める ─────────── 260

2.2 偏差値 ──────────── 262

[Try Python] 偏差値をプログラムで求める
　　　　　　　　　　　　　　 264

3 関係を調べる ────────── 265

3.1 散布図 ──────────── 266

[Try Python] 散布図をプログラムで描く
　　　　　　　　　　　　　　 267

3.2 共分散と相関係数 ────── 268

[Try Python] 相関係数を計算する ── 270

4 データから推測する ────── 270

4.1 移動平均 ─────────── 271

 [Try Python] 移動平均を計算する ── 272

4.2 回帰直線 ─────────── 275

[Try Python] 回帰直線の傾きと切片を求める
　　　　　　　　　　　　　　 277

5 ランダムに値を選ぶ ────── 279

5.1 乱数 ───────────── 280

5.2 乱数を使うときに注意すること ── 281

第8章　微分・積分 ──── 283

1 曲線とグラフ ────────── 284

1.1 変化を知る手がかり ───── 284

[Try Python] 年収グラフと差分グラフ ── 285

1.2 変化を読み取る ─────── 288

2 微分とは ──────────── 290

2.1 変化率 ───────────── 290

2.2 微分係数 ─────────── 292

2.3 微分する ─────────── 294

[コラム] 導関数の表記方法 ───── 295

2.4 微分の公式 ─────────── 296

[Try Python] $y = x^3 + 3x^2 + 3x + 1$と導関数
　　　$f'(x) = 3x^2 + 6x + 3$ ───── 297

2.5 導関数が教えてくれること ── 299

[コラム] 極小と極大 ───────── 301

3 積分とは ──────────── 302

3.1 変化を積み重ねる ─────── 302

3.2 積分する ─────────── 304

[Try Python] 棒グラフの幅と誤差の関係
　　　　　　　　　　　　　　 307

3.3 定積分・不定積分 ────── 309

3.4 原始関数 ─────────── 311

[コラム] 微分と積分の関係 ───── 313

3.5 積分の公式 ─────────── 314

[Try Python] $\int_{-3}^{3}(x^2 + 2x + 5)dx$の定積分を
　　　　求める ─────────── 316

3.6 積分定数 C とは ─────── 318

4 道具としての微分・積分 ──── 319

4.1 曲線の接線 ─────────── 320

[Try Python] 接線を描画する ──── 320

[コラム] 滑らかな曲線を描画する ── 322

4.2 輪郭の抽出 ─────────── 324

[Try Python] 画像の輪郭をプログラムで
　　　　抽出する ───────── 326

[コラム] 画像の面積を調べる ──── 328

4.3 円周と円の面積の関係 ───── 329

[Try Python] トイレットペーパーの長さを
　　　　求める ─────────── 330

4.4 円錐の体積 ─────────── 332

4.5 球の体積と表面積の関係 ──── 333

[Try Python] 球の体積と表面積を求める
　　　　　　　　　　　　　　 335

Appendix　ソフトウェア導入ガイド ── 336

索引 ─────────────── 348

サンプルファイルのダウンロード

　本書で紹介しているプログラムのうち、リストとして掲載しているもの、およびプログラムに読み込んで使うデータを、本書のWebページからダウンロードしていただけます。

https://project.nikkeibp.co.jp/bnt/atcl/19/P95910/

にアクセスし、「データダウンロード」欄にあるリンク「サンプルファイルのダウンロード」をクリックしてください。開いたページにダウンロードに関する説明があります。それに従ってサンプルファイルをダウンロードしてください。

※ファイルのダウンロードには日経IDおよび日経BPブックス＆テキストOnlineダウンロードサービス
　への登録が必要になります（いずれも登録は無料）。

　ダウンロードしたファイルはZIP形式になっており、誌面でリストとして紹介したプログラムを収録しています。本書ではプログラムの作成および実行環境として「Jupyter Notebook」を利用します。このためサンプルファイルはJupyter Notebookの.ipynb形式で配布しています。Jupyter Notebookの導入および使い方については「ソフトウェア導入ガイド」（336ページ）をご覧ください。

- ●本書で紹介しているプログラムおよび操作は、2019年2月末現在の環境に基づいています。
- ●本書発行後にOS、PythonおよびAnacondaがアップデートされることにより、誌面通りに動作しなかったり、表示が異なったりすることがあります。あらかじめご了承ください。
- ●本書に基づき操作した結果、直接的、間接的被害が生じた場合でも、日経BP社並びに著者はいかなる責任も負いません。ご自身の責任と判断でご利用ください。

第1章
コンピュータと「数」

　人間はコンピュータほど計算が得意ではありませんが、いろいろな現象を分析してまとめる能力があります。一方のコンピュータは難しい計算も一瞬で答えを出しますが、どれだけ性能が上がっても自ら考えることはできません。そんな人間とコンピュータが共同で作業をするには、考えることのできないコンピュータに人間が歩み寄らなければなりません。まずはコンピュータの都合で「数」がどのように扱われているのかを確認するところから始めましょう。

1 位取り記数法

耳慣れない言葉ですが、位取り記数法とは「数」を表す方法のことです。私たちが使っているのは「10進位取り記数法」、コンピュータが使うのは「2進位取り記数法」です。2つの違いは、数を数えるときに使える数字の種類です。まずはここからマスターしていきましょう。

1.1　10進位取り記数法

私たちは普段、**10進位取り記数法**というルールに従って数を表現しています。**10進法**という言葉を聞いたことはありませんか？ これは、

- 0、1、2、3、4、5、6、7、8、9の10種類の数字を使う
- 並べた数字の桁は、右側から順に1の位、10の位、100の位……を表す

という決まりで数を表す方法です。数を数えるときは1、2、3……と順番に使って、9の次は1つ桁が上がって10、11、12……ですね。10種類の数字を使うから**10進位取り記数法**（または**10進法**）、このルールで表される数を**10進数**と言います。

たとえば、「2365」という値。これは「2」「3」「6」「5」というバラバラの数字ではなく、

$$1000が2個$$
$$100が3個$$
$$10が6個$$
$$1が5個$$

これらを全部足した値です。数式で表すと、

$$2365＝（1000×2）＋（100×3）＋（10×6）＋（1×5）$$

ですね。1000、100、10、1は**重み**と呼ばれる値で、各桁に意味を持たせるための重要な値です。重みの意味を理解するために、上の式をもう少し変形してみましょう。

$$2365＝（10×10×10×2）＋（10×10×3）＋（10×6）＋（1×5）$$
$$＝（10^3×2）＋（10^2×3）＋（10^1×6）＋（10^0×5）$$

すべての桁の重みが「10の〇乗」であることに気付いたでしょうか。また、10の右肩に乗っている小さな数字(*1)は、右から0、1、2、3……と1つずつ増えています。これは「10進法では桁が1つ繰り上がるごとに、重みは10倍になる」ことを意味しています。

なお、重みの基本になる「10」は10進法の「10」で、この値を**基数**または**底**と呼びます。この後に説明する2進法(2進位取り記数法)や16進法(16進位取り記数法)であれば、基数はそれぞれ「2」、「16」になります。

＊1　これを「指数」と言います。

1.2　〇〇の0乗

Pythonには「mのn乗」を計算する指数演算子「**」があります。たとえば、10の3乗は

```
>>> 10**3
1000
```

と入力することで計算できます。同じように「10の0乗」や「2の0乗」を計算してみましょう。すると、答えは必ず「1」になります。何だか不思議な気がしませんか？

```
>>> 10**0
1
>>> 2**0
1
```

10^n (10のn乗) は「10をn回掛け合わせる」という意味です。このルールに従うと、10^1 (10の1乗) が「10」というのは納得できますね。では、10^0 (10の0乗) はどうでしょう？ 10を0回掛けるんだから10×0で、答えは0——ではありません。「10×0」は10に0を掛けたのであって、10を0回掛け合わせることとは意味が違います。

しかし、「10を0回掛け合わせる」というのはイメージしにくい話です。

11

そこで、図1-1を見てください。10の右肩に乗っている数字が1つ小さくなると、値は$\frac{1}{10}$倍になりますね。この順番でいくと、10の0乗は「1」です。

図1-1 指数の値が小さくなると……（10進数の場合）

$$
\begin{aligned}
10^4 &= 10000 \\
&\quad\downarrow \times\tfrac{1}{10} \\
10^3 &= 1000 \\
&\quad\downarrow \times\tfrac{1}{10} \\
10^2 &= 100 \\
&\quad\downarrow \times\tfrac{1}{10} \\
10^1 &= 10 \\
&\quad\downarrow \times\tfrac{1}{10} \\
10^0 &= 1
\end{aligned}
$$

同じように基数が「2」の場合を見てみましょう（図1-2）。2の右肩に乗っている数字が1つ小さくなると値は$\frac{1}{2}$倍になるので、2^0（2の0乗）は「1」です。つまり、基数がどんな値でも「○○の0乗」は必ず「1」になります。

図1-2 指数の値が小さくなると……（2進数の場合）

$$
\begin{aligned}
2^4 &= 16 \\
&\quad\downarrow \times\tfrac{1}{2} \\
2^3 &= 8 \\
&\quad\downarrow \times\tfrac{1}{2} \\
2^2 &= 4 \\
&\quad\downarrow \times\tfrac{1}{2} \\
2^1 &= 2 \\
&\quad\downarrow \times\tfrac{1}{2} \\
2^0 &= 1
\end{aligned}
$$

1.3　2進位取り記数法

私たちは10進法を使って数を数えますが、コンピュータの世界で使うのは**2進位取り記数法**（または**2進法**）です。これは

- 0と1の2つの数字を使う
- 並べた数字の桁は、右から順に2^0、2^1、2^2、2^3……を表す

という決まりに従って数を表す方法で、このルールで表した値を**2進数**と言います。

なぜ、コンピュータが2進法を使うのか？ 理由は、コンピュータが電気で動く機械だからです。豆電球は電気が流れると点灯して、流れていないときは消灯しますね。もちろん、コンピュータの中にあるのは豆電球ではなくICと呼ばれる電子部品ですが、この電子部品の中を流れる電気信号でオンとオフを表す原理は同じです。コンピュータが扱えるのは電気信号のオンとオフ、数字で表せば「1」と「0」の2つだけなのです。

さっそくコンピュータになったつもりで数を数えてみましょう。0からスタートして、最初は1です。これで2種類の使える数字を使い切ったので、次は桁が1つ繰り上がって10、11、再び桁が繰り上がって100、101、110、111……と続きます。なお、2進法で表記した値は、見たままの通り「イチ」または「ゼロ」と発音します。たとえば、「10」は「イチ、ゼロ」、「100」であれば「イチ、ゼロ、ゼロ」です。

Try Python 10進数から2進数へ

Pythonではbin()関数を使うと、10進数を2進数に変換できます。

```
>>> bin(10)     ←10進数の「10」を引数として2進数に変換
'0b1010'        ←変換結果（2進数の「1010」を表している）
```

結果の先頭に表示された「0b」は、この値が2進数であることを表しています。この表記方法はPythonでの決まりです。ほかにも16進数は「0x」、8進数は「0o」を付ける決まりがあるので覚えておきましょう。

コラム 〇進法と〇進数

数を表記する方法には「10進位取り記数法」や「2進位取り記数法」など、いろいろな方法があります。本書で「10進法」、「2進法」と表記したものは、それぞれの位取り記数法を表すものとします。

また、「10進数」や「2進数」は、それぞれの位取り記数法で表される値のことです。本書でも説明の中で「2進法で表記した1101」や「2進数の

1101」のような表現を使っていますが、これらはどちらも同じ意味です。

1.4　16進位取り記数法

　コンピュータにとって2進法はとても都合の良い数え方ですが、すぐに桁が大きくなるので私たちには扱いにくい値です。そんな私たちの悩みを解決してくれるのが**16進位取り記数法**（または**16進法**）です。これは、

- ・0、1、2、3、4、5、6、7、8、9、A、B、C、D、E、Fの16種類[*2]の文字を使う
- ・並べた値の桁は、右から順に16^0、16^1、16^2、16^3……を表す

という決まりに従って数を表す方法で、このルールで表した値を**16進数**と言います。

　アルファベットまで使って1桁を16にした理由は、

$$16＝2×2×2×2$$

つまり、16種類あれば2進数の4桁までを表現できるからです。たとえば、「11111111」をぱっと見て「1」がいくつ並んでいるか正しく数えるのは難しいと思いますが、「FF」ならどうですか？　16進法を知っている人なら、頭の中ですぐに「1111 1111」に変換できますね。実は16進法は、2進数を扱うコンピュータと、10進法に慣れ親しんだ私たちの間を取り持つ便利な表記方法なのです。

　表1-1は0〜31までの値を、それぞれの位取り記数法で表記したものです。

表1-1 0〜31までの値

10進法	2進法	16進法	10進法	2進法	16進法
0	0	0	16	10000	10
1	1	1	17	10001	11
2	10	2	18	10010	12
3	11	3	19	10011	13
4	100	4	20	10100	14
5	101	5	21	10101	15
6	110	6	22	10110	16
7	111	7	23	10111	17
8	1000	8	24	11000	18
9	1001	9	25	11001	19
10	1010	A	26	11010	1A
11	1011	B	27	11011	1B
12	1100	C	28	11100	1C
13	1101	D	29	11101	1D
14	1110	E	30	11110	1E
15	1111	F	31	11111	1F

　ここで2進数を16進数に変換する方法[*3]を確認しておきましょう。大事なことは

　　・位取り記数法では、右側の桁から意味を持つ

　　・2進数の4桁は16進数の1桁に相当する

この2点です。これらを踏まえて、まずは2進数の右側から4桁ずつに区切ります。それから区切った4桁ごとに16進数に置き換えましょう。「101」のように4桁に満たない場合は左側に0を挿入して「0101」、「11010」であれば「0001 1010」のように考えて、上位4桁と下位4桁をそれぞれ16進数に置き換えてみてください（図1-3）。

図1-3　2進数から16進数へ

2進数　　　101　　　　　　　11010

| 0 | 1 | 0 | 1 | | 0 | 0 | 0 | 1 | 1 | 0 | 1 | 0 |

16進数　　　5　　　　　　1　　　　A

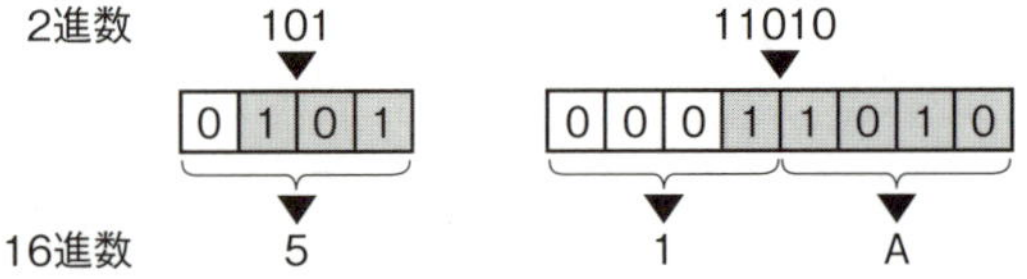

＊2 小文字のa、b、c、d、e、fを使ってもかまいません。
＊3 10進数から2進数や16進数に変換する方法は、「2. 基数変換」で説明します。

Try Python　10進数、2進数から16進数へ

　hex()関数を使うと、10進数や2進数を16進数に変換できます。なお、前述の通り、Pythonでは16進数の先頭に「0x」を、2進数の先頭には「0b」を付ける決まりになっています。

```
>>> hex(28)          ← 10進数の「28」を16進数に変換
'0x1c'               ←表示された結果（16進数の「1C」）
>>> hex(0b11010)     ← 2進数の「11010」を16進数に変換
'0x1a'               ←表示された結果（16進数の「1A」）
```

---

2 基数変換

　10進数から2進数へ、2進数から10進数へ——。表記されている数を別の位取り記数法で表すことを**基数変換**と言います。

2.1　10進数から2進数へ

　10進数の「2365」は、
　　　1000の位が2
　　　100の位が3
　　　10の位が6

1の位が5
ですね。それぞれの桁はどうして「2」「3」「6」「5」になるのでしょうか？
計算して求めてください。どういう計算をすればいいと思いますか？
「2365だもの、見ればわかるじゃん！」ではダメですよ。図1-4を見て、考
えてみてください。

図1-4 10進数の各桁の値

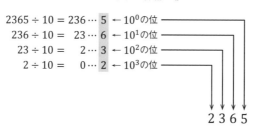

答えは「元の値を基数で繰り返し割ったときの余り」です。10進法であ
れば、10で割り算してください。このときの余りが1の位の値です。次は、
商を10で割り算してください。2回目の割り算の余りは10の位の値になり
ます。さらにその商を10で割って……。これを商が0になるまで繰り返す
と、各桁の値が取り出せます。最後まで計算したら、求めた余りを右から順
番に並べましょう。すると……、元の値に戻りましたね！

10進数を2進数に変換するときは、変換先の基数である「2」で割り算し
てください。割り算の商が0になるまで計算したあと、求めた余りを右か
ら順に並べると、元の10進数を2進数で表せるというわけです（図1-5）。

図1-5 10進数から2進数へ

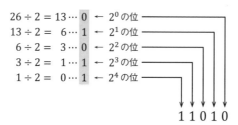

Try Python 10進数から2進数に変換するプログラム

　図1-5の処理を、コンピュータにやってもらいましょう。リスト1-1の dec2bin()関数は、10進数の値を2進数に変換するプログラムです。Python の bin()関数も、内部ではこんな処理をしているのです。

　dec2bin()関数を実行するとき、引数targetには10進数の値を与えてください。たとえば、「26」を2進数に変換するときは、次のように実行します。bin()関数と表示の仕方は異なりますが、数字の並びは同じですね。

```
>>> dec2bin(26)      ← dec2bin() 関数で 10 進数の 26 を 2 進数に変換
[1, 1, 0, 1, 0]      ←表示された結果
>>> bin(26)          ← Python の bin() 関数で 26 を 2 進数に変換
'0b11010'            ←表示された結果
```

リスト1-1　10進数から2進数に変換する「dec2bin」

```
1.  def dec2bin(target):
2.      amari = []    # 余りを入れるリスト
3.
4.      # 割り算の商が 0 になるまで
5.      while target != 0:
6.          amari.append(target % 2)    # 余り      ←①
7.          target = target // 2        # 商
8.
9.      # リストの要素を逆順にして返す
10.     amari.reverse()                            ←②
11.     return amari
```

　プログラムの内容を簡単に見ていきましょう。amariは、割り算の余りを入れるために用意した空のリストです。①のwhileループではtargetの値が 0になるまで、

　　　amari.append(target % 2)　←targetを2で割ったとき
　　　　　　　　　　　　　　　　　　の余りをamariに追加する

18

```
target = target // 2        ←targetを2で割ったときの
                              商でtargetを上書きする
```

を実行しています。

whileループを終了したあとの②は、amariの要素を逆順に並べ替える命令です。これで余りを右から順に並べるのと同じことができます（図1-6）。

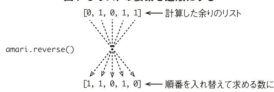

図1-6 リストの要素を逆順にする

2.2 10進数を16進数に

10進数から2進数に変換するときは、2で割り算しました。10進数から16進数に変換するときも同じです。商が0になるまで16で割り算して、余りを右から順番に並べてください。ただし、16で割り算したときの余りは0〜15になります。このうちの10〜15は、A〜Fに置き換える必要があります（図1-7）。

図1-7 10進数を16進数に

$$26 \div 16 = 1 \cdots \boxed{10} \leftarrow 16^0の位$$
$$1 \div 16 = 0 \cdots \boxed{1} \leftarrow 16^1の位$$

1 A

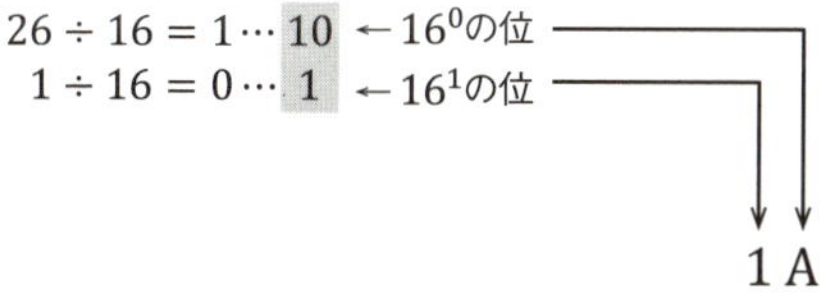

Try Python 10進数から16進数に変換するプログラム

リスト1-2は、10進数を16進数に変換するプログラムです。割り算の余りのうち、10〜15をA〜Fに変換する処理（①のforループ）以外は、リスト1-1とほぼ同じ内容です。引数targetには10進数の値を与えてください。

```
>>> dec2hex(26)     ← dec2hex() 関数で 10 進数の 26 を 16 進数に変換
[1, 'A']            ←表示された結果
>>> hex(26)         ← Python の hex() 関数で 26 を 16 進数に変換
'0x1a'              ←表示された結果
```

リスト1-2 10進数から16進数に変換する「dec2hex」

```
1.  def dec2hex(target):
2.      amari = []   # 余りを入れるリスト
3.
4.      # 割り算の商が 0 になるまで
5.      while target != 0:
6.          amari.append(target % 16)      # 余り
7.          target = target // 16          # 商
8.
9.      # 余りの 10 ～ 15 を A ～ F に置換
10.     for i in range(len(amari)):
11.         if amari[i] == 10:      amari[i] = 'A'
12.         elif amari[i] == 11:    amari[i] = 'B'
13.         elif amari[i] == 12:    amari[i] = 'C'   ←①
14.         elif amari[i] == 13:    amari[i] = 'D'
15.         elif amari[i] == 14:    amari[i] = 'E'
16.         elif amari[i] == 15:    amari[i] = 'F'
17.
18.     # リストの要素を逆順にして返す
19.     amari.reverse()
20.     return amari
```

2.3　2進数や16進数を10進数に

　今度は2進数や16進数を10進数に変換しましょう。実は、ほかの位取り記数法から10進数への変換は、どれも同じ法則で変換できるのです。その

法則とは、
- m進法の「m」が基数になる
- 桁の重みは「mのn乗」で表され、nの値は右から順に0、1、2、3……「桁数-1」になる

という、位取り記数法の特徴です（図1-8）。

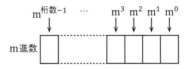

図1-8 m進数の桁の重み

たとえば、「2」「3」「6」「5」という4つの数字を10進数の「2365」という値にするには、

$(10^3 \times 2) + (10^2 \times 3) + (10^1 \times 6) + (10^0 \times 5)$
$= 2000 + 300 + 60 + 5$
$= 2365$

のように計算すればいいですね。

2進数や16進数から10進数に変換するときも、これと計算方法は同じです。2進数であれば基数は「2」ですから、「11010」は

$(2^4 \times 1) + (2^3 \times 1) + (2^2 \times 0) + (2^1 \times 1) + (2^0 \times 0)$
$= 16 + 8 + 0 + 2 + 0$
$= 26$

となり、10進数では「26」になります。また、16進数の「1A」は次のように計算して、10進数では「26」です。

$(16^1 \times 1) + (16^0 \times 10)$
$= 16 + 10$
$= 26$

Try Python ほかの位取り記数法から10進数に変換するプログラム

Pythonのint()関数を使うと、ほかの位取り記数法から10進数へ変換で

きます。1つめの引数には変換前の値を文字列で、2つめの引数には基数を
指定してください。

```
>>> int('0b11010', 2)    ← 2進数の「11010」を10進数に変換
26                       ←表示された結果
>>> int('0x1A', 16)      ← 16進数の「1A」を10進数に変換
26                       ←表示された結果
```

　もちろんint()関数を使えば済む話なのですが、せっかく計算方法がわ
かったのですから、ほかの位取り記数法から10進数への変換もプログラミ
ングしてみましょう。それがリスト1-3です。引数targetには変換前の値を
文字列で、2つ目の引数mには基数を指定して実行してください。なお、こ
のプログラムで10進数に変換できるのは、2進数から16進数までです。

```
>>> any2dec('11010', 2)  ← 2進数の「11010」を10進数に変換
26                       ←表示された結果
>>> any2dec('1A', 16)    ← 16進数の「1A」を10進数に変換
26                       ←表示された結果
```

リスト1-3　　m進数から10進数に変換する「any2dec」

```
1.  def any2dec(target, m):
2.      n = len(target)-1     # 指数の最大値              ←①
3.      sum = 0               # 10進数に変換した値
4.
5.      # 文字数分の繰り返し
6.      for i in range(len(target)):
7.          if target[i] == 'A':      num = 10
8.          elif target[i] == 'B':    num = 11
9.          elif target[i] == 'C':    num = 12
10.         elif target[i] == 'D':    num = 13
11.         elif target[i] == 'E':    num = 14       ←②
12.         elif target[i] == 'F':    num = 15
13.         else:                     num = int(target[i])
```

22

```
14.
15.          sum += (m ** n) * num      # 「mのn乗×各桁の値」を合計
16.          n -= 1                      # 重みを1つ減らす
17.      return sum
```

①の変数nは、桁の重みを計算するときに使う値（指数）です。基数が何であっても、一番大きな桁の指数は「桁数-1」[*4]です。

②のforループでは、target内の文字を1文字ずつ確認して'A' 〜 'F'のときは10 〜 15、それ以外、つまり'0' 〜 '9'のときは数値に変換してから

    sum += (m ** n) * num   ←「mのn乗×各桁の値」を合計

    n -= 1   ← 重みを1つ減らす

を実行しています。forループを終了した後のsumの値が、10進数に変換した値です。

* 4 len() 関数を使うと、引数で与えた文字列の文字数を調べることができます。

3 コンピュータの世界の数字のお話

　本書では数学への理解を深めるために、計算の得意なコンピュータを使って様々な計算を行います。そのときに大事なデータが失われることがないように、コンピュータの世界でデータがどのように扱われているのかを、あらためて確認しておきましょう。キーワードは**ビット**と**バイト**です。

　1ビット（bit）はコンピュータが扱う最小単位で、2進数の1桁を表します。ビットが8個集まると1バイト（Byte）です。つまり、1バイトで2進数の8桁を、2バイトでは16桁（＝2×8）を扱うことができます。

3.1 データの扱い方

コンピュータは効率よく計算を行うために、決まった大きさの入れ物に
データを入れて読み書きをします。この入れ物の大きさを表す単位が**バイ
ト**です。たとえば、

```
>>> a = 6
```

を実行すると、コンピュータはaという入れ物(*5)を用意して、そこに
「00000110」を代入します（図1-9）。10進数の「6」を2進数で表すと「110」
ですが、コンピュータではバイト単位が基本です。1バイトの入れ物であれ
ば左側を0で埋めて、8ビット全体を使います。

図1-9　1バイトは8ビット

1ビットが8桁ある入れ物「a」

0	0	0	0	0	1	1	0

今、1バイトの入れ物に入っているのが「11111111」と仮定しましょう。
ここに「1」を足すと、桁が1つ繰り上がって「100000000」になりますが、
入れ物は1バイト（8桁）の大きさしかありません。こういう場合は入りき
らなかった値を捨てて、右から8桁だけが有効になります（図1-10）。

この状態を**桁あふれ**または**オーバーフロー**と言います。どんなにコン
ピュータの計算が正しくても、オーバーフローが発生すると正しい答えは
得られないので注意してください。

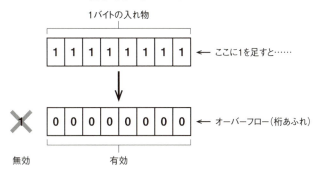

図1-10 オーバーフロー

　オーバーフローが生じるのは、扱うデータに対して入れ物が小さいことが原因です。図1-10の場合は、2バイトの入れ物を使うことで、オーバーフローを回避できます（図1-11）。

図1-11 2バイトは16ビット

＊5　説明の都合上、図1-9では入れ物の大きさを1バイトにしていますが、一般的なプログラミング言語は整数を4バイトや8バイトで扱います。

コラム ゼロで埋めることの意味

　位取り記数法では右側の桁から順番に意味を持ち始めるので、値を入れるときは右詰めが基本です（図1-12）。私たちが日常生活で使う紙の上では余った桁を空欄にしていても問題ありませんが、バイト単位で情報を扱うコンピュータの世界では、残りのビットを「0」で埋めます。「0」は「その桁に値が何もない」ことを表す大事な値です。

図1-12　ゼロの役割

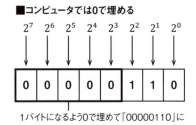

3.2　扱える値には限りがある

　10進法の4桁で表現できる値はいくつあるでしょう？――それぞれの桁に使える数字は0〜9の10種類ですから、10×10×10×10で答えは10,000種類です（図1-13）。もちろん、「10000」は5桁ですから該当しません。4桁で表せるのは0〜9999までの値です。

図1-13　10進数の4桁で表せる値の種類

10×10×10×10 ＝ 10,000種類

　では、2進法の4桁ではどうでしょう？　それぞれの桁に使える数字は0と1の2種類、それが4桁あるのですから

　　　2×2×2×2 ＝ 16種類

ですね（図1-14）。

図1-14　2進数の4桁で表せる値

　10進法であれば「10」を、2進法であれば「2」を桁の数だけ掛け合わせた値が、その桁で表せる値の種類です。値を0以上（正の数）に限定すると、扱える値の範囲は

$$0 \sim m^n - 1 \quad (mは基数、nは桁の数)$$

になります（表1-2）。

表1-2　扱える値の範囲

バイト数	ビット数	値の種類	値の範囲（正の数）
1	8	$2^8 = 256$	0〜255
2	16	$2^{16} = 65,536$	0〜65,535
4	32	$2^{32} = 4,294,967,296$	0〜4,294,967,295
8	64	$2^{64} = 18,446,744,073,709,551,616$	0〜18,446,744,073,709,551,615

4 負の数の扱い方

　「－5」や「－10」のように、私たちは数字の前に「－」を付けることで負の数を表しますが、すべての情報を0と1で扱うコンピュータの世界で「－」は使えません。その代わりに**符号ビット**を使って負の数を表します。

4.1 $x + 1 = 0$ を計算する

10進数の計算です。1を足して0になる値は何でしょう？ 方程式を立てると、

$x + 1 = 0$
$x = -1$

ですね。

今度は2進数の計算です。8桁で考えましょう。「0000 0001」を足して「0000 0000」になる値は何だと思いますか？ 図1-15を見ながら考えてください。

図1-15 「1111 1111」に「1」を足す

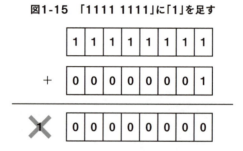

「1111 1111」に「0000 0001」を足すと、桁が1つ繰り上がって「1 0000 0000」になります。しかし、最初に「8桁で考える」という条件があるので、あふれた桁を捨てると答えは「0000 0000」です。

1を足して0になる値は、「－1」しかありません。つまり、10進数の「－1」を2進数で表すと「1111 1111」になります。

——と言われて、素直に納得できますか？ この章の「2.3　2進数や16進数を10進数に」の説明によると、2進数の「1111 1111」は、

$2^7 \times 1 + 2^6 \times 1 + 2^5 \times 1 + 2^4 \times 1 + 2^3 \times 1 + 2^2 \times 1 + 2^1 \times 1 + 2^0 \times 1$
$= 128 + 64 + 32 + 16 + 8 + 4 + 2 + 1$
$= 255$

で10進数でいう「255」のはずです。「－1」とは明らかに違う値なのに、2進数では同じ値になるなんて、頭が混乱してきませんか？

4.2 2の"補数"って何だ?

2進数の桁を減らして4桁で考えてみましょう。表1-3は、値 a に $0 \sim 15$ を与えたとき、

$$a + x = 0$$

が成立するための値 x です(図1-16)。よく見ると2進法の x 列は、「0000」を除くと a 列の値を下から順に並べた値になっています。

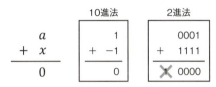

図1-16　$a + x = 0$ の計算

表1-3　$a + x = 0$ が成立するための x の値

10進法		2進法	
a	x	a	x
0	0	0000	0000
1	-1	0001	1111
2	-2	0010	1110
3	-3	0011	1101
4	-4	0100	1100
5	-5	0101	1011
6	-6	0110	1010
7	-7	0111	1001
8	-8	1000	1000
9	-9	1001	0111
10	-10	1010	0110
11	-11	1011	0101
12	-12	1100	0100
13	-13	1101	0011
14	-14	1110	0010
15	-15	1111	0001

2進法の x 列に示した値は **2の補数** と呼ばれる値で、

①2進法のすべての桁の0と1を反転する
　②反転した値に1を足す
という手順で求めることができます。たとえば、2進数の「0001」のすべての桁を反転すると「1110」、これに1を足すと「1111」で、10進数の「15」と同じ値になります。何だか不思議な値ですが、2の補数は負の数として計算に利用できるのです。本当かどうか、確認してみましょう。

　図1-17は「5－3」の計算です。それぞれの値を2進数で表したあと、引く方の値だけ2の補数を求めました。これは「5－3」を「5＋（－3）」のように足し算で計算するためです。最後に2進数の「0101」と「1101」を足すと「1 0010」ですが、今は4桁で考えているので、あふれた桁を捨てると答えは「0010」、つまり10進数の「2」です。

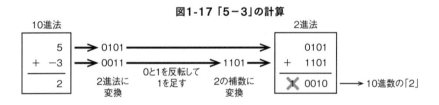

図1-17「5－3」の計算

　もう1つ、今度は「3－5」の計算です（図1-18）。これは「3＋（－5）」と考えて、「5」を2の補数で表現した値を計算に使います。最後に「0011」と「1011」を足すと、答えは「1110」です。表1-3で2進数のx列を見ると、確かに「1110」は「2」を2の補数で表したもの、つまり「－2」です。しかし、a列を見ると「1110」は10進数の「14」でもあります。

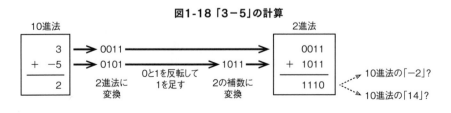

図1-18「3－5」の計算

ここで見てきたように、足し算の回路を使って引き算ができるのですから、コンピュータにとって2の補数はとても都合のよい値です。しかし、値が2通りに解釈できるのは困ります。そこで**符号ビット**の登場です。

4.3　符号ビットで正負を見分ける

　私たち人間は、「数字の前に"－"を付けて負の数を表す」という決まりを作りました。しかし、コンピュータの世界では0と1しか扱うことができません。そこで、2進数の左端の桁に「符号ビット」という名前を付けて、

　　　符号ビットが0のときは正の数、1のときは負の数を表す

という決まりを作りました（図1-19）。

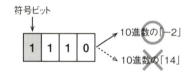

図1-19　符号ビット

　この決まりを用いると2の補数も1通りの解釈しかできなくなり、2進数の4桁で表せる値は表1-4のように決まります。

表1-4　2進数の4桁が表す値

2進法	10進法	2進法	10進法
0000	0	1000	-8
0001	1	1001	-7
0010	2	1010	-6
0011	3	1011	-5
0100	4	1100	-4
0101	5	1101	-3
0110	6	1110	-2
0111	7	1111	-1

4.4 どこまでの値を扱える?

2進数の8桁(1バイト)で表現できる値は256種類(=2^8)でした。符号用に1桁使うと、残りは7桁。7桁で表現するとなると、128種類(=2^7)に減ってしまったように思えるかもしれません。しかし、符号ビットで正の数と負の数の2種類を表すので、1バイトで256種類(=128×2)の値を表現できることに変わりはありません(図1-20)。

図1-20　8ビットで表せる値の範囲

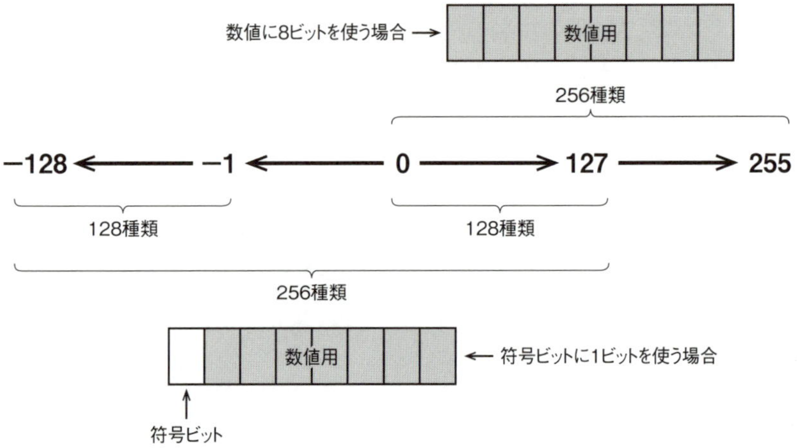

数値に8ビットを使う場合 → | | | | 数値用 | | | |

256種類

-128 ← -1 ← 0 → 127 → 255

128種類　　　128種類

256種類

| | 数値用 | | | | ← 符号ビットに1ビットを使う場合

符号ビット

2進数の桁数をnとすると、扱える値の範囲は

$$-2^{n-1} \sim 2^{n-1} - 1$$

になります(表1-5)。

表1-5　扱える値の範囲

バイト数	ビット数	値の種類	値の範囲
1	8	$2^7 = 128$	$-128 \sim 127$
2	16	$2^{15} = 32,768$	$-32,768 \sim 32,767$
4	32	$2^{31} = 2,147,483,648$	$-2,147,483,648 \sim 2,147,483,647$
8	64	$2^{63} = 9,223,372,036,854,775,808$	$-9,223,372,036,854,775,808 \sim$ $9,223,372,036,854,775,807$

コラム 数値を扱うデータ型

　Pythonで数値データを扱うときは、int（整数）またはfloat（実数）というデータ型を使います。どちらのデータ型も負の数を扱うことができます。

```
>>> a = 100        ← 変数 a に「100」を代入
>>> a              ← a の値を確認
100                ←表示された結果
>>> type(a)        ← 変数 a のデータ型を調べる
<class 'int'>      ←表示された結果
>>> a = -100       ← 変数 a に「−100」を代入
>>> a              ← a の値を確認
-100               ←表示された結果
```

　なお、Pythonのint型は大きさが決まっていないので、扱う値の範囲にも制限がありません。しかし、ほとんどのプログラミング言語は、データ型ごとに大きさ（バイト数）が決められています。また、同じバイト数でも符号ビットを使用するかどうかで「符号付き」と「符号なし」の2種類のデータ型を用意しています。たとえば、表1-6はC言語で整数を扱う主なデータ型です。それぞれ扱うことのできる値の範囲が異なるので注意してください。

表1-6　C言語のデータ型とデータサイズ

	データ型	バイト数	値の範囲
符号付き	char	1	−128〜127
	short	2	−32,768〜32,767
	long (＊6)	4	−2,147,483,648〜2,147,483,647
符号なし	unsigned char	1	0〜255
	unsigned short	2	0〜64,535
	unsigned long	4	0〜4,294,967,295

＊6　long型のバイトサイズは処理系によって変わるので注意してください。

4.5　2の補数と基数変換

　コンピュータの世界で、負の数は「2の補数」で表現されます。たとえば、10進数の「-10」は

　　①絶対値を2進表記に変換する
　　②すべての桁の0と1を反転する
　　③変換後の値に1を足す（2の補数）

という手順で変換して「1111 0110」です。図1-21では8桁（1バイト）で考えましたが、2バイトで表現するなら空いた桁を符号ビットと同じ値で埋めて「1111 1111 1111 0110」です。

図1-21　10進数から2の補数へ

　逆に2の補数(*7)を10進数に変換するときは、

　　①すべての桁の0と1を反転する
　　②変換後の値に1を足す
　　③10進数に変換して、「-」を付ける

という手順になります。たとえば、「1111 0011」をこの方法で変換すると、10進数の「-13」になります（図1-22）。

図1-22　2の補数から10進数へ

＊7　符号ビット（2進数の左端の桁）が0の値は、2の補数ではありません。この場合は「2.3 2進数や16進数を10進数に」で紹介した方法で10進数に変換してください。

Try Python **2の補数を調べる**

bin()関数の引数に負の数を与えると、2進数の先頭に「-」が表示されます。

```
>>> bin(-10)    ← 10進数の「－10」を2進数に変換
'-0b1010'       ←表示された結果
```

これは私たちが理解しやすいように、Pythonが気を使って表示してくれた結果であり、実際にコンピュータの内部で使っている値（2の補数）ではありません。

2の補数が欲しいときは、bin()関数の引数[*8]を次のように与えてください。くわしくは第2章「3.6 2の補数を求める」で説明します。

```
>>> bin(-10 & 0xFF)   ← 10進数の「－10」を2の補数に変換
'0b11110110'          ←（結果）
```

＊8 16進数の「FF」は2進数の「1111 1111」です。

5 実数の表し方

「3.14」や「9.8」のように、小数点を含んだ値のことを「実数」と言います。もちろん、コンピュータの世界では「.」も使えません。その代わりに「浮動小数点数」という形式で実数を扱います。

5.1 桁には重みがある

この章の「1.1 10進位取り記数法」で10進数の桁の重みは10^nで表されることと、nの値が1つ増えるごとに重みは10倍になることを説明しました。これらを踏まえて考えてみてください。「10.625」という値は、

10が1個
1が0個
0.1が6個
0.01が2個
0.001が5個

これらを全部足した値です。数式で表すとどうなると思いますか？

10や1と同じように0.1、0.01も桁の重みですから、それぞれを10^nで表現すると、

$$10.625 = (10^1 \times 1) + (10^0 \times 0) + (10^{-1} \times 6) + (10^{-2} \times 2) + (10^{-3} \times 5)$$

です。理由がわからない人は、図1-23を見てください。10進法では桁が1つ下がるごとに、重みは$\frac{1}{10}$倍になるのでしたね。

図1-23 10進数の桁の重み

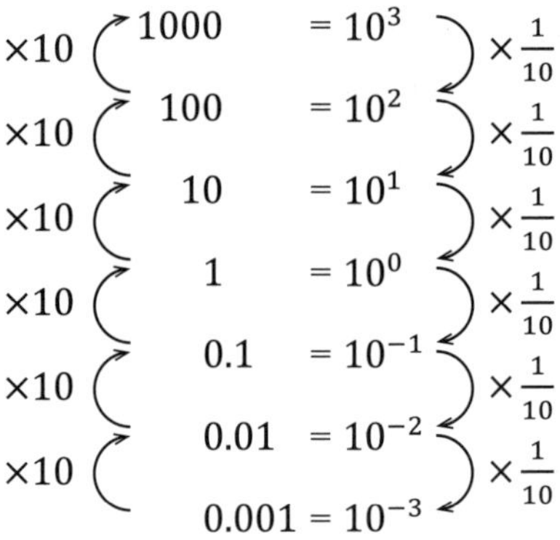

$$
\begin{array}{ccl}
\times 10 & \Big(& 1000 \quad = 10^3 \quad \Big) \times \frac{1}{10} \\
\times 10 & \Big(& 100 \quad = 10^2 \quad \Big) \times \frac{1}{10} \\
\times 10 & \Big(& 10 \quad = 10^1 \quad \Big) \times \frac{1}{10} \\
\times 10 & \Big(& 1 \quad = 10^0 \quad \Big) \times \frac{1}{10} \\
\times 10 & \Big(& 0.1 \quad = 10^{-1} \quad \Big) \times \frac{1}{10} \\
\times 10 & \Big(& 0.01 \quad = 10^{-2} \quad \Big) \times \frac{1}{10} \\
& & 0.001 = 10^{-3}
\end{array}
$$

同じように、2進数の「0.1001」を考えてみましょう。もちろん、コンピュータの世界では「.」が使えないので「0.1001」は紙の上での話ですが、2進法では桁が1つ下がるごとに重みは$\frac{1}{2}$倍になるので、

$$(2^0 \times 0) + (2^{-1} \times 1) + (2^{-2} \times 0) + (2^{-3} \times 0) + (2^{-4} \times 1)$$
$$= (1 \times 0) + (0.5 \times 1) + (0.25 \times 0) + (0.125 \times 0) + (0.0625 \times 1)$$
$$= 0.5625$$

のように計算すると、2進数の「0.1001」は10進数の「0.5625」です（図1-24）。

36

図1-24　2進数の桁の重み

$$\times 2 \begin{cases} 8 \\ 4 \\ 2 \\ 1 \\ 0.5 \\ 0.25 \\ 0.125 \\ 0.0625 \end{cases} \begin{matrix} = 2^3 \\ = 2^2 \\ = 2^1 \\ = 2^0 \\ = 2^{-1} \\ = 2^{-2} \\ = 2^{-3} \\ = 2^{-4} \end{matrix} \times \frac{1}{2}$$

5.2　実数を基数変換する

10進数の整数を2進数に変換する方法[*9]、覚えていますか？ 元の値を2で割る作業を商が0になるまで繰り返して、求めた余りを右から順に並べるのでしたね。「10.625」のような実数も、整数部はこれと同じ方法で2進数に変換します（図1-25）。

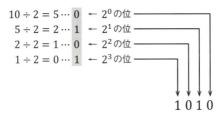

図1-25　整数部を2進数に変換

```
10 ÷ 2 = 5 … 0   ← 2⁰の位
 5 ÷ 2 = 2 … 1   ← 2¹の位
 2 ÷ 2 = 1 … 0   ← 2²の位
 1 ÷ 2 = 0 … 1   ← 2³の位
                    1 0 1 0
```

小数部は、元の小数部を2倍する作業を小数部が0になるまで繰り返して、得られた数を左から順に並べてください（図1-26）。ここまでのところで2で割り算したり、2倍したりする理由がわからない人は、前項「5.1 桁には重みがある」の図1-24を見ながらじっくり考えてみてください。

図1-26 小数部を2進数に変換

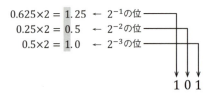

　この方法で変換すると、10進数の「10.625」は2進数で「1010.101」になります。もちろん、これも紙の上での値です。コンピュータの内部ではもうひと工夫して、**浮動小数点数**という形式で実数を扱っています。

＊9　この章の「2.1　10進数から2進数へ」を参照してください。

Try Python 10進数の実数を2進数に変換するプログラム

　リスト1-4のdec2bin_ex()関数はリスト1-1のdec2bin()関数を改良して、実数を2進数に変換できるようにしたプログラムです。引数targetには、10進数の値を与えてください。実行例は次の通りです。

```
>>> dec2bin_ex(10.625)      ← 10進数の10.625を2進数に変換
([1, 0, 1, 0], [1, 0, 1])   ←表示された結果([整数部],[小数部]の形式で表記)
```

リスト1-4　10進数から2進数に変換する「dec2bin_ex」（実数対応版）

```
1.  def dec2bin_ex(target):
2.      # targetを整数部と小数部に分ける
3.      i = int(target)   # 整数部
4.      f = target - i    # 小数部
5.
6.      # 整数部を2進数に変換
7.      a = []  # 余りを入れるリスト
8.                                    ←①
9.      # 割り算の商が0になるまで
```

```
10.    while i != 0:
11.        a.append(i % 2)      # 余り
12.        i = i // 2           # 商
13.
14.    # 要素を逆順にする
15.    a.reverse()
16.
17.    # 小数部を 2 進数に変換              ←②
18.    b = []   # 整数部を入れるリスト
19.    n = 0    # 繰り返した回数
20.
21.    # 2 を掛けた後の小数部が 0 になるまで
22.    while (f != 0):
23.        temp = f * 2            # 小数部× 2
24.        b.append(int(temp))     # 整数部
25.        f = temp - int(temp)    # 小数部
26.        n += 1
27.        if (n >= 10):                      ←③
28.            break
29.
30.    # 2 進数に変換した値
31.    return a, b
```

　最初に、与えられた引数を整数部と小数部に分けましょう。int()関数を使うとtargetの整数部が取得できます。この値をtargetから引くと小数部が残りますね。その後の①は整数部を2進数に変換する処理です。くわしくはリスト1-1を参照してください。

　②からは小数部を変換する処理です。小数部に2を掛けて、答えの整数部をリストに追加する処理を、小数部が0になるまで繰り返してください。③は、10回繰り返したらループを終了するための命令です。繰り返す回数を制限した理由は、このあとの「5.4　避けられない実数誤差」を参照してください。

5.3 コンピュータは浮動小数点数を扱う

10進数の「10.625」を2進数に変換すると「1010.101」です。では「0.1」は？　これは「0.000110011001100……」とまだまだ先が続くのですが、とりあえず小数点以下第10桁で区切ると「0.0001100110」です。もっとも、これは紙の上での話です。コンピュータの世界では「.」が使えません。その代わりに**指数**を使ってこれらの値を表現することにしました。それが**浮動小数点数**です（図1-27）。

符号部は符号ビットと同じです。正の数のときは0、負の数のときは1です。残りの**指数部**と**仮数部**に入る値は、小数点の位置で決まります。

図1-27　浮動小数点数

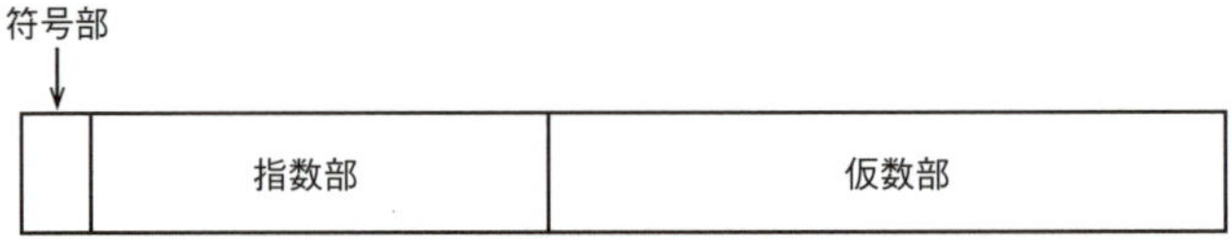

	指数部	仮数部

符号部

まず、2進数の整数部が「1」になるように小数点の位置を移動してください。たとえば、「1010.101」であれば左に3つ移動して「1.010101」です。ここに移動した桁数分の重みを掛けて「1.010101×2^3」にすれば、元の値に戻りますね。同じように「0.0001100110」も指数を使って表現してみましょう。今度は小数点を右に4つ動かすので「1.100110×2^{-4}」です（図1-28）。指数の符号がマイナスになる理由はわかりますか？　小数点を右に動かすごとに値は2倍、4倍……になるので、元に戻すには$\frac{1}{2}$倍、$\frac{1}{4}$倍……する必要があるからです。

図1-28　小数点を左右に動かすと……

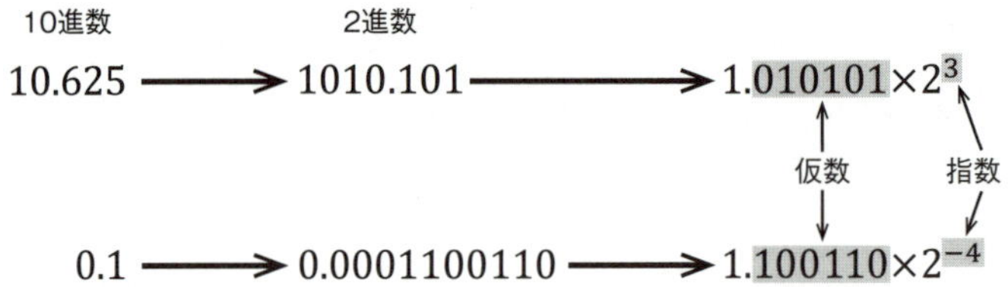

10進数　　　　　　　2進数

$$10.625 \longrightarrow 1010.101 \longrightarrow 1.010101 \times 2^3$$

仮数　　　指数

$$0.1 \longrightarrow 0.0001100110 \longrightarrow 1.100110 \times 2^{-4}$$

さて、この方法を利用すると、どんな値でも「1.○○○○…×2^n」で表現できることにお気付きでしょうか？「1.○○○○…×2^n」になるように小数点を左や右に動かすから「浮動小数点数」です。このときの小数部が仮数部に、指数部には「n」が入ります。

5.4 避けられない実数誤差

浮動小数点数がどういう値か、何となくイメージできたでしょうか。ほとんどのプログラミング言語には、実数を扱うデータ型として単精度浮動小数点数と倍精度浮動小数点数の2種類が用意されています（表1-7）。Pythonのfloat型は、倍精度浮動小数点数と同じ精度です。

表1-7 浮動小数点数を扱うデータ型

データ型	サイズ	符号部	指数部	仮数部
単精度浮動小数点数	32ビット（4バイト）	1	8	23
倍精度浮動小数点数	64ビット（8バイト）	1	11	52

率直に言うと、浮動小数点数の中がどうなっているかを知らなくてもプログラムは作れます。ただ、

- 実数はコンピュータの内部で浮動小数点数という形式で扱われる
- このときに、ほんのわずかだけれども誤差が生じる

ということだけは覚えておいてください。

たとえば、10進数の「0.1」を2進数に変換すると「0.000110011001100……」のようにいつまでも延々と続く値になります。「0.2」も「0.3」も同様です。小数点以下の桁数をいくら増やしても、きちんとした2進数には置き換えられません。しかし、入れ物の大きさには限りがあります。そこに入るように桁を区切ると、ほんのわずかですが誤差が生じることになります。

どんなに高性能なコンピュータでも、この誤差をなくすことはできません。大事なことは、私たちが誤差があると理解した上でコンピュータと付き合うことです。第2章「1.3　実数誤差を減らす工夫」で、具体的な例を紹介します。

6 文字や色の扱い方

コンピュータが扱うのは数値だけではありません。文字や画像、音声など、あらゆる情報を0と1だけで扱います。どういう決まりで0と1に置き換えるのか、簡単に見ておきましょう。

6.1 コンピュータは文字をどう扱うか

コンピュータの世界では、**文字コード**というルールを使って文字を扱います。たとえば、表1-8に示すASCIIコード表に従うと、「A」は「1000001（10進数の65）」、「a」は「1100001（10進数の97）」になります。なお、ASCIIコードは1バイト（正確には7ビット）と決められているので、128種類の文字しか表現できません。ひらがなやカタカナ、漢字など、たくさんの種類を使う日本語には1文字を2バイトで表すJISコードやシフトJISコード、処理系によってはEUCコードが使われています。

しかし、文字コードの種類が増えると何かと不都合が生じます。その代表例が**文字化け**です。Webページを開いたときに、意味不明の文字が表示されたことはありませんか？ これは文書を作るときの文字コードと、その文書を解釈するときの文字コードが異なるときに起こります。文字を扱うときは、どの文字コードを使っているかを意識するようにしましょう。UTF-8やUTF-16は、文字化けのような不都合を解消するために考えられた文字コード[*10]です。

表1-8 ASCIIコード表

コード	文字	コード	文字	コード	文字	コード	文字
0		32	[SPACE]	64	@	96	`
1		33	!	65	A	97	a
2		34	"	66	B	98	b
3		35	#	67	C	99	c
4		36	$	68	D	100	d
5		37	%	69	E	101	e
6		38	&	70	F	102	f
7		39	'	71	G	103	g
8	[BS]	40	(	72	H	104	h
9	[TAB]	41	)	73	I	105	i
10	[CR]	42	*	74	J	106	j
11		43	+	75	K	107	k
12		44	,	76	L	108	l
13	[LF]	45	-	77	M	109	m
14		46	.	78	N	110	n
15		47	/	79	O	111	o
16		48	0	80	P	112	p
17		49	1	81	Q	113	q
18		50	2	82	R	114	r
19		51	3	83	S	115	s
20		52	4	84	T	116	t
21		53	5	85	U	117	u
22		54	6	86	V	118	v
23		55	7	87	W	119	w
24		56	8	88	X	120	x
25		57	9	89	Y	121	y
26		58	:	90	Z	122	z
27		59	;	91	[	123	{
28		60	<	92	\	124		
29		61	=	93	]	125	}
30	-	62	>	94	^	126	~
31		63	?	95	_	127	

＊10　もう少し正確に表現すると、「UTF-8」や「UTF-16」は Unicode で定義されている文字を符号化する方法です。

6.2 コンピュータは色をどう扱うか

コンピュータの画面に表示される色はすべて赤、緑、青(*11)の光の組み合わせで表現されています。それぞれの光は0〜255の範囲で強さを調整できるので、

256 × 256 × 256 = 16,777,216種類

およそ1,670万色を表現できることになります。主な色は表1-9を参照してください。

表1-9 色のRGB値

色	赤の強度	緑の強度	青の強度
黒	0	0	0
赤	255	0	0
緑	0	255	0
青	0	0	255
黄	255	255	0
水色	0	255	255
紫	255	0	255
白	255	255	255

ところで、0〜255という値に見覚えはありませんか？ これは1バイト(8ビット)で表現できる値です。赤、緑、青のそれぞれで8ビットずつ使って1つの色を表現することから、この方式を**24ビットカラー**と言います。また、赤、緑、青の強度のほかに透明度(アルファ値)を表す8ビットを加えた**32ビットカラー**(*12)もあります(図1-29)。どちらも表現できる色の数に違いはありません。

図1-29 4バイトで色を表現する

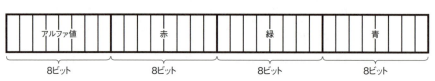

スマートフォンで撮影した写真やペイントソフトで描いた絵は、色の付いた小さな点(ピクセル)の並びで構成されています。コンピュータの内部では、各ピクセルの色情報を順番に記録して、1つの画像として扱っています(図1-30)。第2章の「3.7　マスクをかけて一部を取り出す」では、ピクセルの色を赤、緑、青の成分に分解する方法を紹介します。

図1-30 画像はピクセルの集まり

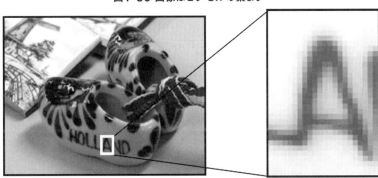

* 11　これを「光の三原色」と言います。
* 12　コンピュータの都合上、32ビット(4バイト)ずつの方が効率よく処理できるという理由で8ビットを加えている場合もあります。この場合、新たに加えた8ビットは特別な意味を持たない値になります。

第2章
コンピュータの「演算」

　コンピュータにできることは「情報を受け取って、演算して、結果を出すこと」──この3つです。どんなに複雑に見える処理も、受け取った情報を処理して結果を出して、その結果を使って別の演算を行って結果を出して……この繰り返しで実現しています。

　ところで「演算」って何だと思いますか？　これは算数・数学でいうところの「計算」とほぼ同じ意味です。ただし、コンピュータの世界では数値を使った計算だけではなく、コンピュータ独自の演算もあるので覚えておきましょう。

1 算術演算はコンピュータの四則演算

算数・数学で演算と言えば四則演算。改めて説明するまでもありませんが、足し算、引き算、掛け算、割り算を行うことをコンピュータの世界では**算術演算**と言います。

1.1 計算式の書き方

数学の勉強をしていると、いろいろな公式が出てきます。たとえば、

半径rの円の面積はπr^2

n個のボールからr個を選ぶ方法はnCr通り

1からnまでの総合計は$\displaystyle\sum_{k=1}^{n} k$で表す

などです。これらの記号をそのままプログラムに書くことができれば勉強もはかどりそうですが、残念ながらそれはできません。なぜなら、公式とは計算式を効率よく表現したものであって、計算式そのものではないからです。

たとえば、1からnまでの総合計を求める公式には、

$$\sum_{k=1}^{n} k = \frac{1}{2}n(n+1)$$

このような計算規則があり、これを使えば1〜100までの総合計は、

$$\sum_{k=1}^{100} k = \frac{1}{2}\times100\times(100+1)$$

になります。プログラムに記述するのはイコール（＝）の右側の計算式です。ただし、分数はともかく「×」や「÷」のような記号はキーボードから入力できません。その代わりに、表2-1に示したような記号を使って計算式を記述します。この記号を**算術演算子**[*1]と言います。

48

表2-1　Pythonの算術演算子

演算子	意味
+	足し算
-	引き算
*	掛け算
/	割り算
//	割り算の商
%	割り算の余り
**	べき乗

　割り算だけ演算子が3つ用意されているのには、ちゃんと理由があります。たとえば、「10÷3の答えは?」と聞かれたとき、あなたならどう答えますか? 「3.333333…」、「3余り1」——どちらも間違いではありません。しかし、プログラムに書くときは、欲しい答えに応じて次のように演算子を使い分ける必要があります。

```
>>> 10 / 3          ←答えを実数で欲しいとき
3.3333333333333335  ←表示された結果
>>> 10 // 3         ←割り算の商が欲しいとき
3                   ←表示された結果
>>> 10 % 3          ←割り算の余りが欲しいとき
1                   ←表示された結果
```

　また、数学では「10の3乗」は「10^3」のように書くと習いましたが、実際の計算は「$10 \times 10 \times 10$」ですね。プログラムに書くときも同じです。ただ、この書き方では指数の値が大きいときに、いくつ掛けたかわかりにくくなります。その場合は「**」を使うと、わかりやすく間違いのないプログラムになります。

```
>>> 10*10*10  ←10の3乗を掛け算で入力
1000          ←表示された結果
>>> 10**3     ←10の3乗をべき乗で入力
1000          ←表示された結果
```

なお、Pythonでは次のように記述すると、計算した答えを変数に代入することができます。

```
>>> a = 10 - 3   ←10－3の答えを変数aに代入
>>> a            ←変数aの値を確認
7                ←表示された結果
```

プログラムの世界で使う「=」には**代入演算子**という名前がついていて、「左辺の変数に、右辺に記述した計算式の答えを代入する」という処理を行います。算数の計算問題では、

$$10 - 3 = 7$$

このように書くのが正解ですが、このときの「=」は「等号」、つまり「左辺と右辺は等しい」という意味です。プログラムで使う「=」と算数の「=」は意味が違うことを覚えておきましょう。

＊1　表2-1はPythonで使える算術演算子です。割り算の商や余り、べき乗用の演算子は、
　　　プログラミング言語によって異なるので注意してください。

<u>コラム</u> **複合演算子**

プログラムの世界で考えてください。「a = 1のとき、a = a + 1はいくつになるでしょう？」——算数の世界で考えると、「=」は「等しい」という意味なので絶対に成立しない話ですが、プログラムの世界で「=」は「代入」という意味でしたね。つまり、「a = a + 1」は「いまのaの値に1を足して、答えをaに代入する」という処理になり、答えは「2」です。

```
>>> a = 1        ←変数aを初期化（1を代入）
>>> a = a + 1    ←いまのaに1を足した答えでaを上書き
>>> a            ←aの値を確認
2                ←表示された結果
```

これと同じ処理を、Pythonでは次のように書くこともできます。「+=」は代入演算子の仲間で、**算術演算**と**代入**を同時に行うことから**複合演算子**と

50

呼ぶこともあります。主な複合演算子は表2-2を参照してください。

```
>>> a = 1        ←変数aを初期化
>>> a += 1       ←いまのaに1を足した答えでaを上書き
>>> a            ←aの値を確認
2                ←表示された結果
```

表2-2　Pythonの複合演算子

演算子	使い方	意味
+=	a += b	a = a + bと同じ
-=	a -= b	a = a - bと同じ
*=	a *= b	a = a * bと同じ
/=	a /= b	a = a / bと同じ
//=	a //= b	a = a // bと同じ
%=	a %= b	a = a % bと同じ
**=	a **= b	a = a ** bと同じ

1.2　計算の優先順位

　算数や数学の計算問題を解くときには、いくつかルールがありました。覚えていますか？ たとえば、「赤いキャンディが3個、青いキャンディが2個ずつ入った袋が7つあります。キャンディは全部で何個あるでしょう？」という問題を解くとき、

$$3 + 2 \times 7 = 35$$

これは間違いです。1つの式に複数の計算が含まれるときは、**足し算・引き算よりも、掛け算・割り算を先に計算する**というルールがあるので、上の計算式であれば

　　　①$2 \times 7 = 14$

　　　②$3 + 14 = 17$

この順番に計算して、答えは「17」でなければなりません。しかし、これはキャンディの総個数ではありませんね。

51

計算のルールにはもう一つ、**（　）で囲んだ部分を先に計算する**という
ルールがありました。つまり、上の問題は、

$$(3 + 2) \times 7 = 35$$

このように計算して、35個という計算結果になるのが正解です。

　プログラムの世界でも、同じルールが適用されます。表2-3は、Pythonの
算術演算子の優先順位です。一番優先度が高いのは正の数、負の数を表す
符号です。「*」、「/」、「//」、「%」のように同じ欄に記載された演算子は優先
順位が同じです。優先順位が同じなら、左から順番に計算します。

　また、（　）を使うと、計算の順番を変更することができます。1つの式の
中に（　）はいくつ書いてもかまいませんが、「（」と「）」の数は等しくなけ
ればなりません。また、（　）の中に（　）がある場合は、内側の（　）から
先に計算することを覚えておきましょう。

```
>>> 3 + 2 * 7          ←「2 × 7」を先に計算
17
>>> (3 + 2) * 7        ←「3 + 2」を先に計算
35
>>> 10 * ((3 + 2) * 7)  ←「3 + 2」、「5 × 7」、「10 × 35」の順に計算
350
```

表2-3 算術演算子の優先順位

優先度	演算子	意味
高	**	べき乗
	+、-	正負の符号
	*、/、//、%	掛け算、割り算、割り算の商、割り算の余り
	+、-	足し算、引き算
低	=	代入

コラム （ ）の役割

（ ）は計算の順番を変えるだけでなく、式を見やすくするためにも使われます。たとえば、次の式はどちらも同じ計算をして、同じ結果になりますが、（ ）を使った後者の方がわかりやすいですね。

```
>>> 2 * 3 + 3 * 4
18
>>> (2 * 3) + (3 * 4)
18
```

1.3 実数誤差を減らす工夫

算数の問題です。「0.1を10回足すと、答えはいくつになるでしょう？」——多くの人が「0.1が10個だから、0.1×10で答えは1」、あるいは律儀に0.1を10回足して「答えは1」と答えると思います。ところが、コンピュータで0.1を10回足すと、答えは「1」にならないのです。なぜなら、0.1はどうしても2進数に置き換えられない値(＊2)だからです。

```
>>> a = 0                   ←変数 a を 0 で初期化
>>> for i in range(10):     ← 10 回繰り返す
...     a += 0.1            ← a の値に 0.1 を足して a に代入
...                         ← Enter を入力
>>> a                       ←変数 a を画面に出力
0.9999999999999999          ←表示された結果
```

コンピュータはすべての情報を2進数で扱うため、このような誤差が生じるのは仕方のないことです。しかし、最初は気にならないほどの小さな誤差も、計算を繰り返しているうちに、やがて大きな誤差になります。小惑星探査機や手術ロボットのコントロールのように精密な結果を要求されるような場面では、この誤差を見なかったことにはできません。

そこでひと工夫です。誤差の原因は実数を扱うことにあるのですから、実数を計算に使わなければよいのです。上の例であれば、

　　　①0.1の小数点の位置を右に1つ移動する → 　1

　　　②1を10回足し算する 　→ 　10

　　　③答えの右から1桁目の位置に小数点を移動する → 　1.0

という手順で計算すれば途中に実数が含まれないため、誤差が生じることはありません。

```
>>> a = 0              ←答えを入れる変数 a を 0 で初期化
>>> b = 0.1 * 10       ←小数点の位置を右に1つ移動（10倍）する
>>> for i in range(10):  ← 10 回繰り返す
...     a += b         ← a の値に b を足して a に代入
...                    ← Enter を入力
>>> a = a / 10         ←答えの右から1桁目の位置に小数点を移動（1/10倍）
                         する
>>> a                  ←答え（a の値）を画面に出力
1.0                    ←表示された結果
```

　コンピュータはプログラムに書かれた計算式の通り正確に計算しますが、その答えが必ずしも正解とは限りません。2進数しか扱うことのできないコンピュータの都合に合わせて誤差を受け入れるのではなく、自分の欲しい答えが得られるように、私たちが工夫するようにしましょう。

＊2　第1章「5.4 避けられない実数誤差」を参照してください。

2 シフト演算で掛け算・割り算ができる

　シフト（shift）の意味は「移す」、「動かす」――つまり、シフト演算は2進数のビットパターンを動かす演算です。コンピュータの世界特有の演算ですが、シフト演算を利用すると掛け算・割り算と同じことができます。

2.1 桁を左右に動かす

第1章で、「位取り記数法では各桁に意味がある」という話をしました。たとえば、10進法の各桁には、図2-1に示すような意味があります。

図2-1 10進数の桁の重み

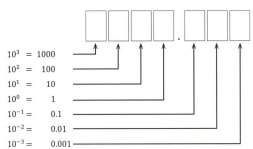

まずは10進数で桁の移動を考えてみましょう。図2-2のように4枚のカードで4桁の数字を表すとき、右に置いた「12」を左に1つずつ動かして、空いた桁に「0」を入れるとどうなりますか？ 左に2つ動かしたときはどうでしょう？「120」、「1200」になりますね。

10進法の場合、桁を左に1つ動かすたびに値は10倍に、右に動かした場合は$\frac{1}{10}$倍になります。図2-2を見ながら考えると、桁を動かすことで掛け算、割り算と同じ効果が得られることがよくわかりますね。

図2-2 桁を動かす

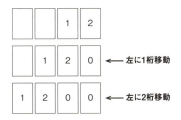

これと同じことを2進数のビットパターンに対して行うのが**シフト演算**です。2進法の各桁の意味は覚えていますか？ 1桁繰り上がるごとに値は2倍、1つ繰り下がるごとに値は$\frac{1}{2}$倍になる[*3]のでしたね（図2-3）。

図2-3　2進数の桁の重み

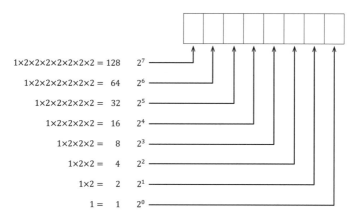

Pythonでは、表2-4に示す演算子を使ってシフト演算を行います。なお、コンピュータの世界はバイト単位が基本です。そのためビットシフトは

- 左にシフトすることで空いた桁（下位ビット）には「0」を挿入する
- 右にシフトすることで空いた桁（上位ビット）には「0」または「1」を挿入する
- シフトしたことで桁あふれしたビットは無視する

というルールに従って行われます。

表2-4　Pythonのシフト演算子

演算子	意味
<<	左シフト
>>	右シフト

さっそく左シフトから確認しましょう。

```
>>> 12 << 1     ←12を左に1ビットシフト
24              ←表示された結果
>>> 12 << 2     ←12を左に2ビットシフト
48              ←表示された結果
```

左に1ビットシフトすると値が2倍、2ビットシフトしたときは4倍になりました。理由がわからないという人は、図2-4を見てください。10進数の「12」を2進数に変換すると「00001100」、すべてのビットを左に1つずつ動かして右端の空いた桁に「0」を挿入すると「00011000」、これは10進数の「24」です。

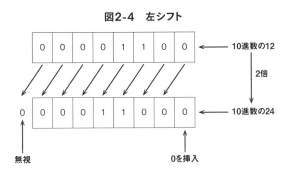

図2-4　左シフト

　今度は右シフトです。シフト演算の2番目のルールは後で説明するので、ここでは図2-5のように右シフトのあと、空いた桁に「0」を挿入すると「00000110」、10進数の「6」になりました。

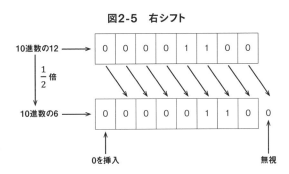

図2-5　右シフト

　Pythonの実行例も見てみましょう。

```
>>> 12 >> 1        ←12を右に1ビットシフト
6                  ←表示された結果
>>> 12 >> 2        ←12を右に2ビットシフト
```

3	←表示された結果

　右に1ビットシフトしたときは$\frac{1}{2}$倍、2ビットシフトしたときは$\frac{1}{4}$倍になりました。ちゃんと割り算できていますね。

　2で割り切れない値を右シフトしたときは、整数部だけが残ります。たとえば、10進数の「9」を2進数に置き換えると「00001001」、これを右に2ビットシフトすると「00000010」、10進数の「2」($9 \div 4 = 2.25$の整数部)です。

＊3　第1章「1.3 2進位取り記数法」を参照してください。

コラム シフト演算と算術演算

　2進数のビットを動かすシフト演算は、算術演算よりも高速に掛け算・割り算できるのですが、10進法に慣れ親しんだ私たちにはイメージしにくい演算です。たとえば、「9個のキャンディを4人で分けると、1人何個ずつもらえるでしょう？」という問題を解くときに、

>>> 9 >> 2	←右に2ビットシフト（図2-6）
2	←表示された結果

と計算するよりも、

>>> 9 / 4	←9÷4を実行
2.25	←表示された結果

この方がわかりやすいですね。

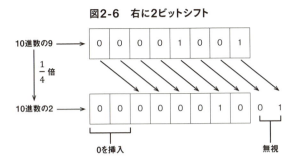

図2-6 右に2ビットシフト

コンパイラの性能が向上した現在、処理速度の差は気にするほどではありません。この後の「3.7 マスクをかけて一部を取り出す」で紹介する事例のように、ビットデータを処理していることが明らかな場合はシフト演算が有効ですが、数値データを扱う場合はプログラムのわかりやすさを優先して算術演算を利用するようにしましょう。

2.2 右シフトには「算術」と「論理」の2種類

　ビットパターンを左にシフトしたとき、空いた桁（下位ビット）には必ず「0」を挿入しますが、右シフトの場合は上位ビットに「0」を挿入する場合と「1」を挿入する場合の2通りがあります。その理由は負の数を使って右シフトしてみるとわかります。

　たとえば、10進数の「−12」は2進数で「11110100」[*4]です。これを右に1ビットシフトして、空いた桁に「0」を挿入すると「01111010」となり、負の数でないことはビットの並びを見ただけでも明らかですね（図2-7）。

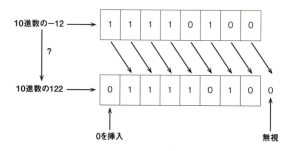

図2-7 空いた桁に0を挿入

　今度は、空いた桁に符号ビットと同じ値を挿入してみましょう（図2-8）。すると「11111010」となり、これは10進数の「－6」です。右に1ビットシフトしたことで、値が$\frac{1}{2}$倍になりました。

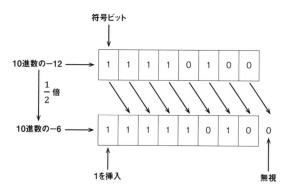

図2-8 空いた桁に符号ビットを挿入

　図2-7のように空いた桁に「0」を挿入する方法を**論理右シフト**と言います。後で紹介する「3.7 マスクをかけて一部を取り出す」の事例のように、ビットの並びとしてデータを扱うときは、この方法を使います。

　一方の図2-8は**算術右シフト**です。符号に重要な意味がある数値データの場合は、右シフトで空いた桁に符号ビットと同じ値を挿入することで、矛盾のない値になります。なお、図2-8では1ビットだけシフトしましたが、2ビット以上シフトした場合は、空いた桁のすべてを符号ビットで埋めることになります。

```
>>> bin(-12 & 0xFF)      ← -12 を 2 進数 (2 の補数) に変換
'0b11110100'             ←表示された結果
>>> -12 >> 2             ←「-12」を右に 2 ビットシフト ($\frac{1}{4}$倍)
-3                       ←表示された結果
>>> bin(-3 & 0xFF)       ←「-3」を 2 進数 (2 の補数) に変換 (＊5)
'0b11111101'             ←表示された結果
```

＊4　第1章「4.2　2の"補数"って何だ？」を参照してください。
＊5　2の補数を2進数で表記する方法は、このあとの「3.6　2の補数を求める」を参照して
　　　ください。

3 コンピュータに特有のビット演算

ビット演算は、2進数のビット単位で行うコンピュータの世界特有の演算(＊6)です。この後に説明する論理演算や第6章で説明する集合演算にも関係する、とても重要な演算です。

＊6　本書ではシフト演算を先に説明しましたが、2進数のビットパターンを動かすのですか
　　　ら、シフト演算もビット演算の1つです。

3.1　ビット演算とは

　ビット演算にはAND演算、OR演算、XOR演算、NOT演算の4種類があります。このうちNOT演算以外は2つのビットを使って足し算・掛け算を行う演算です。ただし、算術演算と違って演算後に桁が繰り上がることはありません。

Try Python **ビット演算を実行してみよう**

　Pythonでは表2-5に示す演算子を使ってビット演算を行います。先にその使い方を確認しておきましょう。

```
>>> 1 & 1              ← AND 演算
1                      ←表示された結果
>>> 1 | 1              ← OR 演算
1                      ←表示された結果
>>> 1 ^ 1              ← XOR 演算
0                      ←表示された結果
>>> ~1                 ← NOT 演算（2 進数で表すと「00000001」）
-2                     ←表示された結果（2 の補数で表すと「11111110」）(＊7)
```

表2-5　Pythonのビット演算子

演算子	意味
&	AND演算
|	OR演算
^	XOR演算
~	NOT演算

＊7　Python では上位ビットが「0」で埋められているとみなすため、NOT 演算の結果は負
　　の値になります。

3.2　AND演算

　では、各演算の基本原理を見ていきましょう。最初に取り上げるのは
AND演算です。

　これは、2つのビットを比較して、両方のビットが「1」のときに「1」を、
それ以外のときは「0」を返す演算です（表2-6）。2つのビットを掛け算す
ると、AND演算の結果になります。

表2-6　AND演算

入力1	入力2		結果
1	1	→	1
1	0	→	0
0	1	→	0
0	0	→	0

　図2-9は2進数の「10101010」と「00001111」をAND演算した様子です。よく見ると「0000」でAND演算した桁は、答えがすべて「0」になっています。一方、「1111」でAND演算した部分は元の値のままです。

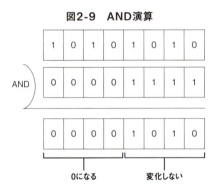

図2-9　AND演算

　コンピュータの世界には**マスクをかける**という言葉があります。マスク（mask）には「覆い」や「お面」のような意味があることから、「不要な桁の値を強制的に0にして、必要な桁だけを取り出す」ことを「マスクをかける」のように表現します。図2-9は、上位4ビットの部分にマスクをかけて、下位4ビットの値を取り出した状態です。マスクをかける話は、このあとの「3.7 マスクをかけて一部を取り出す」で改めて説明します。

3.3　OR演算

　2つのビットを比較して、どちらか一方に「1」がセットされているときに「1」を返す演算です。両方のビットが「0」のときは「0」になります（表

2-7)。2つのビットを足し算して、答えが1以上のときは1にするというルールに従うとOR演算の結果になります。

表2-7　OR演算

入力1	入力2		結果
1	1	→	1
1	0	→	1
0	1	→	1
0	0	→	0

　図2-10は、2進数の「10101010」と「00001111」をOR演算した様子です。「0000」でOR演算した部分はもとの値のままですが、「1111」とOR演算した部分は、もとが「0」のビットが「1」になっています。

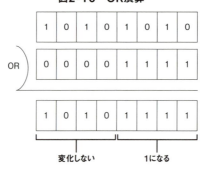

図2-10　OR演算

　コンピュータの世界には**フラグを立てる**という言葉があります。フラグ(flag)の意味は「旗」、つまり、「フラグを立てる」とは遠くの人に旗を振って合図を送るように、「プログラムの中で何かしらの合図になるように値をセットする」ことを言います。このときにOR演算を使います。フラグを立てる話は、このあとの「3.8　ビットをフラグとして利用する」で改めて説明します。

3.4　XOR演算

2つのビットを比較して、両方のビットが同じ値のときは「0」、異なる値のときは「1」を返す演算です（表2-8）。2つのビットを足し算して、繰り上がった桁を捨てるとXOR演算の結果になります。

表2-8　XOR演算

入力1	入力2		結果
1	1	→	0
1	0	→	1
0	1	→	1
0	0	→	0

図2-11は、2進数の「10101010」と「00001111」をXOR演算した様子です。「0000」とXOR演算した桁は元の値のままですが、「1111」とXOR演算した桁は、元の値が反転していますね。XOR演算は、部分的にビットを反転したいときに使います。

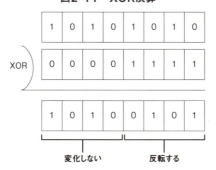

図2-11　XOR演算

3.5 NOT演算

NOT演算は、すべてのビットを反転する演算です（表2-9、図2-12）。

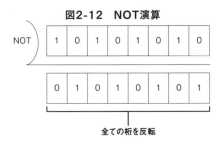

図2-12　NOT演算

全ての桁を反転

表2-9　NOT演算

入力		結果
1	→	0
0	→	1

PythonでNOT演算を行うと、

```
>>> ~1    ← NOT 演算（2 進数で表すと「00000001」）
-2        ←表示された結果（2 の補数で表すと「11111110」）
```

のような結果になります。表2-9とは異なる結果に、とまどったかもしれませんね。

実は、Pythonでは上位の桁がすべて0で埋められていると仮定してビット演算を行います。「1」であれば「00000001」の各ビットを反転して、結果は「11111110」です。これを10進数の値で表したものが「−2」です。

Try Python　複数桁のビット演算

表2-5に示した演算子を使って、図2-9～図2-12に示したような複数桁のビット演算も行えます。ここでは結果がわかりやすいように、bin()関数を使って演算結果を2進数で表示してみましょう。

```
>>> bin(0b10101010 & 0b00001111)    ← AND 演算
'0b1010'                            ←表示された結果
```

これは2進数の「10101010」と「00001111」をAND演算した様子です（図2-9と同じ）。Pythonでは上位ビットの0が表示されないため「1010」になりましたが、8ビットで表現すると「00001010」です。

ビット演算は、10進数の値でも実行できます。この場合はコンピュータの内部で2進数のビット演算が行われます。10進数になじんでいる私たちには理解しにくい演算ですが、この後の「3.8 ビットをフラグとして利用する」で紹介するような事例では有効な使い方です。

```
>>> 170 & 15    ←2進数の「10101010」と「00001111」をAND演算
10              ←表示された結果（2進数の「1010」）
```

3.6 2の補数を求める

コンピュータの世界で「負の数は2の補数で表現される」という話[*8]を覚えていますか？ 2の補数は、

　　①絶対値を2進表記に変換して、すべての桁の0と1を反転する
　　②変換後の値に1を足す

という手順で変換するのでしたね（図2-13）。これをPythonで実行すると、

```
>>> ~10 + 1  ←10進数の10のすべてのビットを反転（NOT演算）して、1を足す
-10          ←表示された結果
```

10進数の「10」が「−10」になり、ちゃんと負の数になりました。しかし、bin()関数で「−10」を2進表記してみると、

```
>>> bin(-10)    ←-10を2進数で表示
'-0b1010'       ←表示された結果
```

のようにコンピュータの内部で使っている2の補数とは違う値が表示されてしまいます。そこでAND演算の登場です。「1」とAND演算したビットはもとの値がそのまま残るので、

```
>>> bin(-10 & 0b11111111) ← -10（10進数）と 11111111（2進数）を AND 演算し、
                             結果を 2 進数で表示
'0b11110110'                 ←表示された結果
```

これで「− 10」の2の補数が求められます。なお、2進数の「11111111」は16進数の「FF」です。上の処理は、次のように書き換えることもできます。

```
>>> bin(-10 & 0xFF)    ← -10（10進数）と FF（16進数）を AND 演算し、結
                         果を 2 進数で表示
'0b11110110'           ←表示された結果
```

図2-13　2の補数を求める手順

| NOT | 0 | 0 | 0 | 0 | 1 | 0 | 1 | 0 | 10進法の10 |

| | 1 | 1 | 1 | 1 | 0 | 1 | 0 | 1 | すべてのビットが反転 |

| + | 0 | 0 | 0 | 0 | 0 | 0 | 0 | 1 | 1を足す |

| | 1 | 1 | 1 | 1 | 0 | 1 | 1 | 0 | 10進法の−10（2の補数） |

＊8　第 1 章「4.2 2 の "補数" って何だ?」、「4.5 2 の補数と基数変換」を参照してください。

3.7　マスクをかけて一部を取り出す

　コンピュータの世界では、ピクセルの色情報を順番に記録して1つの画像を表しています[*9]。ここで、1ピクセルの色情報が4バイト（32ビット）で図2-14のように記録されていると仮定しましょう。ここから赤、緑、青の各成分の値を取り出すときに「マスクをかける」という手法を使います。

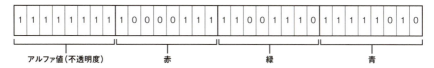

図2-14　32ビットカラーの例

　たとえば青の成分を取り出すときは、下位8ビットを「1」、それ以外をすべて「0」にした値とAND演算を行います。AND演算は「両方のビットが1のときに1、それ以外のときは0」を返すため、図2-15のように青の成分を残して、それ以外のビットを「0」にした値を取得できます。「11111010」は10進数の「250」、つまり、このピクセルの青の成分は「250」です。

　このように必要なビットを取り出すために使用するビットパターンを**マスクパターン**や**マスク**と言い、このマスクを使って必要なビットを取り出すことを**マスクをかける**と言います。

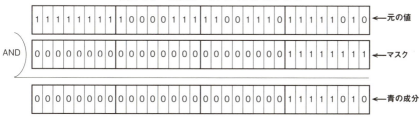

図2-15　上位3バイトにマスクをかける

　緑の成分を取り出すときも、やり方は同じです。緑を表すビットに「1」を、それ以外は「0」にした値とAND演算を行ってください。しかし、位取り記数法では下位の桁から意味を持ち始める(*10)ため、AND演算の結果（11001110 00000000）をそのまま10進数に変換するわけにはいきません。

　そこでシフト演算の登場です。AND演算の結果を8ビット論理右シフト(*11)すると「11001110」、10進数の「206」となり、このピクセルの緑の成分は「206」であることがわかります（図2-16）。

　赤の成分を取り出すときは「00000000 11111111 00000000 00000000」とAND演算を行ったあと、16ビット論理右シフトしてください。

図2-16 上位2バイトにマスクをかけて、8ビット論理右シフト

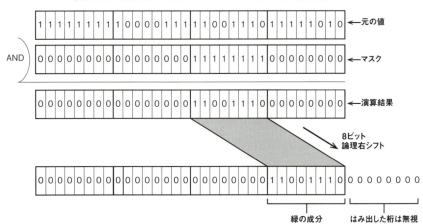

*9 第1章「6.2 コンピュータは色をどう扱うか」を参照してください。
*10 第1章「1 位取り記数法」を参照してください。
*11 この章の「2.2 右シフトには『算術』と『論理』の2種類」を参照してください。

Try Python 色の成分を取り出す

プログラムの世界では、図2-17に示す色情報(*12)を4バイトの整数として扱うのが一般的です。そのため、この値を参照すると10進数の「4287090426」という値が返ってきます。リスト2-1は、この値を色の成分に分解するプログラムです。実行結果は赤、緑、青の順に表示されます。

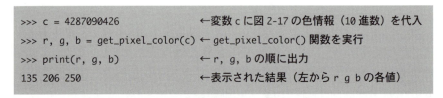

図2-17 32ビットカラーの例

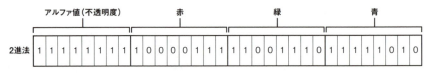

リスト 2-1 色情報をr、g、bに分解する

```
1. def get_pixel_color(c):
2.     r = (c & 0x00FF0000) >> 16      # 赤
3.     g = (c & 0x0000FF00) >> 8       # 緑
4.     b = (c & 0x000000FF)            # 青
5.     return r, g, b
```

2行目の

r = (c & 0x00FF0000) >> 16

は、赤の成分を取り出す式です。式の中に（　）がある場合は、その部分を先に計算する(*13)のでしたね。この場合は色情報と16進数の「00FF0000」(2進数の「00000000 11111111 00000000 00000000」)をAND演算したあとに、16ビット右シフトが行われます（図2-18）。緑の成分も同様です。16進数の「0000FF00」とAND演算をしたあとに、8ビット右シフトしてください。下位ビットの青の成分だけはシフト演算が不要です。16進数の「000000FF」とAND演算をした結果が、そのまま青の成分になります。

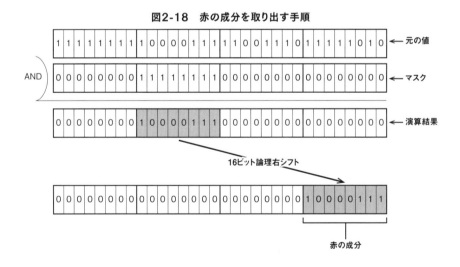

図2-18　赤の成分を取り出す手順

*12　色情報のフォーマットは「ARGB」や「BGRA」など、いろいろあります。実際にプログラムを作るときは注意してください。

*13　この章の「1.2　計算の優先順位」を参照してください。

3.8　ビットをフラグとして利用する

　あるゲームのキャラクターが「金貨」、「剣」、「宝石」、「キャンディ」の4つのアイテムを持てると仮定しましょう。太郎くんのキャラクターが持っているアイテムを表すときに

　　taro_coin = True　　←金貨：持っている
　　taro_sword = False　←剣：持っていない
　　taro_gem = False　　←宝石：持っていない
　　taro_candy = True　 ←キャンディ：持っている

のように、アイテムごとに管理しようとすると変数が4つ必要です。もしも同じゲームに花子さんが参加したら、花子さん用の変数も4つ必要になります。この調子で参加者分の変数を用意していたら、とてもではありませんが管理しきれませんね。

　このようなときに**フラグを立てる**という手法を使います。1バイト（8ビット）の下位4ビットに図2-19に示す意味を持たせて、ビットが「1」のときは「持っている」、「0」のときは「持っていない」ことを表すというルールを決めると、下位4ビットで表2-10に示す16種類の状態を管理することができます。

図2-19　ビットに意味を持たせる

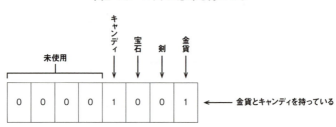

表2-10　ビットを使っていろいろな状態を表す

10進数	2進数	意味
0	0000	何も持っていない
1	0001	金貨を持っている
2	0010	剣を持っている
3	0011	金貨、剣を持っている
4	0100	宝石を持っている
5	0101	金貨、宝石を持っている
6	0110	剣、宝石を持っている
7	0111	金貨、剣、宝石を持っている
8	1000	キャンディを持っている
9	1001	金貨、キャンディを持っている
10	1010	剣、キャンディを持っている
11	1011	金貨、剣、キャンディを持っている
12	1100	宝石、キャンディを持っている
13	1101	金貨、宝石、キャンディを持っている
14	1110	剣、宝石、キャンディを持っている
15	1111	金貨、剣、宝石、キャンディを持っている

第**2**章　コンピュータの「演算」

　この方法であれば、太郎くんのキャラクターが持っているアイテムを

　　　taro_item = 0b1001　　　**←金貨、キャンディを持っている**

のように1つの変数で表現できます。また、剣に対応するビットを「1」、残りのビットを「0」にしたものとAND演算を行うと、キャラクターが剣を持っているかどうかを判定することができます（図2-20）。2進数のビットを使わずに4つの変数で管理した場合、キャラクターが持っているアイテムを瞬時に判断することはできません。

図2-20　ビットを使って判定する

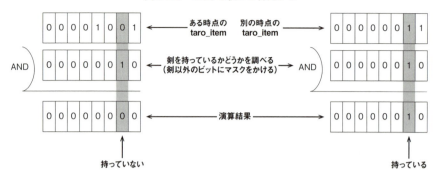

Try Python　フラグを操作する

　ゲームを進めながらアイテムをゲットしたり失ったりする様子をPythonでシミュレーションしてみましょう。各ビットの意味は図2-21を参照してください。なお、説明の中で「ビットをオンにする」、「オフにする」という表現が出てきますが、これは「ビットに1をセットする」、「0をセットする」という意味です。

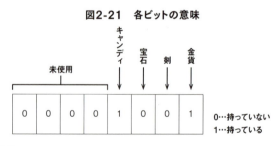

図2-21　各ビットの意味

フラグの初期化

　最初はアイテムを何も持っていない状態からスタートです。

```
>>> taro_item = 0
```

これで初期値がセットできました。2進数を使って

```
>>> taro_item = 0b0000
```

でもかまいません。Pythonでは上位ビットが0で埋められるので、

```
       taro_item = 0b0
```
でも同じです。

フラグを立てる

　ゲームを始めて間もなく、いきなり金貨をゲットしました。この場合は金貨のビットを「1」、それ以外のビットを「0」にした値とOR演算を行ってください。OR演算はどちらか一方のビットが「1」のときに「1」を返すので、これで確実に金貨のビットをオンにすることができます。

```
>>> taro_item = taro_item | 0b0001    ←金貨フラグを立てる
>>> taro_item                         ← taro_item を確認
1                                     ←表示された結果（2進数の「0001」＝
                                        金貨を持っている）
```

　今度はキャンディをゲットしました。この場合はキャンディのビットを「1」、それ以外のビットを「0」にしたものとOR演算を行いましょう。金貨のビットの値はそのままで、キャンディのビットをオンにすることができます。

```
>>> taro_item = taro_item | 0b1000    ←キャンディフラグを立てる
>>> taro_item                         ← taro_item を確認
9                                     ←表示された結果（2進数の「1001」＝
                                        金貨、キャンディを持っている）
```

フラグを使って判定する

　しばらくすると、キャラクターのエネルギーがなくなってきました。エネルギーの補給にはキャンディが必要です。今度はキャンディのビットを「1」、それ以外のビットを「0」にしたものとAND演算してください。AND演算は両方のビットが「1」のときに「1」を返すので、AND演算の答えが「0」でなければキャンディを持っていると判定できます(＊14)。

　ただし、演算結果を入れる変数は新たに用意してください。taro_itemを使ってしまうと、いま持っているアイテムの内容が変化してしまうので注

意しましょう。

```
>>> chk_candy = taro_item & 0b1000   ←キャンディフラグが立っているかどうか
                                       を判定して、結果を chk_candy に代入
>>> chk_candy                         ←演算結果を確認
8                                     ←表示された結果 (2進数の「1000」＝キャ
                                       ンディを持っている)
```

フラグの解除

　エネルギー補給のためにキャンディを使った後は、キャンディのビット
を「0」にしなければなりません。この場合は

　　　①キャンディのビットを「1」、それ以外のビットを「0」にした値の
　　　　ビットパターンを反転する

　　　②反転後のビットと、キャラクターの現在の状態とでAND演算を
　　　　する

という手順で行います (図2-22)。金貨のビットはそのままで、キャンディ
のビットだけオフになりましたね。

```
>>> taro_item = taro_item & (~0b1000)   ←キャンディフラグをおろす
>>> taro_item                           ← taro_item を確認
1                                       ←表示された結果 (2進数の「0001」
                                         ＝金貨を持っている)
```

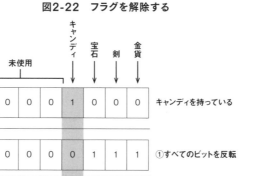

図2-22 フラグを解除する

ここではフラグの操作に2進数の値を使いましたが、10進数の値でも結果は同じです。新たに宝石フラグを立てるとき、図2-23に示す桁の重みを使って、次のように入力しても同じ結果になります。

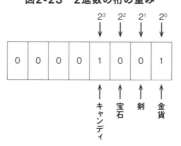

図2-23 2進数の桁の重み

```
>>> taro_item = taro_item | 4    ←宝石フラグを立てて、taro_item を書き換え
>>> taro_item                     ← taro_item を確認
5                                 ←表示された結果（2進数の「0101」＝金貨と
                                    宝石を持っている）
```

* 14　if 文を使う方法は、このあとの「4.1 比較演算」を参照してください。

4 コンピュータは論理演算で判断する

数学の世界での**論理演算**は、与えられた条件が「正しい」か「正しくない」かを判断して答えを求める演算です。たとえば——「天使はいつも正しいことを言い、悪魔はいつもウソを言います。そして人間は正しいことを言ったりウソを言ったりします。いま、A、B、Cの3人がそれぞれ、

　　A「私は天使ではありません」
　　B「私は悪魔ではありません」
　　C「私は人間ではありません」

このように言ったとき、それぞれの正体を当ててください」(＊15) というのが論理演算です。この手の問題は苦手だという人がいるかもしれませんね。

コンピュータの世界での論理演算は、ここまで複雑ではありません。与えられた条件が「正しい」か「正しくない」かを判断して、主にプログラムの流れを変えるときに使います。

＊15　答えは、Aが人間、Bは悪魔、Cが天使、です。

4.1　比較演算

2つの値を比較して、その結果が「正しい」か「正しくない」かを調べることを「比較演算」と言います。値を比較する式を書くとき、数学では「＞」や「≧」、「≠」などを使うことを習いました。たとえば、

　　10 ＞ 5

であれば、10は5よりも大きいので、この式は「正しい」ですね。コンピュータの世界では、「正しい」をTrue、「正しくない」をFalseで表します(＊16)。2つの値を比較するとき、Pythonでは表2-11に示す演算子を使います。

表2-11　Pythonの比較演算子

演算子	意味
==	等しい
!=	等しくない
<	より小さい（未満）
>	より大きい
<=	以下（等しいか、それよりも小さい）
>=	以上（等しいか、それよりも大きい）

ところで、「より小さい」と「未満」、「以下」の違い、覚えていますか？「より小さい」と「未満」は比較対象の値を含みません。一方の「以下」は、比較対象に加えて、それよりも小さい値という意味です。変数aの値が5のときに、それぞれの結果がどうなるか確認してみましょう。

```
>>> a = 5        ←変数 a を初期化
>>> a < 5        ←「a は 5 より小さいか」を調べる
False            ←表示された結果
>>> a <= 5       ←「a は 5 以下か」を調べる
True             ←表示された結果
```

* 16　True と False もコンピュータの世界では 0 と 1 で表現されますが、どちらの値をどう対応させるかは、プログラミング言語ごとに異なります。Python では True が 1、False は 0 です。

Try Python　比較演算でプログラムの流れを変える

　比較演算はif文の条件式として使って、プログラムの流れを変えるときに使います。リスト2-2は、前節「3.8　ビットをフラグとして利用する」で紹介したゲームの中で、キャラクターがキャンディを持っているかどうかを判定するプログラムです。たとえば、taro_itemの値が9のときの実行結果は次の通りです。

```
>>> taro_item = 9          ← 2進数の「1001」キャンディ、金貨を持っている
>>> check_candy(taro_item) ← check_candy() を実行
持っている                 ←表示された結果
```

リスト 2-2　キャンディを持っているかどうかを判定する

```
1. def check_candy(item):
2.     if (item & 0b1000) != 0:     # キャンディフラグが立っているかどうか
3.         print(' 持っている ')
4.     else:
5.         print(' 持っていない ')
```

4.2　TrueとFalseを使う論理演算と真理値表

　コンピュータの世界では、True と False の 2 つ値を使った演算を「論理演算」と言います。「テストの点数が 60 点～ 79 点の範囲内にある」や、「キー入力された値が a または A のどちらかと等しい」のように、複数の条件式の組み合わせで True か False かを判断するときに使います。

　論理演算には**論理積**、**論理和**、**排他的論理和**、**論理否定**の 4 種類の演算がありますが、1 と 0 の代わりに True と False を使うという点を除けば、論理演算はビット演算（＊17）とまったく同じ演算です。それぞれの演算結果は、表 2-12 ～表 2-15 を参照してください。この表を**真理値表**と言います。

表 2-12　論理積（AND 演算）

入力 1	入力 2		演算結果
True	True	→	True
True	False	→	False
False	True	→	False
False	False	→	False

表2-13 論理和(OR演算)

入力1	入力2		演算結果
True	True	→	True
True	False	→	True
False	True	→	True
False	False	→	False

表2-14 排他的論理和(XOR演算)

入力1	入力2		演算結果
True	True	→	False
True	False	→	True
False	True	→	True
False	False	→	False

表2-15 論理否定(NOT演算)

入力		演算結果
True	→	False
False	→	True

＊17　この章の「3 コンピュータに特有のビット演算」を参照してください。

4.3　論理積(AND演算)

　プログラムの世界で考えてください。テストの点数に応じて次のように成績を付けるには、どうすればいいと思いますか？

　　　　80〜100点　　Aランク
　　　　60〜79点　　Bランク
　　　　40〜59点　　Cランク
　　　　0〜39点　　　追試

　変数scoreに点数が入っているとしましょう。Aランクかどうかは

```
>>> score >= 80        ← score が 80 以上のとき、True を返す
```

これで調べられそうですね。では、Bランクの人はどうでしょう？

81

```
>>> score >= 60          ← scoreが60以上のとき、Trueを返す
```

とするだけでは点数が60点でも90点でもBランクになってしまいます。だからといって、

```
>>> score < 80           ← scoreが80より小さいとき、Trueを返す
```

にすると70点の人も30点の人もBランクになってしまいます。なぜ、点数が高くても低くても、みんなBランクになってしまうのかわかりますか？図2-24(*18)を見ながら理由を考えてみましょう。

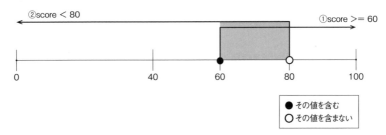

図2-24　60～79点の範囲

　図2-24の①は、「scoreが60以上かどうか」を比較して、演算結果がTrueになる範囲(*19)です。同じように、②は「scoreが80より小さい」範囲(*20)を表しています。そして、Bランクと判定されるのは2つが重なった部分（図2-24ではグレーに塗った部分）です。

　つまり、Bランクかどうかを判定するには、
　　scoreの値が60以上、かつ、scoreの値が80より小さい
のように2つの条件式を組み合わせるのが正解です。このときに「論理積」を使います。Pythonではand演算子を使って

```
>>> (score >= 60) and (score< 80)
```

のように記述(*21)します。論理積では両方の演算結果がTrueのときだけTrueを返すため、これで「scoreが60点から79点の範囲にあるかどうか」を調べることができます。

* 18　この図のように、直線に数を対応させて表したものを「数直線」と言います。
* 19　60点を含むことを表すために、図2-24では60の位置に●を付けました。
* 20　80点は含まないことを表すために、図2-24では80の位置に〇を付けました。
* 21　式を読みやすくするために（　）を使いましたが、この（　）はなくてもかまいません。

Try Python 論理積（AND演算）を使った成績判定プログラム

　リスト2-3のfunc_and()関数は、テストの点数に応じてAランク、Bランク、Cランク、追試を判定するプログラムです。引数scoreに与える値を変えて、いろいろ試してみましょう。

```
>>> rank = func_and(78)    ← func_and() 関数を使って、「78点」の成績を判定
>>> rank
B                          ←表示された結果
```

リスト2-3　テストの点数で成績を判定する

```
1.  def func_and(score):
2.      if score >= 80:                         # score が 80 以上
3.          rank = 'A'
4.      elif (score >= 60) and (score < 80):    # score が 60 ～ 79 の範囲内
5.          rank = 'B'
6.      elif (score >= 40) and (score < 60):    # score が 40 ～ 59 の範囲内
7.          rank = 'C'
8.      else:                                   # 上記以外（score が 40 未満）
9.          rank = ' 追試 '
10.     return rank
```

4.4　論理和（OR演算）

　図2-25は、犬が好きな人は「Y」を、嫌いな人は「N」を入力することを期待して表示したメッセージです。このときに「y」や「n」のように、小文字

を入力したらどうなると思いますか？ 入力する側の立場で考えると、大文字でも小文字でも同じように受け付けてほしいですね。このようなときに「論理和」を使います。

図2-25　入力画面例

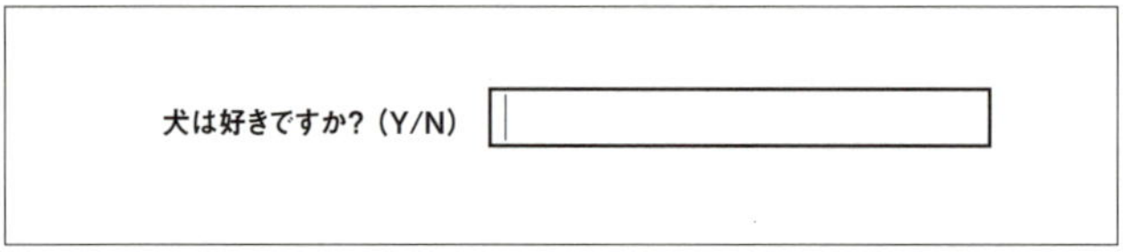

犬は好きですか？（Y/N）　［　　　　　　　　　　　　　］

　論理和は指定した条件のうち、どちらか一方でもTrueであればTrueを返す演算です。上の例であれば

　　　　入力した値が「Y」と等しい、または、入力した値が「y」と等しい

このどちらかがTrueであれば、演算結果はTrueになります。「または」は英語で「or」ですね。Pythonでもor演算子を使って

```
>>> (a == 'Y') or (a == 'y')
```

のように記述します。

Try Python　論理和（OR演算）でYもyも「はい」と判定する

　リスト2-4のfunc_or()関数は、キー入力した値が「Y」または「y」であれば「はい」、それ以外であれば「いいえ」を表示するプログラムです。いろいろな文字を入力して、どのような結果になるか試してみましょう。

```
>>> func_or()              ← func_or() 関数を実行
犬は好きですか？（Y/N）...  ←画面に表示されるメッセージ
はい                       ←表示された結果（「Y」または「y」を入力したとき）
```

リスト2-4　Yまたはyが入力されたかどうかを調べる

```
1. def func_or():
```

84

```
2.    a = input(' 犬は好きですか？（Y/N）...')# キー入力を促すメッセー
                                               ジを表示
3.    if (a == 'Y') or (a == 'y'):    # 「Y」または「y」が入力されたとき
4.        print(' はい ')
5.    else:                           # 上記以外が入力されたとき
6.        print(' いいえ ')
```

第3章
方程式で図形を描く

　PowerPointを使ったことはありますか？ 直線や円、四角形、多角形……、マウス操作でいろいろな図形を描くことができますね。このときに線の長さや傾きを数値で指定できることを知っていますか？　これらの処理に欠かせないのが「方程式」です。

1 matplotlibでグラフを描く

　方眼紙と定規を用意して縦軸と横軸の直線を引いて……、というのは学生時代の話です。Pythonではmatplotlibというグラフや図形を手軽に描画できるパッケージ(*1)が利用できます。先にpyplotモジュール(*2)の基本的な使い方を確認しておきましょう。

* 1　matplotlib は Anaconda に付属しています。
* 2　matplotlib パッケージに含まれるモジュールで、グラフや点の描画用の関数が定義されています。

Try Python グラフを描画する

　太郎くんは毎朝欠かさず体重を測っています。ある1週間分の記録が表3-1です。リスト3-1はこのデータを使って折れ線グラフを描画するプログラム、図3-1はその実行結果です。

表3-1　体重記録

日	1	2	3	4	5	6	7
体重（kg）	64.3	63.8	63.6	64	63.5	63.2	63.1

リスト3-1　体重グラフを描画する

```
1. %matplotlib inline
2. import matplotlib.pyplot as plt
3.
4. # データ
5. x = [1, 2, 3, 4, 5, 6, 7]
6. y = [64.3, 63.8, 63.6, 64.0, 63.5, 63.2, 63.1]    ← ①
7.
8. # グラフを描画
9. plt.plot(x, y)              # 折れ線を描画    ← ②
10. plt.grid(color='0.8')      # グリッドを表示
11. plt.show()                 # 画面に表示
```

図3-1 リスト3-1実行結果

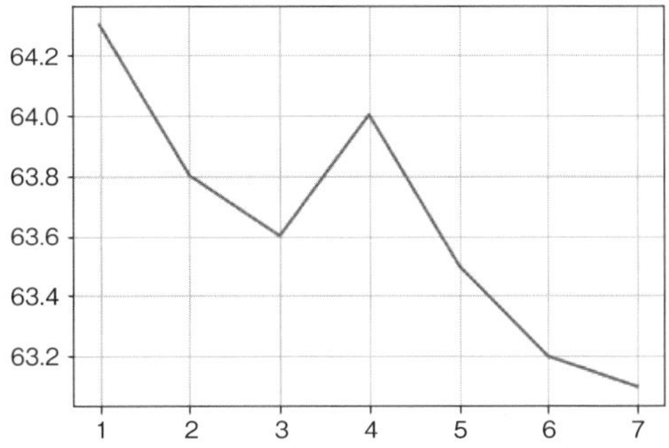

　あまりにもあっけなくて驚いたかもしれませんね。リスト3-1をくわしく見ていきましょう。1行目はPythonの命令ではなく、Jupyter Notebookの命令です。この命令を実行すると、プログラムを記述したセルと同じセルにグラフが描画されます。

　2行目はmatplotlib.pyplotモジュールのインポートです。

```
import matplotlib.pyplot as plt
```

のように記述すると、以降は「matplotlib.pyplot」と書く代わりに「plt」でモジュール内の関数を呼び出すことができます。

　さて、グラフを描画するにはx座標とy座標の値が必要ですね。その定義が①です。今回は1週間分の体重をグラフ化することが目的なので、x軸の値には1〜7を、y軸の値には体重を代入しました。②の

```
plt.plot(x, y)
```

は折れ線グラフを描画する命令です。「x座標」、「y座標」の順に引数を与えてください。plot()関数にはオプションも指定できます。たとえば、

```
plt.plot(x, y, marker='o')
```

のようにすると、図3-2上のように点が描画されます。また、

```
plt.plot(x, y, color='red')
```

のようにすると、グラフの描画色を指定[*3]できます。次の「plt.grid(color='0.8')」はグラフにグリッドを描画する命令です。省略すると、図3-2下のようになります。最後に「plt.show()」を実行すると、グラフが画面に表示されます。

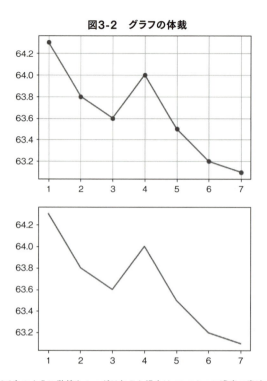

図3-2　グラフの体裁

＊3　grid(color='0.8') のように数値を1つだけ与えた場合は、モノクロの濃度の意味になります。

　無事にグラフが描画できたところで満足してはいけません。どうしてx座標とy座標を与えると、その点を結ぶ直線が描画できるのか？——ここからが本題です。

2 方程式からグラフへ

　(x, y)が1つあれば点を描画できます。もう1つ(x_1, y_1)があれば2点を結ぶ直線が、座標が3つあれば折れ線や三角形、工夫すれば円も描画できます。そのカギになるのが**方程式**です。

90

2.1 方程式

　方程式とは、文字を含んだ等式です。文字に代入する値によって、等式が成立したりしなかったりします。——言葉にすると非常にわかりにくいですね。たとえば、「30個のキャンディを3個ずつ子供たちに配ったら6個余りました。子供は何人いるでしょう？」という問題を解くときに、子供の数をxにして、それぞれに3個ずつ配ると6個余るから……と言いながら作った式が方程式です。

$$3x + 6 = 30$$

　この等式が成立するための未知数xを求めることを**方程式を解く**と言い、求めたxの値を**方程式の解**と言うのでしたね。

　では、方程式の解き方は覚えていますか？ 未知数を左辺に残した形で式を整理すると、

$$3x = 30 - 6$$
$$3x = 24$$
$$x = 8$$

となり、答えは「8人」です。

　方程式を解くカギは、式を単純にすることです。表3-2はA＝Bのときに成り立つ等式の性質です。2番目の性質を使うと「$3x + 6 = 30$」が「$3x = 30 - 6$」になりますね。4番目の性質を使うと「$3x = 24$」が「$x = 8$」になります。

表3-2　等式の性質（ただし、A＝Bのとき）

性質	意味
A＋C＝B＋C	両辺に同じ値を加えても成り立つ
A－C＝B－C	両辺から同じ値を引いても成り立つ
A×C＝B×C	両辺に同じ値を掛けても成り立つ
A÷C＝B÷C	両辺を同じ値で割っても成り立つ（ただし、C≠0）
B＝A	左辺と右辺を交換しても成り立つ

　また、表3-3の計算法則もよく利用するので覚えておきましょう。ただし、交換法則と結合法則が成立するのは、足し算と掛け算だけです。引き算と割り算では成立しません[*4]。

表3-3　計算法則

	法則	意味
交換法則	$A + B = B + A$	足し算は順番を変えられる
	$A \times B = B \times A$	掛け算は順番を変えられる
結合法則	$(A + B) + C = A + (B + C)$	どこから足し算しても答えは同じ
	$(A \times B) \times C = A \times (B \times C)$	どこから掛け算しても答えは同じ
分配法則	$(A + B) \times C = A \times C + B \times C$	足し算（引き算）と掛け算があるときは（　）をはずせる
	$(A + B) \div C = A \div C + B \div C$	足し算（引き算）と割り算があるときは（　）をはずせる

* 4　「5 − 3」の順番を変えると「3 − 5」。違う答えになるので、交換法則は成立しません。
割り算も同様です。

コラム 文字式の書き方

文字式とは、

$$3x^2 - 7x + 3 = 0$$

のように文字を含んだ式のことです。xは値の知られていない数、つまり**未知数**を表す文字で、ほかにyやzなどを使うのが一般的です。また、式を一般化するために、

$$ax^2 - bx + c = 0$$

のようにa、b、cなどの文字も使用します。これらは未知数に掛ける**係数**や**定数**を表します。未知数とは異なるものなので注意しましょう。

なお、文字式には表3-4に示す書き方のルールがあるので覚えておきましょう。本書でも以降はこのルールに従って表記します。

表3-4　文字式の書き方

ルール	例
掛け算の「×」は省略する	$7 \times x \rightarrow 7x$
数字は文字の前に書く	$x \times 7 \rightarrow 7x$
同じ文字の掛け算は指数を使う	$x \times x \rightarrow x^2$
アルファベット順に並べる	$b \times c \times a \rightarrow abc$
文字の前の1は省略する	$-1x \rightarrow -x$
割り算は分数で表す	$x \div 2 \rightarrow \dfrac{x}{2}$

2.2　関数

さて、子供の人数を求めるために立てた方程式「$3x + 6 = 30$」を右辺が0になるように整理すると「$3x - 24 = 0$」、0をyに置き換えて両辺を入れ替えると

$$y = 3x - 24$$

これが**関数**です。……と言われても、困りますよね。関数とは**入力する値が決まると、出力値が1つに決まる式**です。上の式もxに1から10までの値を順番に入れていくと、yの値は次のように決まります。

```
>>> y = []                    ←空のリストを生成
>>> for x in range(1, 11):    ←x が 1~10 まで
...     y.append(3 * x - 24)  ←y = 3x - 24を計算して答えをリストに追加
..
>>> y
[-21, -18, -15, -12, -9, -6, -3, 0, 3, 6]     ←表示された結果
```

せっかくですからグラフも描いてみましょう。図3-3はリスト3-2の実行結果です。実は、このグラフとx軸との交点、つまり$y = 0$のときのx座標が方程式「$3x + 6 = 30$」の解になります。

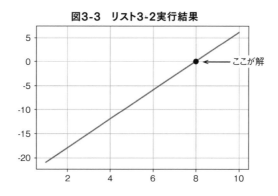

図3-3 リスト3-2実行結果

リスト3-2　$y = 3x - 24$のグラフ

```
1.  %matplotlib inline
2.  import matplotlib.pyplot as plt
3.
4.  # データ
5.  x = list(range(1,11))          # xの値 (1～10)
6.  y = []
7.  for i in range(10):
8.      y.append(3 * x[i] - 24)    # y = 3x - 24
9.
10. # グラフ
11. plt.plot(x, y)
12. plt.grid(color='0.8')
13. plt.show()
```

　数学では別々の時間に習う方程式と関数ですが、2つは別のものではなく、同じものだったということに気付いていただけたでしょうか。方程式だけを見ていると解を求めることしか思いつきませんが、少し見方を変えて関数にするとグラフが描けて、そのグラフから方程式の解がわかります。「そう言えば、二次方程式を解くときはグラフを描いたような……」と思い出したかもしれませんね。

2.3 関数とグラフ

関数とはxの値が1つに決まれば、yの値が1つに決まるような関係で、xの次数（指数の値）によって一次関数、二次関数、三次関数のように呼び方が変わります。図3-4は、それぞれの関数が描くグラフの特徴を表したものです。各関数の一般式は、表3-5を参照してください。

図3-4　関数が描くグラフ

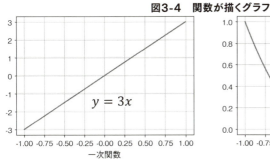

一次関数

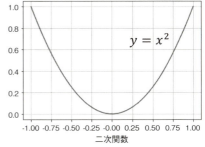

二次関数

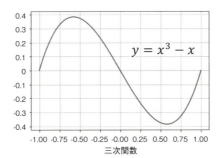

三次関数

表3-5　関数の一般式

関数	式
一次関数	$y = ax + b$
二次関数	$y = ax^2 + bx + c$
三次関数	$y = ax^3 + bx^2 + cx + d$

Try Python 式を使ってグラフを描画する

リスト3-3は、図3-4の一次関数のグラフを描画するプログラムです。yに代入する式（リスト3-3の②）を図3-4に示した式に変更すると、二次関数、

三次関数のグラフも描画できるので試してみてください。

　なお、リスト3-3ではx軸、y軸の値を入れるために、NumPy[*5]の配列を使いました。NumPyの配列は、Pythonのリストよりも効率よく計算できます。

リスト3-3　$y = 3x$のグラフ

```
 1. %matplotlib inline
 2. import matplotlib.pyplot as plt
 3. import numpy as np
 4.
 5. # データ
 6. x = np.arange(-1.0, 1.01, 0.01)       ←①
 7. y = 3 * x                             ←②
 8.
 9. # グラフを描画
10. plt.plot(x, y)
11. plt.grid(color='0.8')
12. plt.show()
```

　NumPyをnpとしてインポートしたあと、①はx軸の値を代入する命令です。

```
x = np.arange(-1.0, 1.01, 0.01)
```
を実行すると、配列xには−1~1までの値が0.01間隔で代入されます[*6]。②はy軸の値です。

```
y = 3 * x
```
を実行すると、配列xの各要素の値に対して「3×x」の計算を行い、その答えで配列yが生成されます。Pythonのリストを使用した場合は、

```
y = []
for i in range(len(x)):
    y.append(3 * x[i])
```
のようになりますが、これと同じ処理をNumPyの配列では1行で実行できます。

*5 NumPyは数値計算用のライブラリです。Anacondaに付属しています。
*6 xの間隔を細かくする理由は、このあとの「3.1 2点を結ぶ直線」を参照してください。

3 直線の方程式

マウスを使って直線を引くとき、始点と終点をクリックしますね。この「クリックする」という行為で、その場所を表す座標値(x, y)が取り込まれます。そして始点と終点の2つの座標を直線で結ぶときに、一次関数をグラフ化するのと同じことが行われています。

3.1 2点を結ぶ直線

一次関数の一般式は

$$y = ax + b$$

です。aは**直線の傾き**です。これはxの変化にともなってyがどれくらい変化するかを表したもので、$\frac{yの変化量}{xの変化量}$で表されます。また、bはy軸との**切片**、つまりy軸と直線が交差するところのy座標の値です。

たとえば、マウスクリックで得られた座標が$(1,1)$と$(5,3)$と仮定しましょう。図3-5は、これに座標軸を重ねた様子です。x座標が2つ増えるごとにy座標が1つ増えることから、直線の傾きaは$\frac{1}{2}$、切片bはこの図から0.5、つまり$\frac{1}{2}$と読み取れるので、この直線は一次関数$y = \frac{1}{2}x + \frac{1}{2}$の一部分だということがわかりますね。

図3-5 2点を結ぶ直線

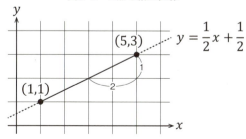

しかし、2点を結ぶ直線を描画しようというときに、グラフから式を求め

たのでは順序が逆です。与えられた2つの座標から$y = ax + b$のaとbを求めるには、xとyに2つの座標$(1,1)$と$(5,3)$を代入して

$a + b = 1$

$5a + b = 3$

という連立方程式を立てましょう。これを解くと$a = \frac{1}{2}$、$b = \frac{1}{2}$となり、2つの座標から直線の式$y = \frac{1}{2}x + \frac{1}{2}$が求められました（図3-6）。

図3-6　連立方程式の解き方

計算1　まずaを求める

$$a + b = 1 \quad \cdots\cdots ①$$
$$-)\ 5a + b = 3 \quad \cdots\cdots ②$$
$$-4a = -2 \quad \longleftarrow \text{①から②を引いてbを消去（加減法）}$$
$$a = \frac{1}{2}$$

計算2　aの値からbを求める

$$\frac{1}{2} + b = 1 \quad \longleftarrow \text{①にaを代入（代入法）}$$
$$b = \frac{1}{2}$$

　直線の式ができたら、いよいよ描画です。xに1～5までの値を代入して対応するyの値を求め、そこに点を描画しましょう（図3-7上）。xの間隔をもっと細かくすると……直線の出来上がりです（図3-7下）。図形描画ソフトも、内部ではこれと同じような計算をして直線を描画しています。

図3-7　直線の式とグラフ

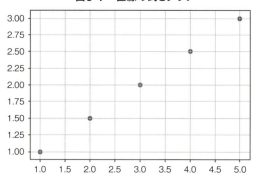

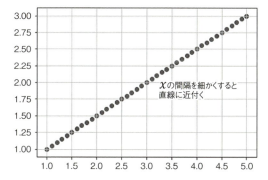

xの間隔を細かくすると直線に近付く

Try Python 連立方程式を解く

　図3-6に示したように、数学では加減法[*7]と代入法[*8]を使って連立方程式を解くことを学びましたが、この方法は式によって計算の仕方が変わるため、プログラミングには向きません。第5章では行列を使って連立方程式を解く方法を紹介しますが、PythonならSymPy[*9]に定義されている関数を使って連立方程式を解くことができます。やってみましょう。

　リスト3-4は、
$$a + b = 1$$
$$5a + b = 3$$
を解くプログラムです。実行結果は次の通りです。

```
{a: 1/2, b: 1/2}
```

リスト3-4　連立方程式を解く

```
1.  from sympy import Symbol, solve
2.
3.  # 式を定義
4.  a = Symbol('a')          ←①
5.  b = Symbol('b')
6.  ex1 = a + b - 1          ←②
7.  ex2 = 5*a + b - 3
8.
9.  # 連立方程式を解く
10. print(solve((ex1, ex2)))
```

1行目は連立方程式を解くために必要な命令のインポートです。

```
from sympy import Symbol, solve
```

のようにすると、SymPyの中からSymbolクラスとsolve()関数をインポートできます。①からの2行は式の中で使う文字の定義、②からはそれぞれの式の定義です。必ず右辺が0になるように式を整理してください。最後に2つの式をタプルにしてsolve()関数に渡すと、連立方程式の解が求まります。

＊7　未知数を消去しながら計算する方法です。
＊8　一方の式に、もう一方の式を代入して計算する方法です。
＊9　SymPy は記号計算用のライブラリです。Anaconda に付属しています。

3.2　直交する2本の直線

$y = a_1 x + b_1$と$y = a_2 x + b_2$という直線の式が2つあるとき、$a_1 = a_2$であれば2つの直線は平行になります（図3-8左）。また、$a_1 \times a_2 = -1$のとき2つの直線は垂直に交わります（図3-8右）。これらは直線の**平行条件**、**直交条件**です。

図3-8　直線の平行条件と直交条件

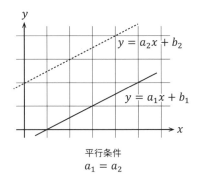
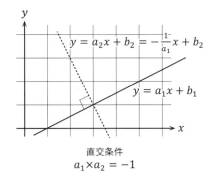

平行条件
$a_1 = a_2$

直交条件
$a_1 \times a_2 = -1$

　ここで $(1, 5)$ を通って図3-9の点線 $\left(y = \dfrac{1}{2}x + \dfrac{1}{2}\right)$ と直交する直線の式を求めてみましょう。直線の傾きaは直線の直交条件より

$\dfrac{1}{2} \times a = -1$

$a = -2$

求めた傾きと座標 $(1, 5)$ を $y = ax + b$ に代入すると、

$5 = -2 \times 1 + b$

$b = 7$

つまり、図3-9の点線と直交する直線の式は$y = -2x + 7$です。

図3-9　(1,5)を通って$y = \dfrac{1}{2}x + \dfrac{1}{2}$に直交する直線

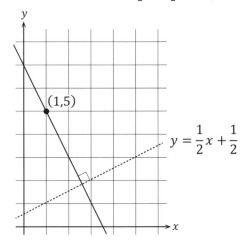

Try Python 点(1,5)を通って直線 $y = \frac{1}{2}x + \frac{1}{2}$ と直交する直線

　リスト3-5は、ここで求めた式を使って本当に2直線が直交するかどうか確認するプログラムです。基となる直線の式はy、この直線に直交する直線の式はy2です。あとはplot()関数で描画すればよいのですが、matplotlibはグラフの全体が描画されるように目盛りの大きさを自動調整します。2直線が本当に直交しているかどうか確認できるように、リスト3-5では「plt.axis('equal')」を実行して、x軸とy軸の目盛りの増分を等しくしました。図3-10は、リスト3-5の実行結果です。

図3-10　リスト3-5実行結果

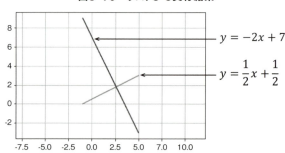

リスト3-5 $y = \frac{1}{2}x + \frac{1}{2}$ と $y = -2x + 7$ のグラフ

```
1.  %matplotlib inline
2.  import matplotlib.pyplot as plt
3.  import numpy as np
4.
5.  x = np.arange(-1, 6)        # x軸の値
6.  y = 1/2 * x + 1/2           # 直線1
7.  y2 = -2 * x + 7             # 直線1に直交する直線
8.
9.  # グラフを描画
10. plt.plot(x, y)
11. plt.plot(x, y2)
```

```
12.  plt.axis('equal')
13.  plt.grid(color='0.8')
14.  plt.show()
```

3.3　2直線の交点

　平面上に2本の直線を描画したとき、その2直線が平行でない限り必ずどこか1点で交わります。このときの交点は、2つの直線の式を同時に満たす点、つまり、連立方程式の解になります（図3-11）。

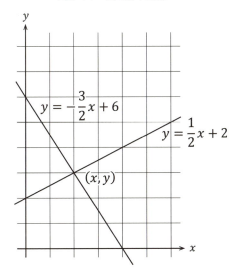

図3-11　2直線の交点

Try Python　2直線の交点を求める

　図3-11の2本の直線の式は、

$$y = -\frac{3}{2}x + 6$$

$$y = \frac{1}{2}x + 2$$

です。求める交点はこの連立方程式の解になるのでSymPyのsolve()関数を使って解くと、

```
>>> from sympy import Symbol, solve
>>> x = Symbol('x')                      ←文字の定義
>>> y = Symbol('y')
>>> ex1 = -3/2*x + 6 - y                 ←直線1の式を定義
>>> ex2 = 1/2*x + 2 - y                  ←直線2の式を定義
>>> print(solve((ex1, ex2)))             ←連立方程式を解く
{x: 2.00000000000000, y: 3.00000000000000}  ←表示された結果
```

となり、交点の座標は(2,3)です。

4 比例式と三角比

1合のお米を炊くときは炊飯器に200mlの水を入れます。今日は2.5合を炊こうと思いますが、水加減はどうしますか？——もちろん、暗算で解けると思いますが、ここでは比例式を立てて計算してみましょう。比例式は日常生活だけでなく、コンピュータで図形を描くときにも大活躍します。

4.1 比例式の性質

比例式の**比**とは2つの量の比率を表す値で、お米1合に対して水が200mlであれば

$$1:200$$

のように表します。もう一つ、お米2.5合に対する水の量をxとすると、その比は

$$2.5:x$$

104

で表せます。この2つの比は等しいので

$$1:200 = 2.5:x \quad \cdots\cdots ①$$

が成立します。これが**比例式**です。比率を表すときは、順番を間違わないように気を付けてください。この例では「お米：水」の順番です。どちらか一方を「水：お米」の順にしたら、比例式は成立しません。

さて、比例式には**内項と外項を掛けた値が等しい**という性質があります。内項とは等号をはさんで内側にある項、外項は外側の項です（図3-12）。

図3-12　内項と外項

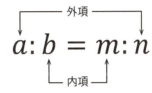

この性質を利用すると、①は

$$x = 200 \times 2.5$$
$$x = 500$$

つまり、お米2.5合のときの水加減は500mlとなります。

なお、2つの比率を表す$a:b$は、$\dfrac{a}{b}$のように分数で表すこともできるので覚えておきましょう。

4.2　線分を$m:n$に内分する点

いきなり**線分**という言葉が出てきましたが、算数・数学の世界では、ある2点を結ぶ直線を「線分」、2点を通ってどこまでも伸びる線を**直線**というのが正しい呼び方です。そして、線分を$m:n$に分ける点のことを**内分点**と言います。

図3-13 線分ABを$m:n$に内分する点

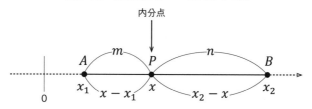

たとえば、図3-13の数直線上で線分ABを$m:n$に内分する点Pの値をxとすると、APの長さは$x - x_1$、PBの長さは$x_2 - x$で求められます（x_1は線分の始点、x_2は終点の値です）。この長さの比と$m:n$は等しいので、

$$x - x_1 : x_2 - x = m : n$$

という比例式が成立し、これをxについて解くと、

$$(x_2 - x)m = (x - x_1)n$$
$$mx_2 - mx = nx - nx_1$$
$$mx + nx = mx_2 + nx_1$$
$$(m + n)x = mx_2 + nx_1$$
$$x = \frac{mx_2 + nx_1}{m + n} \quad \cdots\cdots 式①$$

になります。

図3-13の数直線を反時計まわりに90度回転させるとy軸方向の数直線になりますね（図3-14）。始点をy_1、終点をy_2として同じように比例式を立てると、この線分を$m:n$に内分する点yは次の式で求めることができます。

$$y = \frac{my_2 + ny_1}{m + n} \quad \cdots\cdots 式②$$

図3-14　線分ABを$m:n$に内分する点(y方向)

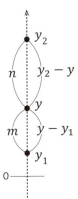

コラム 線分の中点を求める方程式

中点とは、線分を1:1に内分する点です。先ほど求めた式①と式②のmとnに1を代入すると、

$$x = \frac{x_1 + x_2}{2} \qquad y = \frac{y_1 + y_2}{2}$$

となります。つまり、始点と終点のx座標とy座標をそれぞれ平均した値が、中点の座標になるというわけです。図3-15の場合は$\left(\frac{1+4}{2}, \frac{1+5}{2}\right)$となり、中点の座標は(2.5, 3)と求められます。

図3-15　線分の中点

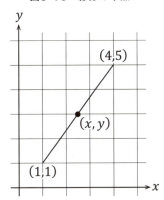

Try Python 線分を垂直に二等分する直線

　ある線分の中点を通って、その線分と直交する直線のことを**垂直二等分線**と言います。では、(0,1)と(6,5)を結ぶ線分の垂直二等分線の式は、どう表されると思いますか？（図3-16）

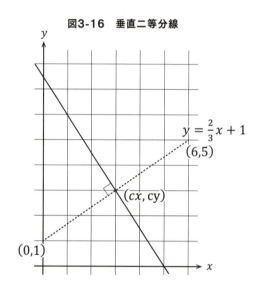

図3-16　垂直二等分線

　少し手間はかかりますが、垂直二等分線の式は次の手順で求めることができます。
　　①線分の傾きを求める
　　　←「3.1　2点を結ぶ直線」を参照
　　②線分の中点を求める
　　　←この項のコラムを参照
　　③線分と直交する直線の傾きを求める
　　　←「3.2　直交する2本の直線」を参照
　　④②で求めた座標と③で求めた傾きを直線の式に代入して、
　　　切片を求める
　　　←「3.2　直交する2本の直線」を参照
という手順で求めることができます。やってみましょう。

リスト3-6は、図3-16の点線を垂直に二等分する直線を描画するプログラム、図3-17はその実行結果です。

リスト3-6　垂直二等分線の式とグラフ

```
1. %matplotlib inline
2. import matplotlib.pyplot as plt
3. import numpy as np
4.
5. # 基となる線分の傾きと切片
6. a1 = (5-1)/(6-0)
7. b1 = 1
8.
9. # 線分の中点
10. cx = (0 + 6) / 2
11. cy = (1 + 5) / 2
12.
13. # 線分に直交する直線の傾き (a2 = -1/a1)
14. a2 = -1 / a1
15.
16. # 線分に直交する直線の切片 (b2 = y - a2*x)
17. b2 = cy - a2*cx
18.
19. # 直線の式
20. x = np.arange(0, 7)   # x の値
21. y1 = a1*x + b1        # もとの直線
22. y2 = a2*x + b2        # 垂直二等分線
23.
24. # 描画
25. plt.plot(x, y1)
26. plt.plot(x, y2)
27. plt.axis('equal')
28. plt.grid(color='0.8')
29. plt.show()
```

図3-17 リスト3-6実行結果

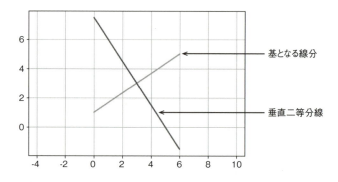

4.3 三角比と円

　直角三角形は、直角以外の角が1つ決まれば三角形の形が決まります。いま、この角度をθとしましょう。θが同じ直角三角形は、辺の長さが異なっても形は同じになります（図3-18）。このような図形を**相似**と言います。

図3-18 相似な三角形

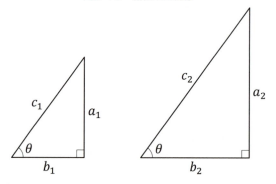

　相似な三角形では、対応する辺の比がすべて等しくなります。式で書くと

$$a_1 : a_2 = b_1 : b_2 = c_1 : c_2$$

です。この比を**相似比**と言います。また、$a : b$のように三角形を構成する辺

の比を**形状比**と言いますが、この比率は角度θが決まれば自然に決まります。そこで形状比のうち$a:c$、$b:c$、$a:b$には書き方の決まりを用意しようということでできたのが$\sin\theta$、$\cos\theta$、$\tan\theta$(＊10)と書く方法で、これを**三角比**と言います（図3-19）。また、角度θの値が1つに決まれば2辺の比が1つに決まることから、これらは**三角関数**と呼ばれています。もしかしたら三角比よりも三角関数という言葉のほうがしっくりくるかもしれませんね。

図3-19　三角比

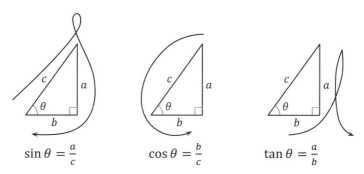

　三角比を利用して円が描けることを知っていますか？　図3-20は、半径が1の円です。この円周上の点Pの座標(x, y)と円の中心を結ぶ直線がx軸とつくる角度をθとすると、

$$\cos\theta = \frac{x}{1} \qquad \sin\theta = \frac{y}{1}$$

になりますね。この式を変形すると、点Pの座標は$(\cos\theta, \sin\theta)$で表すことができます。半径がrのときは1をrに置き換えると、円周上の点Pの座標は$(r\times\cos\theta, r\times\sin\theta)$になります。

111

図3-20　三角比と円

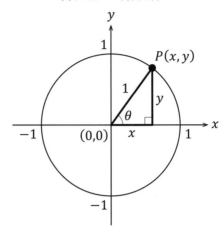

　角度θに対応するsin、cos、tanの値は、三角関数表で調べることができます。表3-6は、その中から主な値を抜粋したもので、図3-21はこの値を使って座標軸上に点を描画した様子です。もっと角度を細かくしていけば、円になりますね。

図3-21　$(\cos\theta, \sin\theta)$に点を描画すると……

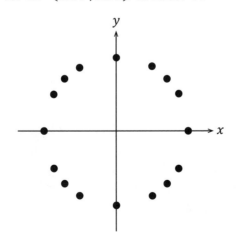

表3-6　三角関数表（抜粋）

角度	$\sin \theta$	$\cos \theta$	$\tan \theta$
0°	0	1	0
30°	0.5※	0.86603	0.57735※
45°	0.70711※	0.70711	1
60°	0.86603※	0.5	1.73205※
90°	1	0	——
120°	0.86603	-0.5	-1.73205
135°	0.70711	-0.70711	-1
150°	0.5	-0.86603	-0.57735
180°	0	-1	——
210°	-0.5	-0.86603	0.57735
225°	-0.70711	-0.70711	1
240°	-0.86603	-0.5	1.73205
270°	-1	0	——
300°	-0.86603	0.5	-1.73205
315°	-0.70711	0.70711	-1
330°	-0.5	0.86603	-0.57735

※$0.5 = \frac{1}{2}$、$0.70711 = \frac{1}{\sqrt{2}}$、$0.86603 = \frac{\sqrt{3}}{2}$、$0.57735 = \frac{1}{\sqrt{3}}$、$1.73205 = \sqrt{3}$ です。

* 10　sin を「正弦」、cos を「余弦」、tan を「正接」と言います。

Try Python 三角比を使って円を描く

　多くのプログラミング言語には三角関数を扱う命令が用意されているので、わざわざ三角関数表を調べる必要はありません。Python では NumPy または math モジュール（* 11）の関数を利用できますが、ここでは NumPy の sin() 関数、cos() 関数を使う方法を紹介しましょう。

　リスト3-7は、半径が1の円を描画するプログラムです。角度 θ には 0 〜 359 までの値を指定しました。図3-22はリスト3-7の実行結果です。

113

リスト3-7　三角比を使って円を描画

```
1.  %matplotlib inline
2.  import matplotlib.pyplot as plt
3.  import numpy as np
4.
5.  # 角度
6.  th = np.arange(0, 360)
7.
8.  # 円周上の点Pの座標
9.  x = np.cos(np.radians(th))    ┐
10. y = np.sin(np.radians(th))    ┘ ←①
11.
12. # 描画
13. plt.plot(x, y)
14. plt.axis('equal')
15. plt.grid(color='0.8')
16. plt.show()
```

図3-22　リスト3-7実行結果

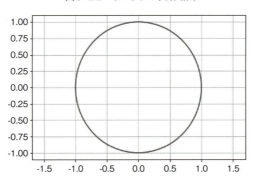

　リストの①は円周上の点Pの座標を求める命令です。sin()関数とcos()関数に角度を与えると表3-6に示した値が取得できるのですが、この角度は**ラジアン**という「弧度法」の単位で指定しなければなりません。そのための命令がradians()関数です。たとえば、

　　np.radians(90)

のようにすると、90度を弧度法の値に変換できます。この値をsin()関数とcos()関数に与えてください。

さて、リスト3-7で描画する円の中心は、必ず(0,0)になります。(2,3)を中心に円を描画するときは、①の部分を

```
x = np.cos(np.radians(th)) + 2
y = np.sin(np.radians(th)) + 3
```

にしてください。また、次のようにすると半径が1以外の円を描画することができるので、試してみてください。

```
r = 5     # 円の半径
x = r * np.cos(np.radians(th))
y = r * np.sin(np.radians(th))
```

* 11　Pythonの標準ライブラリの1つです。三角関数や平方根の計算、指数関数や対数関数など、一般的な数学関数が定義されています。

コラム　度数法と弧度法

　直角は90度、三角形の内角の和は180度、ある点を基準に1回転したら360度——私たちが角度を表すときは**度数法**を使いますが、コンピュータの世界では**弧度法**を使います。これは円に対する弧の長さの比率で角度を表す方法です。図3-23を見ると、確かに扇形の弧の長さは、角度の大きさに比例しますね。

図3-23　角度と扇形の弧の長さ

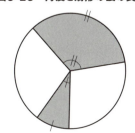

半径rの円周は$2\pi r$ですから、半径が1であれば円周は2πです。ここで扇形の角度を60度、弧の長さをxとすると

$$360 : 2\pi = 60 : x$$

という比例式が成立します。この式をxについて解くと

$$360x = 2\pi \times 60$$

$$x = \frac{120}{360}\pi = \frac{1}{3}\pi$$

となり、度数法の60度は弧度法では$\frac{1}{3}\pi$ラジアンという値になります。

4.4 三角比と角度

いま、図3-24の直角三角形で、aとbの長さがわかっているとしましょう。

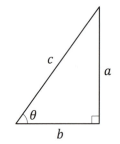

図3-24 角度θの直角三角形

この比は

$$\tan\theta = \frac{a}{b}$$

と表すのでしたね。このときの角度は

$$\theta = \tan^{-1}\left(\frac{a}{b}\right)$$

のように表します。$\tan^{-1}$は$\tan$の逆関数(*12)で「アークタンジェント」と読みます。$\tan$を使って角度を表すときの記号という認識でもかまいません。「$\tan$の-1乗」という意味ではないので間違えないようにしましょう。

たとえば、図3-24の辺aの長さが$\sqrt{3}$、辺bの長さが1とすると、

$$\tan\theta = \frac{\sqrt{3}}{1} = 1.73205$$

です。この値を表3-6に示した三角関数表から探すと、θは60度ということがわかります。

---

* 12　関数$y = f(x)$の独立変数xと従属変数yを入れ替えた$x = f^{-1}(y)$を逆関数と言います。

Try Python **直角をはさむ2辺の比から角度を求める**

NumPyには逆三角関数も定義されています。tanの逆関数はarctan2()関数です。これを使って図3-25の角度θを求めましょう。

図3-25　2辺の比から角度を求めたい

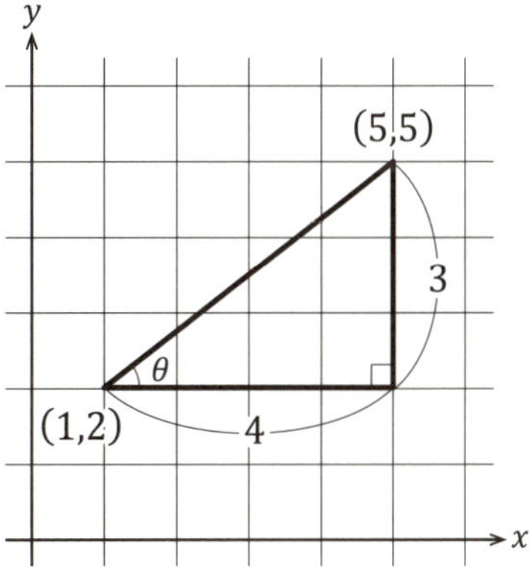

図3-25からx軸方向の辺の長さは4、y軸方向の辺の長さは3です。arctan2()関数には、この値を

```
np.arctan2(y, x)
```

の順に与えてください。気を付けなければいけないことは、arctan2()関数は角度θの値を弧度法の単位（ラジアン）で返すという点です。わかりやすいようにdegrees()関数を使って度数法に変換しましょう。

```
>>> rad = np.arctan2(3, 4)      ←角度を求める（ラジアン）
>>> th = np.degrees(rad)        ←度数法に変換
>>> th
36.86989764584402               ←表示された結果
```

図3-25の角度は、およそ37度です。

5 三平方の定理

　直角三角形の斜辺の長さの2乗は、残りの2辺の長さを2乗して足したものと等しい――。これが**三平方の定理**です。**ピタゴラスの定理**と呼ぶこともあります。日常生活で使う場面はあまりないかもしれませんが、マウスでクリックした2点を使って何らかの作業を行うときには必ず使う定理です。

5.1 円の方程式

　図3-26は、座標軸の原点(0,0)を中心に半径rの円を描画した様子です。点Pは円周上を自由に動く点で、ここからx軸に垂線を引くと直角三角形ができます。直角三角形の斜辺は円の半径ですからr、残りの2辺をx、yとすると、三平方の定理は次の式で表すことができます。

$$x^2 + y^2 = r^2$$

実は、これが座標の原点(0,0)を中心とする、半径がrの円の方程式になります。

図3-26 半径r、中心$(0,0)$の円

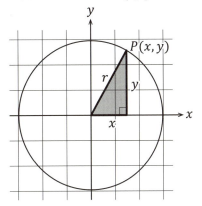

Try Python 半径rの円を方程式から描画する

$x^2+y^2=r^2$が円の方程式と言われても、ピンときませんね。本当にこの式で円が描けるのか確かめてみましょう。

$x^2+y^2=r^2$をyについて解くと、

$y^2=r^2-x^2$
$y=\sqrt{r^2-x^2}$

です(*13)。平方根はNumPyのsqrt()関数が使えます。

リスト3-8は、この式を使って半径が300のグラフを描画するプログラムです。いきなり大きな値で驚いたかもしれませんが、これは計算中の実数誤差(*14)をできるだけ減らすための工夫です(*15)。

図3-27は、その実行結果です。$y \geqq 0$の半円が描画できました。yの符号をマイナスにすると残りの半円も描画できるので、ぜひトライしてみてください。

リスト3-8 半径300の円を描画($y \geqq 0$)

```
1. %matplotlib inline
2. import matplotlib.pyplot as plt
3. import numpy as np
```

```
 4.
 5.  # 円の方程式
 6.  r = 300      # 半径
 7.  x = np.arange(-r, r+1)      # x: -300 ～ 300
 8.  y = np.sqrt(r**2 - x**2)    # y
 9.
10.  # 描画
11.  plt.plot(x, y)
12.  plt.axis('equal')
13.  plt.grid(color='0.8')
14.  plt.show()
```

図3-27　リスト3-8実行結果

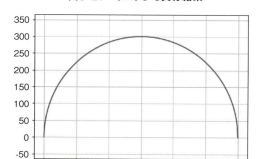

* 13　ここではyを正の値（$y > 0$）に限定しています。
* 14　第1章「5.4　避けられない実数誤差」と第2章「1.3　実数誤差を減らす工夫」を参照してください。
* 15　「どうしても半径3の円が描きたい！」という人は、すべての計算が終わったあと、描画の前に x と y に 0.01 を掛けてください。

Try Python 円の中心が座標の原点以外のとき

　図3-28を見ながら考えてください。この円は半径がr、中心が(a, b)です。円周上の点Pからx軸に垂線を下ろしてできる三角形のx軸方向の辺の長さは$x - a$、y軸方向の辺の長さは$y - b$で表されます。これを円の方程式に当てはめると、

$$(x-a)^2 + (y-b)^2 = r^2$$

これが半径r、中心(a,b)の円の方程式になります。

図3-28　半径r、中心(a,b)の円

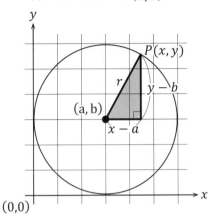

この式をyについて解くと、
$$y = \sqrt{r^2 - (x-a)^2} + b$$
です(*16)。これを使ってグラフを描画すれば、円の中心よりも上側の半円ができます。下側の半円は、求めたyの値が$y = b$の直線と線対称の位置になります(図3-29)。

図3-29　$y = b$に線対称

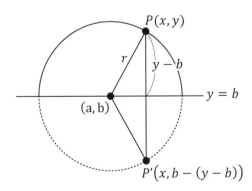

リスト3-9は半径が300、中心が (200, 300) の円を描画するプログラム
です。実行結果は図3-30を参照してください。

リスト3-9　中心が (200, 300) の円を描画

```
 1. %matplotlib inline
 2. import matplotlib.pyplot as plt
 3. import numpy as np
 4.
 5. # 円の中心
 6. a = 200
 7. b = 300
 8.
 9. # 円の方程式
10. r = 300                          # 半径
11. x = np.arange(a-r, a+r+1)        # x: (200,300) を中心に半径 300 の
                                     #    円を描くために必要な範囲
12. y = np.sqrt(r**2 - (x-a)**2) + b # y: 円の上側
13. y2 = -y + 2*b                    # y2: 円の下側
14.
15. # 描画
16. plt.plot(x, y)
17. plt.plot(x, y2)
18. plt.axis('equal')
19. plt.grid(color='0.8')
20. plt.show()
```

図3-30 リスト3-9実行結果

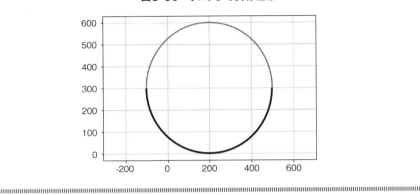

* 16　ここではyを正の値（$y > 0$）に限定しています。

5.2　2点間の距離

　与えられた2点（図3-31ではA,B）からx軸、y軸に平行な線を引くと直角三角形ができます。2点間の距離はこの三角形の斜辺になるので、三平方の定理より

$$AB = \sqrt{(x_2 - x_1)^2 + (y_2 - y_1)^2}$$

で求めることができます。

図3-31　2点を使って直角三角形を作る

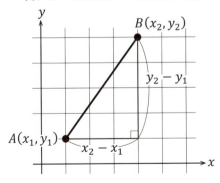

　マウスでクリックした2点の間の長さを調べたいときは、この式を使いましょう。たとえば、図3-32の画像上でクリックしたときに得られた座標

が (106, 42)、(256, 209) とすると、このペンギンのくちばしの先から尻尾の先までの長さは、

```
>>> np.sqrt((256-106)**2 + (209-42)**2)
224.47494292236718
```

およそ224ピクセルです。

図3-32　クリックした2点間の距離

コラム 画像から実際の長さを求める方法

　写真から実寸法を求めたいときは、被写体の横に定規を立てて一緒に撮っておきましょう。それができないときは、被写体の位置に定規を立てて、最初に撮影した位置からもう一度写真を撮るのでもかまいません。そのようにして撮影した画像で定規の1cmが何ピクセルになっているかを調べれば、比例式を使って被写体の実際の大きさを調べることができます。1cmが小さすぎるときは10cmでも100cmでもかまいません。

　たとえば、物差しの10cmが30ピクセルだったとすると、

$$10:30 = x:224$$

という比例式が成立するので、これを解くとペンギンのくちばしから尻尾の先までの長さは、およそ75cmとわかります。

6 便利な公式

コンピュータは図形を描画したり長さや角度を測るときに、いろいろな方程式を使います。ここまでの知識を総動員すると、「クリックした2点を半径とする円」や「3点を通る円」など、いろいろな図形を描画できるのでチャレンジしてみてください。この章の最後は、覚えておくと便利な公式を紹介します。

6.1 点から直線までの距離

離れた位置に1つの点と直線があります。この1点と直線とを結ぶ線は、図3-33のように何本も引くことができます。しかし、この中で一番距離が短いものとなると、それは点から直線へ下ろした垂線になります。この垂線の長さが「点と直線の距離」です。

図3-33　点から直線までの距離

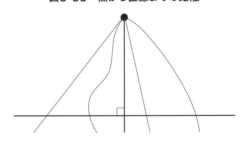

点と直線の距離は
　　①与えられた直線と直交する直線の式を求める
　　　　→「3.2　直交する2本の直線」を参照
　　②基となる直線と①で求めた直線の交点を求める
　　　　→「3.3　2直線の交点」を参照
　　③与えられた点と②で求めた交点間の距離を求める
　　　　→「5.2　2点間の距離」を参照
という手順で地道に求めることもできますが、公式を使えばもっと簡単に

求められます。

　その公式とは、点(x_1, y_1)と直線$ax + by + c = 0$の距離は、

$$\frac{|ax_1+by_1+c|}{\sqrt{a^2+b^2}}$$

で求められる、というものです。公式を利用するには$y = ax + b$という形式の表記を$ax + by + c = 0$の形式に変える必要がありますが、上の手順で計算するよりも簡単そうですね。この公式を使って、図3-34に示した点と直線の距離を求めてみましょう。なお、| |は「絶対値」という意味で、これはmathモジュールのfabs()関数で求められます。

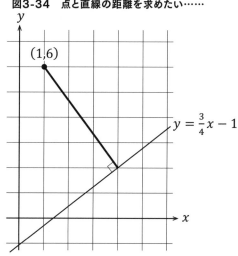

図3-34　点と直線の距離を求めたい……

　図3-34の直線の式を$ax + by + c = 0$の形に直すと、$\frac{3}{4}x - y - 1 = 0$、分母を払うと

　　　$3x - 4y - 4 = 0$

となり、$a = 3$、$b = -4$、$c = -4$です。この値と座標(1,6)を公式に代入すると、

```
>>> import math
>>> x = 1
>>> y = 6
```

```
>>> a = 3
>>> b = -4
>>> c = -4
>>> math.fabs(a*x + b*y + c) / math.sqrt(a**2 + b**2)   ←点と直線の距離を
                                                         計算する
5.0                                                     ←表示された結果
```

となり、図3-34の点 (1,6) と直線 $y = \frac{3}{4}x - 1$ の距離は5とわかりました。

6.2　直線で囲まれた領域の面積

算数・数学では、面積を求める公式もいろいろ習いました。

表3-7　主な図形の面積を求める公式

図形	公式
三角形	底辺×高さ÷2
長方形	縦×横
平行四辺形	底辺×高さ
台形	（上底＋下底）×高さ÷2
ひし形	対角線×対角線÷2
円	半径×半径×円周率

この中で一番便利なものは、三角形の面積を求める公式です。図3-35を見て、その理由を考えてみてください。なぜだかわかりますか？

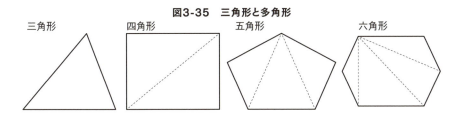

図3-35　三角形と多角形

頂点が4つ以上の多角形は、必ず三角形に分割することができます。つ

まり、三角形の面積を1つずつ求めて、それを全部合計すれば多角形の面積になります。

　ただし、公式を使って三角形の面積を求めるには、底辺と高さの値が必要です。これらの値は頂点の座標から計算で求めましょう。たとえば、三角形の頂点をA、B、Cとしたとき、この三角形の面積は次の手順で求められます（図3-36）。

　①辺BCの長さ（底辺）を求める
　　→「5.2　2点間の距離」を参照
　②辺BCの式を求める→「3.1　2点を結ぶ直線」を参照
　③点Aと辺BCの距離（高さ）を求める
　　→「6.1　点から直線までの距離」を参照
　④三角形の公式を使って面積を求める

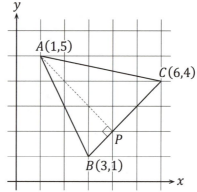

図3-36　三角形ABCの面積を求めるには？

　でも、**ヘロンの公式**を利用すると、もっと簡単に三角形の面積が求められます。これは三角形の各辺の長さをa、b、c、この合計を2で割ったものをsとすると、三角形の面積Sは

$$S = \sqrt{s(s-a)(s-b)(s-c)} \qquad \left(s = \frac{a+b+c}{2}\right)$$

で求められるというものです。たとえば、図3-36の辺ABをa、BCをb、辺ACをcとすると、

```
>>> import math
```

```
>>> x = [1, 3, 6]                                      ←x座標（A、B、Cの順）
>>> y = [5, 1, 4]                                      ←y座標（A、B、Cの順）
>>> a = math.sqrt((x[1]-x[0])**2 + (y[1]-y[0])**2)     ←辺ABの長さ
>>> b = math.sqrt((x[2]-x[1])**2 + (y[2]-y[1])**2)     ←辺BCの長さ
>>> c = math.sqrt((x[2]-x[0])**2 + (y[2]-y[0])**2)     ←辺ACの長さ
>>> s = (a+b+c) / 2
>>> math.sqrt(s * (s-a) * (s-b) * (s-c))               ←ヘロンの公式
8.999999999999996                                      ←表示された結果
```

となり、この三角形の面積はおよそ9と求められます。

コラム **マウスを使って円を描く**

マウスを使って円を描画する方法には、

- ・円の中心と円周上の1点を指定する方法
- ・正方形の対角を2点指定する方法
- ・円周上の3点を指定する方法

など、いろいろありますが、どんな場合でも「中心の座標(a, b)」と「半径r」の2つがわかれば、

$$(x - a)^2 + (y - b)^2 = r^2$$

という円の方程式を使って円が描けます[*17]。

それぞれの方法で、円の中心と半径を求める手順を紹介します。興味のある方は、ぜひプログラミングにチャレンジしてください。

円の中心と円周上の1点を指定する方法（図3-37）

①与えられた2点間の距離（半径）を求める

→「5.2　2点間の距離」を参照

②1点目を円の中心、①で求めた値を半径とする円を描画する

→「5.1　円の方程式」を参照

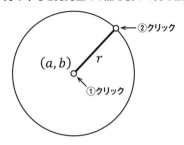

図3-37　円の中心と円周上の1点を使って円を描く

正方形の対角を2点指定する方法（図3-38）

①与えられた2点の中点（円の中心）を求める
　→「4.2　線分を$m:n$に内分する点」を参照
②①で求めた点と、2点目を通ってy軸と平行な直線との距離（半径）を求める
③①で求めた点を円の中心、②で求めた値を半径とする円を描画する
　→「5.1　円の方程式」を参照

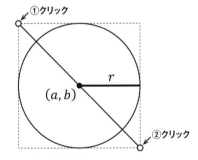

図3-38　正方形の対角を使って円を描く

円周上の3点を指定する方法（図3-39）

　与えられた3点を通る円は、3点を結んだ三角形に外接する円です。この三角形の各辺の垂直二等分線は必ず1点で交わり[*18]、この交点が円の中心になります。

①与えられた3点から、各辺の式を求める
　→「3.1　2点を結ぶ直線」を参照
②各辺の垂直二等分線の式を求める

→「4.2　線分を$m:n$に内分する点」
③垂直二等分線の交点（円の中心）を求める
　　→「3.3　2直線の交点」を参照
④③で求めた点と、与えられた1つの点との距離（半径）を求める
　　→「5.2　2点間の距離」を参照
⑤③で求めた点を円の中心、④で求めた値を半径とする円を描画する
　　→「5.1　円の方程式」を参照

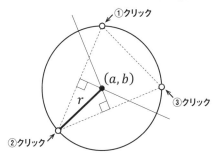

図3-39　円周上の3点を使って円を描く

* 17　この章の「5.1　円の方程式」を参照してください。
* 18　この点を「外心」といいます。

第4章
ベクトル

　コンピュータやスマートフォンでゲームをしたことはありますか？ たとえば、スマートフォンの画面を指ですっと撫でると、指を動かした方向にボールが飛んでいく。そのボールが何かにぶつかる。そして跳ね返る——。実際にゲームをしたことがなくても、何となく想像できますね。これらの現象をコンピュータやスマートフォンの中で再現するときに「ベクトル」が大活躍しています。

1 ベクトルの演算

　ベクトルとは**方向**と**大きさ**で1つの意味を持つ量のことです。「よくわからない……」という人は、テレビの気象情報を思い出してください。地図上に緑色や赤色の矢印が表示されているのを見たことはありませんか？　テレビからは「北よりの風」とか「東の風やや強く」という音声が聞こえてきます。このとき矢印は何を表していると思いますか？　——答えは「風向き」と「風の強さ」です。

1.1 ベクトルと矢印

　矢印は「向き」と「大きさ」を表すことのできる、便利な図形です。ベクトルを表すには好都合ですね。気象情報で使う矢印は、大きさを表すために赤や緑といった色を使いますが、数学の世界では図4-1に示すように、矢印の向きで方向を、長さで大きさを表します。

図4-1 矢印でベクトルを表す

　図4-1のベクトルは、向きも大きさも違うので、明らかに違うベクトルだとわかりますが、では、図4-2のベクトルはどうでしょう？　これは向きも大きさもまったく同じベクトルです。この2つのベクトルは、同じものだと思いますか？　それとも別のものでしょうか？

図4-2 向きと大きさが同じベクトル

　答えは「この2つのベクトルは同じもの」です。ベクトルは「方向」と「大

きさ」で1つの意味を持つ量でしたね。つまり、ベクトルを扱うときは方向と大きさが重要であって、位置はどこでもかまいません。これはとても大事なことなので、しっかり覚えておきましょう。

1.2 ベクトルの成分

　矢印はどこにでも描ける、とても便利な図形です。しかし、矢印のままでは説明しにくいだけでなく、なにより数式に表すことができません。そこで、数学では文字の上に小さな→を書いて$\vec{a}$のように表したり、矢印の始点（図4-3のA）と終点（図4-3のB）につけた名前を使って$\overrightarrow{AB}$のように表すことにしています。この場合、文字の上に書いた矢印はベクトルの向きを表すことを覚えておいてください。このため、図4-3右のベクトル$\overrightarrow{AB}$を$\overrightarrow{BA}$のように書くことはできません。

図4-3 ベクトルの表記方法

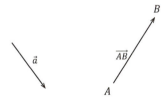

　では、数式に書いた$\overrightarrow{AB}$はどういう値になると思いますか？ 図4-4は、図4-3のベクトルに座標軸を重ねた様子です。この図を見て考えてみてください。

図4-4 ベクトルに座標を重ねると……

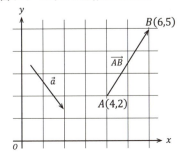

「$\overrightarrow{AB}$ の始点は $(4,2)$、終点は $(6,5)$ だから、この2つの座標がベクトルの値でしょ？」というのは間違いです。思い出してください。ベクトルは向きと大きさが重要であって、位置はどこでもよい(*1)のでしたね。$\overrightarrow{AB}$ と同じベクトルは座標軸上のいろいろなところに描くことができるのに、ベクトルの値が $(4,2)$、$(6,5)$ では話がややこしくなるだけです。

では、図4-5はどうでしょう？ これは $\overrightarrow{AB}$ の始点を座標の原点に平行移動したものです。ベクトルの位置はどこでもかまわないのですから、$\overrightarrow{AB}$ と $\overrightarrow{OC}$ は同じベクトルですね。$\overrightarrow{OC}$ のように座標の原点を始点とするベクトルを**位置ベクトル**と言います。

図4-5 位置ベクトル

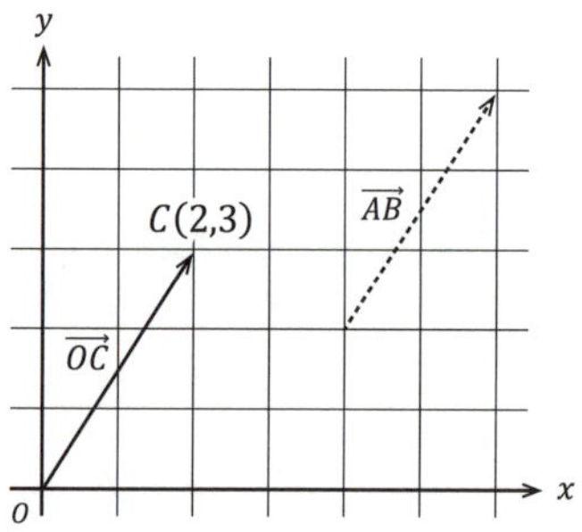

さて、ベクトルの始点を座標軸の原点に移動すると、$\overrightarrow{OC}$ は終点の座標 $(2,3)$ を使って

$$\overrightarrow{OC} = (2,3)$$

と表すことができます。これをベクトルの成分表示(*2)と言い、x の値を「x 成分」、y の値を「y 成分」と言います。x 成分と y 成分を縦に並べて

$$\overrightarrow{OC} = \begin{pmatrix} 2 \\ 3 \end{pmatrix}$$

のように書くこともできます。本書では読みやすさを考慮して、説明文では $(2,3)$、数式では $\begin{pmatrix} 2 \\ 3 \end{pmatrix}$ のように表記します。

> **コラム** ベクトルの成分を求める

　ここでは図4-5からベクトルの成分を調べましたが、この値はベクトルの始点Aの座標(x_1, y_1)と、終点Bの座標(x_2, y_2)を使って

$$\overrightarrow{AB} = \begin{pmatrix} x_2 - x_1 \\ y_2 - y_1 \end{pmatrix}$$

で求められます。たとえば、図4-4の$\overrightarrow{AB}$は$\begin{pmatrix} 6-4 \\ 5-2 \end{pmatrix}$のように計算すると、確かに$\begin{pmatrix} 2 \\ 3 \end{pmatrix}$ですね。

＊1　この章の「1.1　ベクトルと矢印」を参照してください。
＊2　「要素表示」と呼ぶ場合もあります。

1.3 ベクトルの方向

　成分表記されたベクトルは、その符号を見ればおおよその向きがわかります。図4-6は大きさが同じで、向きが異なるベクトルです。x成分が正の値のときは左から右の向き、負の値のときは右から左の向きですね。また、y成分が正の値のときは上向き、負の値のときは下向きのベクトルになります。

図4-6 ベクトルの向きと成分の符号

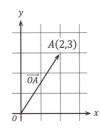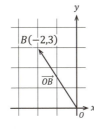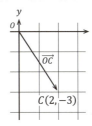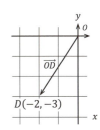

　では、正確な角度はどうなるでしょう？　図4-7は、ベクトルの終点からx軸方向に垂線を下ろした様子です。何か思い出しませんか？

図4-7 ベクトルの終点からx軸に垂線を下ろすと……

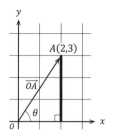

ベクトルのx成分とy成分がわかっているのですから、x軸とベクトルがなす角度θはtanの逆関数を使って

$$\theta = \tan^{-1}\left(\frac{y}{x}\right)$$

のように表せますね(＊3)。

＊3　第3章「4.4　三角比と角度」を参照してください。

Try Python ベクトルの方向を求める

　tanの逆関数は、mathモジュールのatan2()関数(＊4)を使って求めることができます。引数にはベクトルの「y成分」、「x成分」の順に与えてください。なお、atan2()関数は角度をラジアン単位で返します。私たちが使っている度数法へは、degrees()関数を使って変換できます。

　たとえば、図4-7のベクトルであれば、

```
>>> import math
>>> rad = math.atan2(3, 2)      ← 角度を求める（ラジアン）
>>> th = math.degrees(rad)      ← 度数法に変換
>>> th
56.309932474020215              ←表示された結果
```

となり、このベクトルの方向はおよそ56度です。

　この角度はx軸の正方向を0として、上向きのベクトルは反時計回りに0～180度、下向きのベクトルは0～－180度の値になります（図4-8）。

図4-8 ベクトルの向きと角度

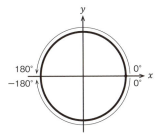

＊4　NumPyのarctan2()関数でも同じように角度を求めることができます。使い方は第3章「4.4　三角比と角度」を参照してください。

1.4 ベクトルの大きさ

今度はベクトルの大きさです。これは三平方の定理(＊5)を使って求めることができます。たとえば、図4-9のベクトル$\overrightarrow{OA}$であればx成分が2、y成分が3ですから

$$|\overrightarrow{OA}| = \sqrt{2^2 + 3^2}$$

という式が成立し、このベクトルの大きさは$\sqrt{13}$になります。

図4-9 終点が(2, 3)のベクトル

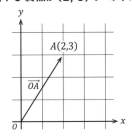

さて、この式を見て何か気が付きませんか？　左辺が$\overrightarrow{OA}$ではなく、$|\overrightarrow{OA}|$になっていますね。ベクトルを

$$|\overrightarrow{OA}|$$

のように表記したときは、**ベクトルの大きさ**を表します。そして、右辺の値

にも注目しましょう。ベクトルの大きさは、ベクトルではなく普通の数値です。このように大きさだけを持つ量を、ベクトルに対して**スカラー**と言います。

＊5　第3章「5　三平方の定理」を参照してください。

コラム **単位ベクトル**

次の式を利用すると、$\overrightarrow{AB}$と方向が同じで、大きさが1のベクトルができます。これを**単位ベクトル**と言い、$\vec{e}$のように表記します（図4-10）。

$$\vec{e} = \frac{\overrightarrow{AB}}{|\overrightarrow{AB}|}$$

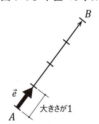

図4-10 単位ベクトル

単位ベクトルで定義されているのは大きさが1であるということだけで、方向は決められていません。つまり、単位ベクトルは空間上に無数に存在します。

1.5 ベクトルの演算

今から東へ300m、そこからさらに北へ400m進んでもらいます。そこが目的地です。現在地から見ると、目的地はどこになるでしょう？——「東へ300m」や「北へ400m」は向きと大きさを持ったベクトルです。図4-11のように矢印を書いてみると、答えは始点を現在地、終点を目的地とするべ

クトルになります。これがベクトルの足し算です。

図4-11 現在地から目的地までのベクトル

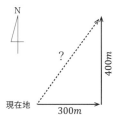

　この例からもわかるように、方向と大きさを持ったベクトルは足し算、引き算ができます。また、実数倍することで、向きを変えずに大きさだけを変えることができます。これらの演算は、ベクトルの成分同士で行われます。くわしく見ていきましょう。

足し算

　図4-12は、$\vec{a} + \vec{b} = \vec{c}$ を表したものです。$\vec{a}$ の終点に $\vec{b}$ の始点を移動して、$\vec{a}$ の始点から $\vec{b}$ の終点に向かうベクトルを $\vec{c}$ とすると、この値は $\vec{a} + \vec{b}$ と同じ移動量になりますね。

図4-12 ベクトルの足し算

　ベクトルは方向と大きさが重要であって位置は無関係ですから、図4-13左のように $\vec{b}$ の終点に $\vec{a}$ の始点を移動することもできます。式で表すと、$\vec{a} + \vec{b} = \vec{b} + \vec{a}$、つまり交換法則[※6]が成立します。また、それぞれのベクトルの始点が同じ位置の場合は、2つのベクトルが作る平行四辺形の対角線が $\vec{a} + \vec{b}$ になります（図4-13右）。

図4-13 ベクトルの足し算

以上のことをベクトルの成分で表すと、次のような式になります。

$$\vec{a} = \begin{pmatrix} a_1 \\ a_2 \end{pmatrix}, \vec{b} = \begin{pmatrix} b_1 \\ b_2 \end{pmatrix} のとき$$

$$\vec{a} + \vec{b} = \begin{pmatrix} a_1 \\ a_2 \end{pmatrix} + \begin{pmatrix} b_1 \\ b_2 \end{pmatrix} = \begin{pmatrix} a_1 + b_1 \\ a_2 + b_2 \end{pmatrix}$$

引き算

$\vec{b}$の符号を反転させて$-\vec{b}$にすると、大きさが同じで逆向きのベクトルになります (図4-14)。

図4-14 ベクトルの符号を反転すると……

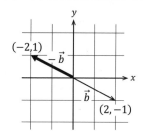

これを使うと$\vec{a} - \vec{b} = \vec{c}$は、$\vec{a} + (-\vec{b}) = \vec{c}$のように、足し算に置き換えることができます。図4-15①は$\vec{a}$に$-\vec{b}$を足したもの、つまり$\vec{a} - \vec{b}$を表したものです。

また、図4-15②はベクトルの向きを変えずに、始点同士を合わせた状態です。この場合は、引く側のベクトル ($\vec{b}$) の終点から引かれる側のベクトル ($\vec{a}$) の終点に向かうベクトルが$\vec{a} - \vec{b}$になります。

図4-15 ベクトルの引き算

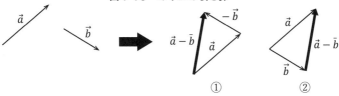

ベクトルの引き算は、図で見るよりも成分同士を計算した方がわかりやすいかもしれません。式で表すと、次のようになります。

$$\vec{a} = \begin{pmatrix} a_1 \\ a_2 \end{pmatrix}、\vec{b} = \begin{pmatrix} b_1 \\ b_2 \end{pmatrix} のとき$$

$$\vec{a} - \vec{b} = \begin{pmatrix} a_1 \\ a_2 \end{pmatrix} - \begin{pmatrix} b_1 \\ b_2 \end{pmatrix} = \begin{pmatrix} a_1 - b_1 \\ a_2 - b_2 \end{pmatrix}$$

実数倍

図4-16の$\vec{b}$は、$\vec{a}$の方向を変えずに大きさだけを変更したベクトルです。これを数式で表すと、

$$\vec{a} = \begin{pmatrix} a_1 \\ a_2 \end{pmatrix} のとき$$

$$\vec{b} = k\vec{a} = \begin{pmatrix} ka_1 \\ ka_2 \end{pmatrix} \quad (kは任意の実数)$$

になります。

図4-16 ベクトルの実数倍

* 6　第3章「2.1　方程式」を参照してください。

Try Python　Pythonでベクトルの演算を実行

図4-17の$\vec{a}$は成分表示すると$(2, 2)$、$\vec{b}$は$(2, -1)$です。2つのベクトルを使って演算してみましょう。

図4-17 ベクトルの演算

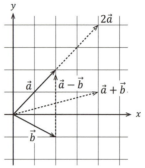

ベクトルの計算には、NumPyの配列を使います。この配列には要素同士の演算が定義されているので、普通の足し算・引き算と同じようにベクトルの演算ができます。図4-17を見て、正しく計算できていることを確認してください。

```
>>> import numpy as np
>>> a = np.array([2, 2])      ←$\vec{a}$の成分
>>> b = np.array([2, -1])     ←$\vec{b}$の成分
>>> a + b                     ←$\vec{a} + \vec{b}$
array([4, 1])                 ←表示された結果
>>> a - b                     ←$\vec{a} - \vec{b}$
array([0, 3])                 ←表示された結果
>>> 2 * a                     ←$2\vec{a}$
array([4, 4])                 ←表示された結果
```

コラム　大きさも方向も持たないゼロベクトル

矢印の始点と終点が同じベクトル、つまり、大きさも方向も持たないベ

クトルのことを**ゼロベクトル**と言い、$\vec{0}$のように表記します。「そんなベクトルあるの？」と思うかもしれませんが、

$$\vec{a} + (-\vec{a}) = \vec{0}$$

ですね。

1.6 ベクトルの分解

前項「1.5 ベクトルの演算」で、「2つのベクトルが作る平行四辺形の対角線が$\vec{a}+\vec{b}$になる」という話をしました。逆に考えるとこれは、**ベクトルは2つのベクトルに分解できる**ということにもなります。

図4-18を見てもわかるように、ベクトルが1つだけ与えられたとき（図4-18の$\vec{a}+\vec{b}$）、このベクトルを対角線とする平行四辺形はいく通りも作成できますね。どのように分解しても間違いではありません。与えられたベクトルをどう利用するかを考えて分解するようにしましょう。

図4-18 ベクトルの分解

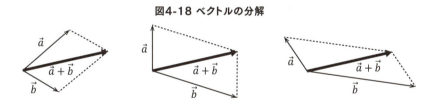

たとえば、私たちは過去の経験から、投げたボールが図4-19のような軌跡を描いて飛んでいくことを知っています。この軌跡はボールをどの方向に、どれだけの強さで投げたかがわかれば、計算で求めることができるのです。「どの方向へ、どれだけの強さで」——またベクトルが出てきましたね。これを物理の世界では「初速度」と言います。

図4-19 投げたボールの軌跡

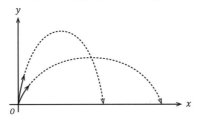

　くわしい説明は省略しますが、ボールの軌跡を計算するには水平方向の速度と垂直方向の速度が必要(*7)です。このときにベクトルの分解を使います。

　図4-20は、初速度を表すベクトル$\vec{v}$の終点からx軸、y軸のそれぞれに垂線を下ろした様子です。これで水平方向($\vec{b}$)と垂直方向のベクトル($\vec{a}$)に分解できました。あとは等速度運動と等加速度運動の公式に従って時間あたりのボールの移動量を計算すれば、軌跡をシミュレーションできます。興味のある人は物理の参考書で調べてみましょう。

図4-20 初速度を水平方向、垂直方向に分解する

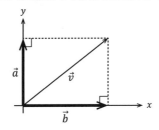

*7　ボールは水平方向には等速度運動、垂直方向には等加速度運動しています。

2 ベクトルの方程式

　ベクトル方程式とは**図形をベクトルの式で表したもの**です。第3章で見てきた「方程式」のように未知数を解くためのものではないので、間違えないようにしましょう。

2.1 直線の表し方

　第3章「3．直線の方程式」で、点が2つあれば直線が引けるという話をしました。しかし、ベクトルの考え方を取り入れると、直線を引くために必要なものは**直線の向き**と**直線上の1点**の2つです。図4-21を見ると、たしかに点Aを通って$\vec{v}$に平行な直線は、ほかには引けませんね。

図4-21 点Aを通って$\vec{v}$に平行な直線

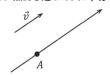

　この直線上にもう1つ点Pを取ると、$\overrightarrow{AP}$は$\vec{v}$と方向が同じで大きさが異なるベクトルですから、$\overrightarrow{AP} = k\vec{v}$で表すことができます。また、座標の原点から点$A$、点$P$へのベクトルをそれぞれ$\vec{a}$、$\vec{p}$とすると、

$$\vec{p} = \vec{a} + k\vec{v} \quad (kは任意の実数)$$

となります。これが直線を表す**ベクトル方程式**です（図4-22）。

図4-22 点A、Pを通る直線

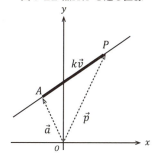

第3章「3 直線の方程式」で、直線を表す式は$y = ax + b$と覚えたはずなのに、ここで新たに「直線を表す式は$\vec{p} = \vec{a} + k\vec{v}$」だと言われても戸惑うばかりだと思います。具体的な値を入れて、本当にベクトル方程式が図4-23の直線を表しているのかどうか確認しましょう。

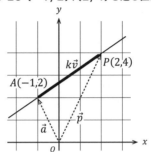

図4-23 (−1, 2)、(2, 4)を通る直線

ベクトルを使って直線を表すときに必要なのは、直線上の1点 (A) と直線の向き ($\vec{v}$) です。図4-23からこの直線の向き ($\vec{v}$) は[*8]

$$\begin{pmatrix} 2 - (-1) \\ 4 - 2 \end{pmatrix}$$

つまり、(3, 2) です[*9]。この値と点Aに向かうベクトル$\vec{a}$の成分 (−1, 2) をベクトル方程式$\vec{p} = \vec{a} + k\vec{v}$に代入すると、点$P$の座標 (x, y) は

$$\begin{pmatrix} x \\ y \end{pmatrix} = \begin{pmatrix} -1 \\ 2 \end{pmatrix} + k \begin{pmatrix} 3 \\ 2 \end{pmatrix} \quad \cdots\cdots ①$$

で表すことができます。この式をyについて解くと、$y = ax + b$という見慣れた式になるのでやってみましょう。

①の式を成分ごとに書くと、

$x = -1 + 3k$ ……②

$y = 2 + 2k$ ……③

です。ここからkを消去するために、②の両辺に2を、③の両辺に3を掛けると、

$2x = -2 + 6k$ ……④

$3y = 6 + 6k$ ……⑤

④から⑤を引くと、

$$2x - 3y = -8$$

これをyについて解くと、

$$y = \frac{2}{3}x + \frac{8}{3}$$

です。$y = ax + b$という直線の式になりましたね。

* 8　この章の「1.2 ベクトルの成分」を参照してください。
* 9　x軸とy軸で表される平面座標の場合、直線の向きと傾きは同じものと考えてかまいません。

Try Python 2点を結ぶ直線の方程式

　図4-23を見て、「直線の傾きは確かに$\frac{2}{3}$だけど、切片はどうかなあ？」と思った人もいるかもしれません。確認のために、2点の座標から直線の方程式を求めてみましょう。

　点Aの座標$(-1, 2)$と点Pの座標$(2, 4)$を$y = ax + b$に代入すると

$$-a + b = 2$$
$$2a + b = 4$$

という連立方程式になります。SymPyのsolve()関数を使ってこれを解くと、

```
>>> from sympy import Symbol, solve
>>> a = Symbol('a')          ←文字の定義
>>> b = Symbol('b')
>>> ex1 = -1*a + b - 2       ←式の定義
>>> ex2 = 2*a + b - 4
>>> solve((ex1, ex2))        ←連立方程式を解く
{a: 2/3, b: 8/3}             ←表示された結果
```

です。直線の傾きも切片も、ベクトル方程式から求めた値と同じになりましたね。

2.2 2直線の交点

第3章「3.3 2直線の交点」では、2本の直線の式を連立方程式と見立てて交点の座標を求めました。では、図4-24に示すように、マウスでクリックした点を結んでできる2本の直線の交点を求めるにはどうすればいいと思いますか？ もちろん、

①クリックした位置から、それぞれの直線の方程式を求める
②求めた2つの式を連立方程式と見立てて、交点の座標を求める

この手順で計算してもよいのですが、ここではベクトル方程式を使う方法を紹介しましょう。

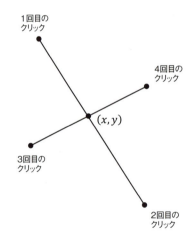

図4-24 マウスを使って描いた2直線の交点

図4-25のように直線上の点をA、B、C、D、とすると、点Pの座標はベクトル方程式を使って

$\overrightarrow{OP} = \overrightarrow{OA} + k\overrightarrow{AB}$ （kは実数）
$\overrightarrow{OP} = \overrightarrow{OC} + t\overrightarrow{CD}$ （tは実数）

のように表すことができます。2つの直線は傾きが異なるので、kとtのように違う変数を使う点に注意してください。このとき点Pは両方の直線上にあるので、

$$\overrightarrow{OA} + k\overrightarrow{AB} = \overrightarrow{OC} + t\overrightarrow{CD} \quad \cdots\cdots 式①$$

という等式が成立します。これを解くと、交点Pの座標がわかります。

図4-25 2直線をベクトルで表す

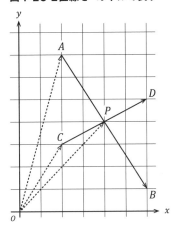

では、具体的な値を入れて確認しましょう。与えられた4点の座標がA(2, 7)、B(6, 1)とC(2, 3)、D(6, 5)のとき、式①にこれらの値を代入すると、

$$\begin{pmatrix} 2 \\ 7 \end{pmatrix} + k \begin{pmatrix} 6-2 \\ 1-7 \end{pmatrix} = \begin{pmatrix} 2 \\ 3 \end{pmatrix} + t \begin{pmatrix} 6-2 \\ 5-3 \end{pmatrix}$$

この式を整理すると、

$$\begin{pmatrix} 2+4k \\ 7-6k \end{pmatrix} = \begin{pmatrix} 2+4t \\ 3+2t \end{pmatrix}$$

成分ごとに式を書き直して整理すると、

$$4k - 4t = 0$$
$$-6k - 2t + 4 = 0$$

という連立方程式になります。これを解くと、

```
>>> from sympy import Symbol, solve
>>> k = Symbol('k')        ←文字の定義
>>> t = Symbol('t')
```

```
>>> ex1 = 4*k - 4*t        ←式の定義
>>> ex2 = -6*k -2*t + 4
>>> solve((ex1, ex2))      ←連立方程式を解く
{k: 1/2, t: 1/2}           ←表示された結果
```

です。求めたkの値を$\overrightarrow{OA} + k\overrightarrow{AB}$に代入すると、

$$\begin{pmatrix} 2 \\ 7 \end{pmatrix} + \frac{1}{2}\begin{pmatrix} 6 - 2 \\ 1 - 7 \end{pmatrix} = \begin{pmatrix} 2 + 2 \\ 7 - 3 \end{pmatrix} = \begin{pmatrix} 4 \\ 4 \end{pmatrix}$$

となるので、交点Pの座標は$(4, 4)$です。

2.3 ベクトルを使う理由

　ベクトル方程式を使って2直線の交点を求める方法、いかがでしたか？「連立方程式を解いて、さらにその値をベクトル方程式に代入するなら、わざわざベクトルを使わなくてもいいんじゃないの？」と思った人もいるでしょう。確かに、与えられた座標から直線の式を作って、それを連立方程式と見立てて解を求める方が直感的でわかりやすいかもしれません。しかし、これはx軸とy軸からなる平面座標の話です。もう1つ、z軸が加わった三次元空間座標になると、直線の式は未知数が1つ増えて$ax + by + cz + d = 0$になり、計算も複雑になります。

　その点、ベクトルであれば

$$\vec{v} = \begin{pmatrix} x \\ y \\ z \end{pmatrix}$$

のように成分を1つ追加するだけで、空間上のベクトル方程式は

$$\vec{p} = \vec{a} + k\vec{v} \qquad (k\text{は任意の実数})$$

のままです。二次元であっても三次元であっても、同じ計算方法で解けるというのがベクトルを使う最大の理由です。

コラム **空間図形とベクトル**

図4-26は、右手座標系と呼ばれる座標系です。x軸は左から右が正方向、y軸は下から上が正方向です。そこに奥から手前に向かうz軸を加えて三次元空間を表しています。

図4-26 右手座標系

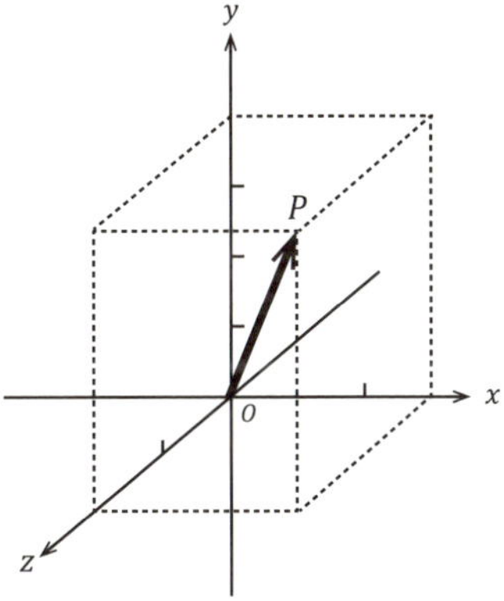

平面上のベクトルはx座標とy座標を使って$(6, 1)$のように表記しますが、空間上のベクトルはこれにz座標を加えて

$$\overrightarrow{OP} = (3,4,2) \quad \text{または} \quad \overrightarrow{OP} = \begin{pmatrix} 3 \\ 4 \\ 2 \end{pmatrix}$$

のように表記します。

本書では二次元のベクトルを中心に説明しますが、三次元でも四次元でも演算方法は同じです。たとえば、三次元のベクトルの足し算はz成分を加えて、次のように計算します。

$$\vec{a} = \begin{pmatrix} a_1 \\ a_2 \\ a_3 \end{pmatrix}、\vec{b} = \begin{pmatrix} b_1 \\ b_2 \\ b_3 \end{pmatrix} \quad \text{のとき}$$

153

$$\vec{a} + \vec{b} = \begin{pmatrix} a_1 \\ a_2 \\ a_3 \end{pmatrix} + \begin{pmatrix} b_1 \\ b_2 \\ b_3 \end{pmatrix} = \begin{pmatrix} a_1 + b_1 \\ a_2 + b_2 \\ a_3 + b_3 \end{pmatrix}$$

また、$\vec{v} = (x, y, z)$のとき、ベクトル$\vec{v}$の大きさは

$$|\vec{v}| = \sqrt{x^2 + y^2 + z^2}$$

で求めることができます。

3 ベクトルの内積

　これまで見てきたように、ベクトルは矢印で表したときは図形として(*10)、成分で表記(*11)したときは数式で扱えるという点が最大の特徴です。ここからしばらくは、ベクトルがCGやゲームの世界でどのように使われているのか、紹介していきましょう。少々複雑な話に見えるかもしれませんが、じっくり読んでみてくださいね。

* 10　「幾何ベクトル」と呼ぶこともあります。
* 11　こちらは「位置ベクトル」です。

3.1 貢献度を計算する

　「チーム全員のベクトルが同じ方向を向けば、必ず結果を出せる！」とか「みんなのベクトルがバラバラだから、うまくいかないんだ……」のように、ベクトルを使った表現は日常の場面でも頻繁に使われます。抽象的な表現ではありますが、何となく意味はわかりますね。

　もう少し具体的な話をしましょう。図4-27のように花子さんがAの方向に10の力で箱を引っ張っているときに、太郎くんがBの方向に10の力で引っ張ったらどうなると思いますか？

　太郎くんもAの方向に引っ張っているのなら、太郎くんの力は100％花子さんに貢献することになりますが、Bの方向ではそうはいきません。まさ

しく「ベクトルがバラバラの方向を向いていると……」ですね。

図4-27 違う方向に引っ張ると……

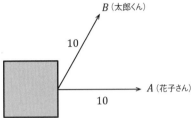

　太郎くんのベクトルから花子さんのベクトルに垂線を下ろすと、直角三角形ができます。この直角三角形の底辺（F）が、花子さんが引っ張っている方向に対する太郎くんの貢献度になります（図4-28）。

図4-28 花子さんに対する太郎くんの貢献度

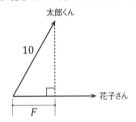

　納得できないという人は、太郎くんのベクトルの向きをいろいろ変えてみましょう。太郎くんのベクトルが花子さんのベクトルに近くなればなるほど、直角三角形の底辺は長くなります（図4-29左）。つまり、太郎くんの力がしっかり花子さんに貢献しているということです。逆に、花子さんのベクトルから離れるにつれ底辺は短くなり、90度を超えると花子さんのベクトルとは逆方向に底辺ができます（図4-29中、右）。これでは花子さんを手伝うというよりは、むしろ邪魔をしていることになりますね。

図4-29 太郎くんが引っ張る方向を変えると……

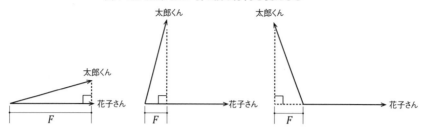

　では、太郎くんはどれだけ花子さんに貢献したのでしょうか？　それを調べるために、図4-30右のように半径が1の円(＊12)を用意しましょう。

　花子さんのベクトルをx軸の正方向として、円の中心から太郎くんが引っ張った方向に線を引くと、図4-30左の直角三角形と相似関係にある直角三角形が円の中にできます。この直角三角形の斜辺と底辺の比は$1:\cos\theta$で表される(＊13)ので、太郎くんのベクトルを$\vec{a}$とすると

$$|\vec{a}|:F = 1:\cos\theta$$

という比例式が成立します。左辺の$|\vec{a}|$はベクトルの大きさ(＊14)を表すのでしたね。比例式の性質(＊15)を使ってこの式を変形すると、図4-30左の直角三角形の底辺Fは

$$F = |\vec{a}|\cos\theta$$

で求めることができます。

図4-30 太郎くんの貢献度を計算する

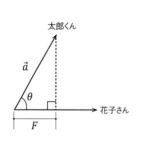 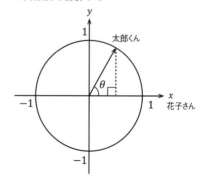

＊12　半径が1の円を「単位円」と言います。

* 13　第3章「4.3　三角比と円」を参照してください。
* 14　この章の「1.4　ベクトルの大きさ」を参照してください。
* 15　第3章「4.1　比例式の性質」を参照してください。

Try Python 太郎くんの貢献度を求める

太郎くんのベクトルと花子さんのベクトルがなす角度が60度、太郎くんの力を10として計算すると、

```
>>> import math
>>> 10 * math.cos(math.radians(60))
5.000000000000001
```

です。せっかく10の力を出しているのに、花子さんへの貢献度はその半分の5という結果になりました。

3.2 仕事の量を計算する

今度は図4-31のように、1人で箱を引っ張る場面を想像してください。図4-31のように、10の力で引っ張った方向に3m動いたとき、物理の世界では「30の仕事をした」と言います。計算方法は、「力の大きさ×移動距離」です。ただし、力を加えた方向と動いた方向は同じでなければなりません。

図4-31 箱を引っ張る方向と動いた方向が同じ

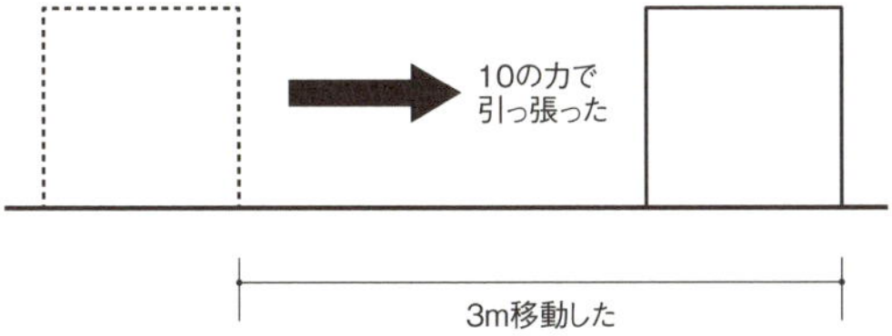

では、図4-32はどうでしょうか。トロリーバッグの要領で斜め方向に10の力で引っ張ったとき、その力は水平方向の移動に100%働くわけではありませんね。どのくらい働くのかというと、これは前項「3.1　貢献度を

計算する」で説明した太郎くんの貢献度と同じことですから、5（＝ 10 × cos60°）です。よって、図4-32の場合は5の力で3m動かしたのですから「15の仕事をした」ことになります。

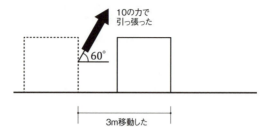

図4-32 箱を引っ張る方向と動いた方向が異なる

3.3 ベクトルの内積

前項「3.2 仕事の量を計算する」で説明した「力の大きさ×移動距離」で仕事の量を計算する方法、これを数学の世界では**ベクトルの内積**と言い、ドット（・）を使って、

$$\vec{a} \cdot \vec{b} = |\vec{a}||\vec{b}|\cos\theta \qquad \cdots\cdots 式②$$

のように表します。「右辺の意味がわからないぞ？」と思った人は、図4-33を見てください。$|\vec{a}|\cos\theta$は、$\vec{a}$の方向に引っ張ったときに水平方向に働く力（F）、$|\vec{b}|$はその方向に箱が動いた距離です。

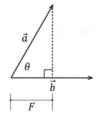

図4-33 仕事量は力の大きさ×移動距離

ベクトルの成分がわかっているときは、次のように計算することもできます。

$$\vec{a} = \begin{pmatrix} a_1 \\ a_2 \end{pmatrix}、\vec{b} = \begin{pmatrix} b_1 \\ b_2 \end{pmatrix} \qquad のとき$$

$$\vec{a} \cdot \vec{b} = a_1b_1 + a_2b_2 \qquad \cdots\cdots式③$$

　何を計算しているのかイメージしにくいかもしれませんが、内積については、以下の3点を覚えておいてください。

　1点目は**内積の結果はベクトルではなくスカラー（数値データ）になる**ということです。「力の大きさ×移動距離」は仕事量という数値データでしたね。残りの2点は、このあとの「3.4　2直線のなす角度」と「3.5　内積の性質」で説明します。

3.4 2直線のなす角度

　前項「3.3　ベクトルの内積」で説明したように、内積には大きさと角度を使って求める方法（式②）と、成分を使って計算する方法（式③）があります。2つの式は等しいので、

$$|\vec{a}||\vec{b}|\cos\theta = a_1b_1 + a_2b_2$$

が成立しますね。この式を整理すると、

$$\cos\theta = \frac{a_1b_1 + a_2b_2}{|\vec{a}||\vec{b}|} \qquad \cdots\cdots式④$$

です。つまり、**内積を利用すると2つのベクトル間の角度が求められる**のです。これがベクトルの内積に関して覚えてほしいことの2点目です。たとえば、図4-34はマウスでクリックした2点を結んで描画した2本の直線です。それぞれをベクトルと考えると、2直線が交差してできる角度θも、内積を利用して求めることができます。文字式で見ると少し複雑ですが、計算方法を確認しておきましょう。

159

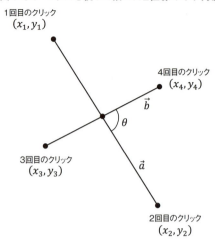

図4-34 マウスを使って描いた2直線のなす角度

1点目から2点目へ向かう直線を$\vec{a}$、3点目から4点目を向かう直線を$\vec{b}$とすると、各ベクトルの成分は

$$\vec{a} = \begin{pmatrix} x_2 - x_1 \\ y_2 - y_1 \end{pmatrix},\ \vec{b} = \begin{pmatrix} x_4 - x_3 \\ y_4 - y_3 \end{pmatrix}$$

で表すことができます。また、各ベクトルの大きさは三平方の定理を使って

$$|\vec{a}| = \sqrt{(x_2 - x_1)^2 + (y_2 - y_1)^2}$$
$$|\vec{b}| = \sqrt{(x_4 - x_3)^2 + (y_4 - y_3)^2}$$

で求めることができます。これらを式④に代入すると、2つのベクトルのなす角度を求められます。

Try Python 2直線のなす角度を求める

内積の公式を利用して、図4-35の2つの直線が作る角度を計算してみましょう。

図4-35 直線AB、CDのなす角度を求めたい……

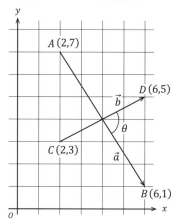

　通常はここまで解説してきたように、4つの座標から$\vec{a}$と$\vec{b}$の成分とそれぞれの大きさを計算してから角度を求めるのですが、せっかくPythonを使っているのですから、もっと簡単な方法を紹介しましょう。

　リスト4-1は、図4-35の直線ABとCDが作る角度θを求めるプログラムです。実行結果は

　　82.8749836510982

およそ83度になりました。

リスト4-1　直線AB、CDのなす角度

```
1.  import math
2.  import numpy as np
3.
4.  # 座標
5.  a = np.array([2, 7])
6.  b = np.array([6, 1])
7.  c = np.array([2, 3])
8.  d = np.array([6, 5])
9.
```

←①

```
10.  # ベクトルaとベクトルbの成分
11.  va = b - a                                    ]←②
12.  vb = d - c
13.
14.  # ベクトルの大きさ
15.  norm_a = np.linalg.norm(va)                   ]←③
16.  norm_b = np.linalg.norm(vb)
17.
18.  # ベクトルの内積
19.  dot_ab = np.dot(va, vb)                       ←④
20.
21.  # 角度を求める
22.  cos_th = dot_ab / (norm_a * norm_b)           ]
23.  rad = math.acos(cos_th)                        ]←⑤
24.  deg = math.degrees(rad)                       ]
25.  print(deg)
```

①で座標値をNumPyの配列に代入したあと、②でベクトルの成分を計算しています。NumPyの配列は要素ごとの演算ができるので、ベクトルの計算には好都合です。

③のlinalg.norm()関数[*16]は、ベクトルの大きさを求める命令です。三平方の定理を使って計算するのと同じことができます。また、④のdot()関数は、ベクトルの内積を求める命令[*17]です。

⑤は$\cos\theta = \frac{a_1 b_1 + a_2 b_2}{|\vec{a}||\vec{b}|}$の計算ですが、ここで求めた値は$\cos\theta$であることに注意してください。角度に変換するには$\cos$の逆関数を使わなければなりません。それがacos()関数[*18]です。ただし、これで求めた角度は弧度法の角度です。degrees()関数を実行して度数法に変換してください。

---

* 16   NumPyのlinalgモジュールには線形代数用の関数が定義されています。
* 17   ベクトルの内積を数式に書くときにドット（・）を使うことから、内積を「ドット積」と呼ぶこともあります。
* 18   「アークコサイン」と発音します。

3.5 内積の性質

　大きさが1の単位ベクトルで内積を計算すると、その結果、つまり、$\cos\theta$ の値は必ず−1〜1の値になります。これが内積について覚えてほしいことの3つめです。なぜなら、**内積の結果を見ると2つのベクトルの位置関係がわかる**からです（図4-36）。

　内積の結果が正の値のとき、2つのベクトルが作る角度は鋭角（90度未満）になります（図4-36左）。0のときは直角（図4-36中）、負の値のときは鈍角（90度より大きい）です（図4-36右）。この性質は、三次元CGやゲームの世界でキャラクタの描画が必要かどうかの判定に使われています。

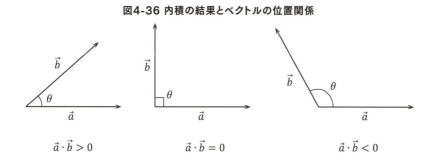

図4-36 内積の結果とベクトルの位置関係

　たとえば、視点とキャラクターが図4-37のような関係にあるとしましょう。視点方向のベクトルを $\vec{a}$、キャラクターの各面から垂直なベクトル（*19）を $\vec{b}$ として内積を計算したとき、$\vec{a}\cdot\vec{b}<0$ であれば視線とその面が向き合っていることになるので、その面の描画が必要です。逆に $\vec{a}\cdot\vec{b}>0$ であれば視線と面は同じ方向を向いている、つまり、その面は見えていないことになるので描画の必要はありません。

　すべての面について同じように計算すると、図4-37の太線で示した面だけ描画すればよいことになります。このように三次元CGやゲームの世界では内積を使って面の描画が必要かどうかを判定し、不要な面の描画を省略することで高速に処理することに役立っています。

図4-37 視点とキャラクターの位置関係

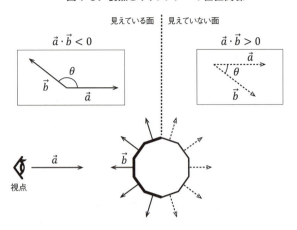

*19 これを「法線ベクトル」と言います。この後の「4.1 法線ベクトル」を参照してください。

コラム コサイン類似度

　内積の結果が0のとき、2つのベクトルは直交しています。そこから値が1に近づくにつれてベクトルの向きも近づき、1のときは完全に同じ方向を向きます。逆に－1のときは、完全に逆向きのベクトルになります（図4-38）。これを利用して、2つのベクトルが似ているかどうかを判定する手法が**コサイン類似度**です。

図4-38 内積の結果とベクトルの位置関係

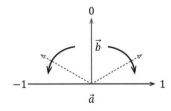

　たとえば、表4-1は5つの単語で作った文と、その単語の出現頻度をまとめたものです。

表4-1 例文と単語の出現頻度

文		青い	白い	空	雲	波
文A	青い空と青い波	2	0	1	0	1
文B	青い空と白い波	1	1	1	0	1
文C	白い雲と青い空	1	1	1	1	0

　これを$\vec{a}$ = (2, 0, 1, 0, 1)、$\vec{b}$ =(1, 1, 1, 0, 1)、$\vec{c}$ = (1, 1, 1, 1, 0)のベクトルと考えてコサイン類似度を調べたとき、1に近い値になった2つの文がもっとも似ているということになります。参考までに、結果を示しておきます。自分で確かめたいという人は、リスト4-1を参考にプログラミングしてみましょう。

$\vec{a}$と$\vec{b}$	0.816496580928
$\vec{b}$と$\vec{c}$	0.75
$\vec{a}$と$\vec{c}$	0.612372435696

　この例を見て、「ベクトルの成分が5つもある！」と驚いたかもしれませんね。私たちが頭の中でイメージできるのは、縦・横の二次元平面と、それに奥行きが加わった三次元空間までです。そこに時間軸を加えた四次元の世界を想像するのは難しいですね。しかし、数学の世界には四次元、五次元どころか、何十、何百、あるいはそれ以上の次元が存在します。そうなると座標をイメージすることはできません。四次元以上のベクトルは、順番を持つ数の集まり[20]と考えるようにしましょう。

* 20　これを「数（すう）ベクトル」と言います。

4 ベクトルの外積

　内積と来たら、次は**外積**です。ベクトルの外積では覚えてほしいことが2つあります。1つは「外積は2つのベクトルに垂直なベクトルになる」ということ、もう1つは「そのベクトルの大きさは、2つのベクトルが作る平行四辺形の面積と等しい」ということです

4.1 法線ベクトル

先に計算方法を見てみましょう。ベクトルの外積は「×」を使って、

$$\vec{a} = \begin{pmatrix} a_1 \\ a_2 \\ a_3 \end{pmatrix}, \vec{b} = \begin{pmatrix} b_1 \\ b_2 \\ b_3 \end{pmatrix} \quad \text{のとき}$$

$$\vec{a} \times \vec{b} = \begin{pmatrix} a_2 b_3 - a_3 b_2 \\ a_3 b_1 - a_1 b_3 \\ a_1 b_2 - a_2 b_1 \end{pmatrix}$$

のように計算します。複雑な計算の仕方に目を奪われがちですが、注目してほしいのは「外積の結果はベクトルになる」という点です。そして、成分が3つあることに気が付きましたか？ 実は、このベクトルは三次元空間だけに存在するベクトルで、二次元平面には存在しません。

外積で覚えておきたいポイントの1点目は、**外積の結果できるベクトルは、2つのベクトルに垂直なベクトルになる**でした。そして、その向きは「右ネジの法則」にしたがいます。——と言われても、イメージできませんね。「$\vec{a} \times \vec{b}$」で計算したときにできるベクトルの向きは、「$\vec{a}$から$\vec{b}$に向かって右向きにネジを回したときに、ネジの進む方向」と覚えましょう（図4-39）。

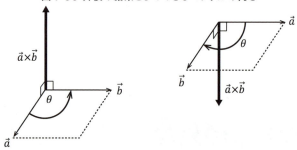

図4-39 外積の結果としてできるベクトルの向き

図4-39に示したように2つのベクトルでできる平行四辺形を平面と考えると、外積の結果できるベクトルは、この面に垂直なベクトルになります。これを**法線ベクトル**と言います。

法線ベクトルは、その面がどの方向を向いているかを示す値です。三次

元CGやゲームの世界では、法線ベクトルの値を利用してキャラクタに当たる光の角度を計算し、陰影を表現しています(図4-40)。

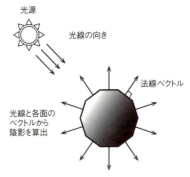

図4-40 光源とキャラクタの位置関係

Try Python　ベクトルの外積を求める

外積はNumPyのcross()関数で求めることができます。

```
>>> import numpy as np
>>> a = np.array([0, 1, 2])      ← $\vec{a}$の成分
>>> b = np.array([2, 0, 0])      ← $\vec{b}$の成分
>>> np.cross(a, b)               ← 外積を求める
array([ 0,  4, -2])              ←表示された結果
```

4.2 面積を求める

外積で覚えてほしいことの2つめは、**外積の結果できるベクトルの大きさは、2つのベクトルがつくる平行四辺形の面積と等しい**ということでした。計算式は

$$|\vec{a}\times\vec{b}| = |\vec{a}||\vec{b}|\sin\theta \qquad \cdots\cdots 式⑤$$

になるのですが、図4-41を見ながらこの意味を考えましょう。

図4-41 2つのベクトルが作る平行四辺形

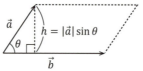

$\vec{a}$の終点から$\vec{b}$に垂線を下ろすと、その長さhは三角比[*21]を使って

$$\sin\theta = \frac{h}{|\vec{a}|}$$

$$h = |\vec{a}|\sin\theta$$

で表すことができます。これが平行四辺形の高さです。また、図4-41の平行四辺形の底辺は$\vec{b}$で、その長さは$|\vec{b}|$です。平行四辺形の面積は「底辺×高さ」で求められるので$|\vec{a}||\vec{b}|\sin\theta$となり、式⑤の右辺と同じになりましたね。

*21　第3章「4.3　三角比と円」を参照してください。

Try Python **三角形の面積を求める**

図4-42で示されているような、2つのベクトルの終点を結んでできる三角形（色を塗った部分）の面積を求めてみましょう。

図4-42 2つのベクトルの終点を結んでできる三角形

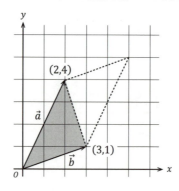

順序立てて考えれば、

①2つのベクトルの大きさ ($|\vec{a}|, |\vec{b}|$) を求める

②ベクトルの内積を利用して、2つのベクトルがつくる角度 (θ) を求める

③外積の公式 ($|\vec{a}||\vec{b}|\sin\theta$) を使って、2つのベクトルが作る平行四辺形の面積を求める

という手順で計算してもよいのですが、ここでちょっと前に説明したことを思い出してください。「外積の結果できるベクトルの大きさは、2つのベクトルが作る平行四辺形の面積と等しい」のでしたね。NumPyのcross()関数を使うとベクトルの外積が、norm()関数を使うとベクトルの大きさが求められます。これらの関数を使うと図4-42の色を塗った部分の面積は、次の手順で求めることができます。

```
>>> a = np.array([2, 4])          ←aの成分
>>> b = np.array([3, 1])          ←bの成分
>>> cross_ab = np.cross(a, b)     ←外積を求める
>>> s = np.linalg.norm(cross_ab)  ←ベクトルの大きさを求める（平行四辺形の面積）
>>> s / 2                          ←三角形の面積
5.0                                ←表示された結果
```

第5章
行列

　「学校を卒業したら『行列』って使わないよね」と言っていた人。「ちょっと待って、数学で『行列』なんて習わなかったよ？」という人。みなさんはどちらでしょうか？　ここだけを読むとわざわざ勉強することもなさそうな「行列」ですが、CGの世界ではキャラクターの大きさを変更したり描画位置を変えたりするために、なくてはならないものなのです。

1 行列とは

私たちは普段、お店や駅のプラットフォームに列をなして並んでいる人の集まりを見て「行列ができている」という言い方をしますね。並んでいる「人」を「数字」に置き換えると、数学の世界でいう**行列**になります。英語では「マトリックス (matrix)」です。このほうが行列の形をイメージしやすいかもしれませんね。

1.1 行列の表記方法

最初に行列の表記方法を確認しておきましょう。数学の世界では、行列を図5-1のように表します。横方向の並びを**行**、縦方向の並びを**列**と言い、行と列の数を使って「m行×n列の行列」や「$m×n$行列」のような言い方をします。行列を構成する個々の数字は**要素**または**成分**です。図5-1を見てもわかるように、行と列の数は自由に決められます。

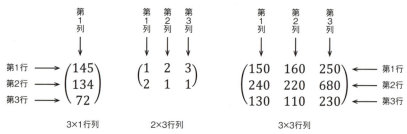

図5-1　行列の表記方法

行列に名前を付けるときは、次のように大文字で表記するのが一般的です。

$$A = \begin{pmatrix} 1 & 2 & 3 \\ 2 & 1 & 1 \end{pmatrix}$$

また、行列を囲むカッコは（　）や［　］のどちらを使ってもかまいませんが、表記は統一するようにしましょう。

1.2 行列の持つ意味

　第3章では二次元平面上の図形の頂点を（x座標, y座標）のように表記しました。また、第4章ではベクトルを表すために（x成分, y成分）のような表記をしました。どちらの場合も、ただ数字を並べたわけではありませんでしたね。図5-1に示した行列も、それぞれの行と列にはちゃんとした意味があります。行列を扱う上で大切なことは、その意味を知ることです。

　表5-1〜表5-3は、図5-1の行列と同じ値を使って作成した表です。行見出しや列見出し、値に付いている単位を見ると、数字の意味が見えてきませんか？

表5-1　カロリー

品名	カロリー
りんご	145kcal/1個
牛乳	134kcal/1本
バナナ	72kcal/1本

表5-2　食べた量

名前	リンゴ	牛乳	バナナ
太郎	1	2	3
花子	2	1	1

表5-3　値段

品名	コンビニ	スーパー	デパート
リンゴ	150円	160円	250円
牛乳	240円	220円	680円
バナナ	130円	110円	230円

　数学の世界で使う行列は、表の行見出しや列見出し、単位を省略して、値だけを

$$\begin{pmatrix} 1 & 2 & 3 \\ 2 & 1 & 1 \end{pmatrix}$$

のように書き出したものです。図5-1を見たときは、適当に数を並べただけのように思ったかもしれませんが、「太郎くんはおやつにりんごを1個、牛乳を2本、バナナを3本食べた」、「リンゴのカロリーは145kcal、牛乳は

134kcal、バナナは72kcal」のように、そこには意味が込められていること を覚えておきましょう。

コラム 本書の行列表記

本書では、行列を

$$\begin{pmatrix} a_{11} & a_{12} \\ a_{21} & a_{22} \end{pmatrix}$$

のように丸カッコで囲みます。また、要素を文字で表すときは「a_{ij}」のように表記します。i は行番号、j は列番号です。

---

2 行列の演算

行列の演算には、いくつかルールがあります。そのルールを覚えるコツは、行列を具体的な表に置き換えて、演算の意味を理解することです。数字とルールだけを見ていても、なかなか覚えられません。

2.1 足し算・引き算

行と列の要素数が等しい行列同士は、足し算・引き算ができます。次のように、要素同士で計算してください。

$$A = \begin{pmatrix} a_{11} & a_{12} \\ a_{21} & a_{22} \end{pmatrix},\ B = \begin{pmatrix} b_{11} & b_{12} \\ b_{21} & b_{22} \end{pmatrix} \quad \text{のとき}$$

$$A + B = \begin{pmatrix} a_{11} & a_{12} \\ a_{21} & a_{22} \end{pmatrix} + \begin{pmatrix} b_{11} & b_{12} \\ b_{21} & b_{22} \end{pmatrix} = \begin{pmatrix} a_{11} + b_{11} & a_{12} + b_{12} \\ a_{21} + b_{21} & a_{22} + b_{22} \end{pmatrix}$$

$$A - B = \begin{pmatrix} a_{11} & a_{12} \\ a_{21} & a_{22} \end{pmatrix} - \begin{pmatrix} b_{11} & b_{12} \\ b_{21} & b_{22} \end{pmatrix} = \begin{pmatrix} a_{11} - b_{11} & a_{12} - b_{12} \\ a_{21} - b_{21} & a_{22} - b_{22} \end{pmatrix}$$

計算ルールを覚えるには、具体的な値でイメージするのが一番です。たとえば……

「太郎くんと花子さんは朝と夜に表5-4と表5-5に示すトレーニングをしました。二人は今日、どれだけトレーニングをしたでしょう？」

……というように。

表5-4　朝のトレーニング回数

名前	スクワット	腕立て伏せ
太郎	50回	40回
花子	10回	10回

表5-5　夜のトレーニング回数

名前	スクワット	腕立て伏せ
太郎	30回	100回
花子	20回	15回

それぞれの表から行列を作って計算すると、

$$\begin{pmatrix} 50 & 40 \\ 10 & 10 \end{pmatrix} + \begin{pmatrix} 30 & 100 \\ 20 & 15 \end{pmatrix} = \begin{pmatrix} 50+30 & 40+100 \\ 10+20 & 10+15 \end{pmatrix} = \begin{pmatrix} 80 & 140 \\ 30 & 25 \end{pmatrix}$$

となり、答えは表5-6のようになります。

表5-6　1日のトレーニング回数

名前	スクワット	腕立て伏せ
太郎	80回	140回
花子	30回	25回

行列を使わずに計算すると、

太郎くんがスクワットをした回数　　$50+30=80$回
太郎くんが腕立て伏せをした回数　　$40+100=140$回
花子さんがスクワットをした回数　　$10+20=30$回
花子さんが腕立て伏せをした回数　　$10+15=25$回

といったように式が4つ必要です。これと同じ計算を1つの式で表せる点が、行列の便利なところです。

繰り返しになりますが、足し算と引き算ができるのは行列の形が等しい行列同士です。行数または列数が異なるときは計算できません（図5-2）。

図5-2　形が違う行列は足し算・引き算できない

$$\cancel{\begin{pmatrix} a_{11} & a_{12} \\ a_{21} & a_{22} \end{pmatrix} + \begin{pmatrix} b_1 \\ b_2 \end{pmatrix}} \qquad \cancel{\begin{pmatrix} a_1 \\ a_2 \end{pmatrix} - \begin{pmatrix} b_{11} & b_{12} \\ b_{21} & b_{22} \end{pmatrix}}$$

また、行列の足し算・引き算では次の計算法則[*1]も成立するので覚えておきましょう。

交換法則　$A + B = B + A$

結合法則　$(A + B) + C = A + (B + C)$

*1　第3章「2.1　方程式」を参照してください。

||||||||||||||||||||||||||||||||||||||||||||||||||||||||||||||||||||||||||||||||||||||||||||||||||||||||||||||||||||||||||||||||||||||||||||||||||

Try Python **行列の足し算と引き算をPythonで実行**

Pythonで行列を定義するときは、NumPyのmatrix()関数[*2]を使います。たとえば、2×2行列であれば

```
A = numpy.matrix ([[50, 40],    ←第1行 (a₁₁, a₁₂)
                   [10, 10]])   ←第2行 (a₂₁, a₂₂)
```

このように定義してください。途中で改行せずに次のように書いても、同じ行列が作成できます。

```
A = numpy.matrix([[50, 40], [10, 10]])
```

matrix()関数で定義した行列は、数値データの演算と同じような書き方で足し算・引き算が行えます。

```
>>> import numpy as np
>>> A = np.matrix([[50, 40],[10,10]])      ←行列A (朝)
>>> B = np. matrix([[30, 100], [20, 15]]) ←行列B (夜)
```

176

```
>>> A+B                                    ←A+B
matrix([[ 80, 140],                        ←表示された結果
        [ 30, 25]])
```

＊2　array()関数を使って、行列を二次元配列で定義することもできます。しかし、二次元
　　配列と行列とでは、このあとに説明する掛け算の動作が異なります。行列の掛け算につ
　　いては、このあとの「2.3　掛け算」を参照してください。

2.2 行列の実数倍

　表5-7は太郎くんと花子さんのトレーニング回数です。明日はこの8割
を目標にしようと思います。それぞれ何回ずつすればよいでしょう？

表5-7　今日のトレーニング回数

名前	スクワット	腕立て伏せ
太郎	80回	140回
花子	30回	25回

　それぞれの値に0.8を掛ければ答えが出 ますね。実数と行列の掛け算は、

$$A = \begin{pmatrix} a_{11} & a_{12} \\ a_{21} & a_{22} \end{pmatrix} \quad のとき$$

$$kA = \begin{pmatrix} ka_{11} & ka_{12} \\ ka_{21} & ka_{22} \end{pmatrix} \quad （kは任意の実数）$$

となります。

　また、行列の実数倍では次の計算法則[3]も成立するので覚えておきま
しょう（A、Bは任意の行列、k、lは任意の実数です）。

　　　交換法則　　$kA = Ak$

　　　結合法則　　$(kl)A = k(lA)$

　　　分配法則　　$(k + l)A = kA + lA$

　　　　　　　　$k(A + B) = kA + kB$

＊3　第3章「2.1　方程式」を参照してください。

Try Python 行列の実数倍を求める

　明日のトレーニング回数を計算してみましょう。表5-7から行列を作って計算すると、答えは次のようになります。

```
>>> A = np.matrix([[80, 140], [30, 25]])    ←行列A
>>> 0.8 * A                                  ←0.8×A
matrix([[  64.,  112.],                      ←表示された結果
        [  24.,   20.]])
```

2.3 掛け算

　行列の掛け算は、要素同士の掛け算(*4)……、というわけにはいきません。先に例題から見ていきましょう。

　太郎くんと花子さんは、リンゴとバナナを表5-8に示す個数ずつ買う予定です。表5-9はコンビニとデパートでの価格です。それぞれの店で買い物をすると、金額はいくらになるでしょう？

表5-8　2人が買う予定の個数

名前	リンゴ	バナナ
太郎	1個	3本
花子	2個	1本

表5-9　コンビニとデパートの価格

品名	コンビニ	デパート
リンゴ	150円	250円
バナナ	130円	230円

　これまでのように、表5-8と表5-9から行列を作って計算すると、

$$\begin{pmatrix} 1 & 3 \\ 2 & 1 \end{pmatrix}\begin{pmatrix} 150 & 250 \\ 130 & 230 \end{pmatrix} = \begin{pmatrix} 1\times150 + 3\times130 & 1\times250 + 3\times230 \\ 2\times150 + 1\times130 & 2\times250 + 1\times230 \end{pmatrix} = \begin{pmatrix} 540 & 940 \\ 430 & 730 \end{pmatrix}$$

となり、答えは表5-10のように表すことができます。

178

表5-10　2人が支払う予定の金額

名前	コンビニ	デパート
太郎	540 円	940 円
花子	430 円	730 円

具体的な例で見ると、実は当たり前の計算をしているだけだとわかりますね。ところが、数字の並びだけを見せられると、たちまち頭が混乱するのが行列の掛け算です。

$$A = \begin{pmatrix} a_{11} & a_{12} \\ a_{21} & a_{22} \end{pmatrix}, \quad B = \begin{pmatrix} b_{11} & b_{12} \\ b_{21} & b_{22} \end{pmatrix} \quad \text{のとき}$$

$$AB = \begin{pmatrix} a_{11} & a_{12} \\ a_{21} & a_{22} \end{pmatrix} \begin{pmatrix} b_{11} & b_{12} \\ b_{21} & b_{22} \end{pmatrix} = \begin{pmatrix} a_{11}b_{11} + a_{12}b_{21} & a_{11}b_{12} + a_{12}b_{22} \\ a_{21}b_{11} + a_{22}b_{21} & a_{21}b_{12} + a_{22}b_{22} \end{pmatrix}$$

どの要素を掛け合わせて、どれとどれを足し算するのかが覚えられないという人は、図5-3のような表で考えてみましょう。掛けられる方の行列（A）を行見出しに、掛ける方の行列（B）を列見出しに配置して、行と列の交わる部分でそれぞれの見出しを使って掛け算してください。2つの答えを足したものが、その要素の値になります。

図5-3　掛け算の方法

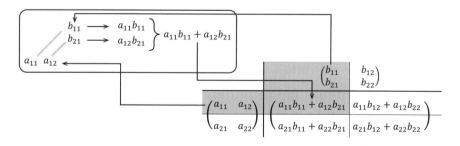

---

* 4　array() 関数を使って行列を二次元配列として定義したときに * 演算子を使うと、要素同士の掛け算になります。行列の掛け算にはならないので注意しましょう。

Try Python 行列の掛け算を実行してみよう

NumPyのmatrix()関数で定義した行列[*5]は、*演算子で掛け算できます。表5-8と表5-9を使った掛け算は、次のようになります。

```
>>> A = np.matrix([[1, 3], [2, 1]])        ←行列A（掛けられる側）
>>> B = np.matrix([[150, 250], [130, 230]]) ←行列B（掛ける側）
>>> A * B                                    ←A×B
matrix([[540, 940],                          ←表示された結果
        [430, 730]])
```

[*5]　array()関数を使って行列を二次元配列として定義したとき、*演算子は要素同士の掛け算になります。行列の掛け算にはならないので注意しましょう。

2.4 掛け算のルール

任意の行列同士の掛け算では、次の計算法則[*6]が成立します。

結合法則　$(A×B)×C＝A×(B×C)$

分配法則　$A×(B＋C)＝(A×B)＋(A×C)$

しかし、交換法則は成立しません[*7]。

$AB \neq BA$

です。たとえば、次の2つの行列で掛け算の順番を入れ替えると、違う答えになりますね。行列同士を掛け算するときは、順番がとても重要だということを覚えておきましょう。

$$A = \begin{pmatrix} 1 & 3 \\ 5 & 7 \end{pmatrix}、B = \begin{pmatrix} 2 & 4 \\ 6 & 8 \end{pmatrix} \quad のとき$$

$$AB = \begin{pmatrix} 1 & 3 \\ 5 & 7 \end{pmatrix}\begin{pmatrix} 2 & 4 \\ 6 & 8 \end{pmatrix} = \begin{pmatrix} 1×2＋3×6 & 1×4＋3×8 \\ 5×2＋7×6 & 5×4＋7×8 \end{pmatrix} = \begin{pmatrix} 20 & 28 \\ 52 & 76 \end{pmatrix}$$

$$BA = \begin{pmatrix} 2 & 4 \\ 6 & 8 \end{pmatrix}\begin{pmatrix} 1 & 3 \\ 5 & 7 \end{pmatrix} = \begin{pmatrix} 2×1＋4×5 & 2×3＋4×7 \\ 6×1＋8×5 & 6×3＋8×7 \end{pmatrix} = \begin{pmatrix} 22 & 34 \\ 46 & 74 \end{pmatrix}$$

また、掛け算ができるのは、図5-4左のように掛けられる側の列数と、掛

ける側の行数が等しいときだけです。図5-4右の場合は掛け算できません。

図5-4 掛け算できる行列とできない行列

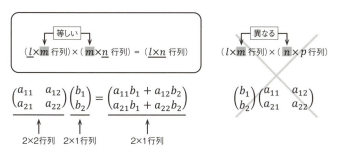

* 6 第3章「2.1 方程式」を参照してください。
* 7 一部の行列では交換行列が成立します。このあとの「2.5 単位行列」「2.6 逆行列」を参照してください。

Try Python $l \times m$行列と$m \times n$行列の掛け算

表5-11はリンゴとバナナのカロリー、表5-12は太郎くんと花子さんがトレーニング前後に食べた量です。これらの値を使って摂取カロリーを計算してみましょう。

表5-11 カロリー

品名	カロリー
リンゴ	145kcal/1個
バナナ	72kcal/1本

表5-12 2人が食べた量

名前	リンゴ	バナナ
太郎	1個	3本
花子	2個	1本

ここで注意する点は、掛け算の順番です。表5-11は2×1行列、表5-12は2×2行列です。この場合は表5-12が掛けられる行列、表5-11が掛ける側の行列になります。

```
>>> A = np.matrix([[1, 3], [2, 1]])    ←行列A（2×2行列）
>>> B = np.matrix([[145], [72]])       ←行列B（2×1行列）
>>> A * B                              ←A×Bを計算
matrix([[361],                         ←表示された結果（2×1行列）
        [362]])
```

　太郎くんの摂取カロリーは361kcal、花子さんは362kcalという結果になりました。なお、行列B（掛ける側）を定義するときに

```
    B = np.matrix([145, 72])
```

にすると1×2行列になってしまいます。行列の形が変わって計算できなくなるので注意してください。

2.5 単位行列

　次のように、左上から右下までの対角線上の要素が1、それ以外の値が0の行列を**単位行列**と言い、数学の世界ではこれを「E」または「I」と表記します。2×2と3×3の単位行列を見てみましょう。

$$E = \begin{pmatrix} 1 & 0 \\ 0 & 1 \end{pmatrix} \qquad E = \begin{pmatrix} 1 & 0 & 0 \\ 0 & 1 & 0 \\ 0 & 0 & 1 \end{pmatrix}$$

　単位行列は、数値データの「1」と同じようなものです。5×1＝5、10×1＝10であるように、どの行列に掛けても、答えはもう一方の行列と同じ行列になります。つまり、単位行列との掛け算では

$$AE = EA = A$$

という交換法則が成立します。

Try Python 行列×単位行列を計算する

　片方の行列が単位行列のときは掛け算でも交換法則が成立することを確認しましょう。

182

```
>>> A = np.matrix([[1, 3], [2, 1]])      ←行列A
>>> E = np.matrix([[1, 0], [0, 1]])      ←単位行列E
>>> A * E                                ←A×E
matrix([[1, 3],                          ←表示された結果（Aと同じ）
        [2, 1]])
>>> E * A                                ←E×A
matrix([[1, 3],                          ←表示された結果（Aと同じ）
        [2, 1]])
```

2.6 逆行列

行列Aと行列Bがあって、

$$AB = BA = E$$

が成立するとき、行列Bは行列Aの**逆行列**となります。逆行列とは、ある行列に掛けることで答えが単位行列になるような行列で、「A^{-1}」のように表記します。

$$A = \begin{pmatrix} a_{11} & a_{12} \\ a_{21} & a_{22} \end{pmatrix} \quad \text{のとき}$$

$$A^{-1} = \frac{1}{a_{11}a_{22} - a_{12}a_{21}} \begin{pmatrix} a_{22} & -a_{12} \\ -a_{21} & a_{11} \end{pmatrix}$$

（ただし、$a_{11}a_{22} - a_{12}a_{21} = 0$のとき逆行列は存在しない）

逆行列を求めるときは、先に$a_{11}a_{22} - a_{12}a_{21} \neq 0$であることを確認してください。たとえば、$A = \begin{pmatrix} 5 & 3 \\ 2 & 1 \end{pmatrix}$であれば、

$$(5 \times 1) - (3 \times 2) = -1$$

ですから逆行列が存在します。あとは、上記の式に行列の各要素を代入すると、

$$A^{-1} = \frac{1}{(5 \times 1) - (3 \times 2)} \begin{pmatrix} 1 & -3 \\ -2 & 5 \end{pmatrix} = -1 \begin{pmatrix} 1 & -3 \\ -2 & 5 \end{pmatrix} = \begin{pmatrix} -1 & 3 \\ 2 & -5 \end{pmatrix}$$

となり、逆行列は$\begin{pmatrix} -1 & 3 \\ 2 & -5 \end{pmatrix}$と求められます。

Try Python 逆行列を求める

NumPyのlinalg.inv()関数[*8]を使うと、逆行列を簡単に求めることができます。自分で面倒な計算をする必要は一切ありません。

```
>>> A = np.matrix([[5, 3], [2, 1]])    ←行列A
>>> B = np.linalg.inv(A)               ←逆行列（B）を求める
>>> B
matrix([[-1.,  3.],                    ←表示された結果
        [ 2., -5.]])
```

逆行列と元の行列を掛け算すると、単位行列になることも確認しておきましょう（$AB = E$）。

```
>>> (A * B).astype(np.int64)           ←A×B（AB = E）
matrix([[1, 0],                        ←表示された結果
        [0, 1]], dtype=int64)
```

linalg.inv()関数は、逆行列の要素を浮動小数点数型で返します。そのため掛け算の結果も浮動小数点型になります。答えが単位行列になっているかどうかがわかりやすい[*9]ように、上の例ではastype()関数を使って掛け算の結果を整数型に変換してから表示しています。

---

*8　NumPyのlinalgモジュールは、線形代数用の関数が定義されたモジュールです。
*9　astype()関数を省略すると、掛け算の答えが実数の指数表記になります。

2.7 逆行列と連立方程式

さて、ややこしい計算が必要な逆行列を説明したのには、ちゃんと理由があります。それは**逆行列を利用すると連立方程式が解ける**からです。

本書ではこれまでSymPyのSymbolクラスとsolve()関数を使って連立方程式を解いてきました[*10]。しかし、SymPyはPython用のライブラリであり、他のプログラミング言語では利用できません。同等のライブラリがな

184

い言語では、連立方程式を解くためのプログラムは自分で作らなければならないのです。そのときに活躍するのが逆行列です。

　本当に逆行列を使って連立方程式が解けるのか、さっそく見ていきましょう。たとえば、

$$5x + 3y = 9$$
$$2x + y = 4$$

という連立方程式を行列で表すと、

$$\begin{pmatrix} 5 & 3 \\ 2 & 1 \end{pmatrix}\begin{pmatrix} x \\ y \end{pmatrix} = \begin{pmatrix} 9 \\ 4 \end{pmatrix} \qquad \cdots\cdots 式①$$

になります。ここで思い出してほしいのが、

- 行列と逆行列を掛けると単位行列になる[*11]
- どんな行列に単位行列を掛けても、答えは元の行列と同じになる[*12]

の2点です。$\begin{pmatrix} 5 & 3 \\ 2 & 1 \end{pmatrix}$ の逆行列は $\begin{pmatrix} -1 & 3 \\ 2 & -5 \end{pmatrix}$ でしたね[*13]。これを式①の両辺に掛けると、

$$\begin{pmatrix} -1 & 3 \\ 2 & -5 \end{pmatrix}\begin{pmatrix} 5 & 3 \\ 2 & 1 \end{pmatrix}\begin{pmatrix} x \\ y \end{pmatrix} = \begin{pmatrix} -1 & 3 \\ 2 & -5 \end{pmatrix}\begin{pmatrix} 9 \\ 4 \end{pmatrix}$$

となります。右辺の掛け算の順番に注意してください。行列を逆にすると、掛け算できません。この式を整理すると、

$$\begin{pmatrix} 1 & 0 \\ 0 & 1 \end{pmatrix}\begin{pmatrix} x \\ y \end{pmatrix} = \begin{pmatrix} -1 & 3 \\ 2 & -5 \end{pmatrix}\begin{pmatrix} 9 \\ 4 \end{pmatrix}$$

となります。単位行列はどんな行列に掛けても、答えは元の行列と同じになるのですから、左辺は次のように記述できます。

$$\begin{pmatrix} x \\ y \end{pmatrix} = \begin{pmatrix} -1 & 3 \\ 2 & -5 \end{pmatrix}\begin{pmatrix} 9 \\ 4 \end{pmatrix}$$

　これを解くと、

$$\begin{pmatrix} x \\ y \end{pmatrix} = \begin{pmatrix} -1\times 9 + 3\times 4 \\ 2\times 9 + (-5)\times 4 \end{pmatrix} = \begin{pmatrix} 3 \\ -2 \end{pmatrix}$$

となり、$x = 3$、$y = -2$ が連立方程式の解になります。

第5章 行列

*10　第3章「3.1　2点を結ぶ直線」、「3.3　2直線の交点」、第4章「2.1　直線の表し方」、「2.2

２直線の交点」を参照してください。

＊11　この章の「2.6　逆行列」を参照してください。

＊12　この章の「2.5　単位行列」を参照してください。

＊13　この章の「2.6　逆行列」を参照してください。

コラム　行列を利用するメリット

　算数・数学では代入法[＊14]と加減法[＊15]を使って連立方程式を解くことを学びましたが、これらの方法は式によって計算の仕方が変わるため、プログラムに置き換えることができません。その点、行列を使った方法であれば、

　　　①連立方程式を行列で表す

　　　②未知数の係数で作った行列の逆行列を求める

　　　③求めた逆行列を①の両辺に掛ける

という決まった手順で計算することができます。また、逆行列の求め方も行列同士の掛け算も、計算の仕方が決まっています。つまり、行列を使った方法であれば、機械的に連立方程式の解が求められるのです。これは「行列を使った計算は、プログラムに置き換えられる」ということを意味しています。紙の上で計算すると難しそうに見える行列ですが、コンピュータとはとても相性が良いことを覚えておきましょう。

＊14　一方の式に、もう一方の式を代入して計算する方法です。

＊15　未知数を消去しながら計算する方法です。

Try Python　逆行列で連立方程式を解く

　次の連立方程式を、逆行列を使って解いてみましょう。

　　　$5x + 3y = 9$

　　　$2x + y = 4$

この連立方程式を行列で表すと、

$$\begin{pmatrix} 5 & 3 \\ 2 & 1 \end{pmatrix} \begin{pmatrix} x \\ y \end{pmatrix} = \begin{pmatrix} 9 \\ 4 \end{pmatrix}$$

です。PythonではNumPyのlinalg.inv()関数を使って逆行列が求められるので、次の手順で連立方程式が解けます。

186

```
>>> A = np.matrix([[5, 3], [2, 1]])   ←行列A（未知数の係数で作った行列）
>>> inv_A = np.linalg.inv(A)          ←行列Aの逆行列
>>> B = np.matrix([[9], [4]])         ←行列B（連立方程式の右辺）
>>> inv_A * B                         ←逆行列×行列B
matrix([[ 3.],                        ←表示された結果（連立方程式の解）
        [-2.]])
```

　Python以外のプログラミング言語にも応用してみましょう。言語によっては逆行列を求める命令がないかもしれません。その場合は逆行列を求める部分もプログラミングが必要です。たとえば、

$$ax + by = s$$
$$cx + dy = t$$

を行列で表すと、

$$\begin{pmatrix} a & b \\ c & d \end{pmatrix} \begin{pmatrix} x \\ y \end{pmatrix} = \begin{pmatrix} s \\ t \end{pmatrix}$$

$\begin{pmatrix} a & b \\ c & d \end{pmatrix}$ の逆行列は $\frac{1}{ad-bc} \begin{pmatrix} d & -b \\ -c & a \end{pmatrix}$ になるので、これを利用すれば次の手順で連立方程式が解けます。四則演算だけなので、これならば他のプログラミング言語にも簡単に応用できますね。

```
>>> a = 5                             ←ここから行列A（未知数の係数）
>>> b = 3
>>> c = 2
>>> d = 1
>>> s = 9                             ←ここから行列B（連立方程式の右辺）
>>> t = 4
>>> k = a*d - b*c                     ←逆行列の各要素の分母
>>> x = ((d/k)*s) + ((-b/k)*t)        ←逆行列×行列B
>>> y = ((-c/k)*s) + ((a/k)*t)
>>> x, y
(3.0, -2.0)                           ←表示された結果（連立方程式の解）
```

3 図形の一次変換

Microsoft PowerPointをはじめとする図形描画用のソフトウェアでは、描いた図形の位置を移動できるだけでなく、大きさを変更したり、回転したりすることができますね。実は、この処理に行列が使われています。

3.1 ベクトルと行列の関係

第4章では文中に出てくるベクトルを$\vec{a} = (3,2)$、式の中のベクトルは$\vec{a} = \begin{pmatrix} 3 \\ 2 \end{pmatrix}$のように表記しました。ベクトルの成分を縦に並べると、2行1列の行列に見えませんか？

行列とベクトルはとても相性がよく、たとえば、$A = \begin{pmatrix} 2 & 0 \\ 1 & 2 \end{pmatrix}$と$\vec{a} = (3,2)$を掛けると、

$$\begin{pmatrix} 2 & 0 \\ 1 & 2 \end{pmatrix} \begin{pmatrix} 3 \\ 2 \end{pmatrix} = \begin{pmatrix} 2 \times 3 + 0 \times 2 \\ 1 \times 3 + 2 \times 2 \end{pmatrix} = \begin{pmatrix} 6 \\ 7 \end{pmatrix}$$

という新しいベクトルができます。行列の計算式だけを見ると、何をしているのかさっぱり理解できないと思うのですが、もう一度、図5-5と合わせて見てください。

図5-5　行列を使って座標を変換する

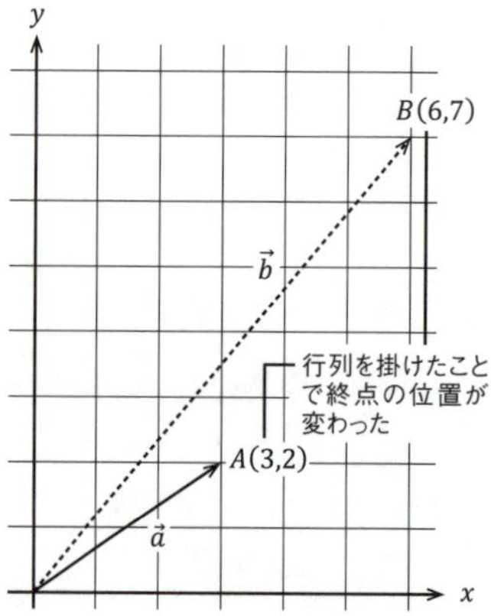

行列を掛けることで、ベクトルの終点の位置が変わりましたね。これは

188

「点Aに行列$\begin{pmatrix} 2 & 0 \\ 1 & 2 \end{pmatrix}$を掛けると、点$B$に変換できる」ということを意味しています。

元の座標を(x, y)、座標を変換するための行列を$\begin{pmatrix} a_{11} & a_{12} \\ a_{21} & a_{22} \end{pmatrix}$、変換後の座標を$(x', y')$として式で表すと、

$$\begin{pmatrix} x' \\ y' \end{pmatrix} = \begin{pmatrix} a_{11} & a_{12} \\ a_{21} & a_{22} \end{pmatrix} \begin{pmatrix} x \\ y \end{pmatrix}$$

です。成分ごとに式を書き出すと、変換後の座標は

$$x' = a_{11}x + a_{12}y$$
$$y' = a_{21}x + a_{22}y$$

で求めることができます。一次式で表すことができるため、このような変換を**一次変換**と呼びます。また、座標を変換するための行列は**変換行列**と言います。

第**5**章 行列

Try Python ベクトルと行列の掛け算

第4章ではベクトルを扱うためにNumPyのarray()関数で配列を定義しましたが、この章ではmatrix()関数を使って2行×1列の行列として定義します[*16]。たとえば、点$P(3,2)$と行列$\begin{pmatrix} 2 & 0 \\ 1 & 2 \end{pmatrix}$の掛け算は、次のように実行します。掛け算の順番に注意してください。順序が逆になると、計算できません。

```
>>> import numpy as np
>>> p = np.matrix([[3], [2]])          ←点Pの座標
>>> A = np.matrix([[2, 0], [1, 2]])    ←変換行列A
>>> A * p                              ←A×P
matrix([[6],                           ←表示された結果（変換後の座標）
        [7]])
```

---

*16 array()関数を使うときは、numpy.array([[3], [2]]) のように二次元配列で定義してく

189

ださい。numpy.array([3, 2])のように定義すると、行列と掛け算した答えが1行×2列の行列になってしまいます。

3.2 図形の対称移動

　直線や点を中心に紙を2つに折りたたんだときに、ぴったりと重なる位置に図形を移動することを**対称移動**と言います。x軸やy軸、座標の原点を中心にする場合は、座標の符号を反転するだけで変換できます。

x軸に線対称

　図5-6は実線が元の図形、点線がx軸に線対称に移動した図形です。2つの図形の頂点座標を見比べてください。x座標は変わらず、y座標の符号を反転させただけですね。これを式で表すと、

$$x' = x$$
$$y' = -y$$

です。行列を使って表記すると、

$$\begin{pmatrix} x' \\ y' \end{pmatrix} = \begin{pmatrix} 1 & 0 \\ 0 & -1 \end{pmatrix} \begin{pmatrix} x \\ y \end{pmatrix}$$

になります。

図5-6　x軸に線対称に移動

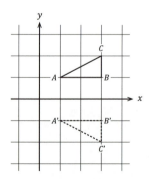

Try Python x軸に対して線対称に変換する

　リスト5-1は変換行列$\begin{pmatrix} 1 & 0 \\ 0 & -1 \end{pmatrix}$を使って、図5-6の三角形$ABC$を$A'B'C'$に変換するプログラム、図5-7はその実行結果です。三角形はmatplotlib.

pyplotモジュールのplot()関数を使って$A{\to}B{\to}C{\to}A$の順に頂点を結んで描画しました。そのために、変換前の座標は2×4行列で図5-8のように定義する必要があります(リスト5-1の①)。

図5-7　リスト5-1実行結果

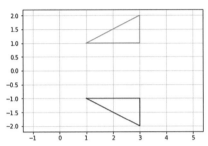

図5-8　三角形の頂点を行列で定義する

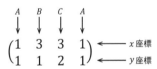

リスト5-1　x軸に対して線対称になるよう移動

```
1.  %matplotlib inline
2.  import numpy as np
3.  import matplotlib.pyplot as plt
4.
5.  # 三角形 ABC の頂点
6.  p = np.matrix([[1, 3, 3, 1], [1, 1, 2, 1]])  ←①
7.
8.  # 変換行列（x軸に線対称）
9.  A = np.matrix([[1, 0], [0, -1]])
10.
11. # 変換
12. p2 = A * p
13. print(p2)
```

```
14.
15.  # 描画
16.  p = np.array(p)                  ]←②
17.  p2 = np.array(p2)
18.  plt.plot(p[0, :], p[1, :])       ]←③
19.  plt.plot(p2[0, :], p2[1, :])
20.  plt.axis('equal')
21.  plt.grid(color='0.8')
22.  plt.show()
```

　2×4行列で定義した座標を使って図形を描画するには、ちょっとした工夫が必要です。それが②と③です。まず、②で行列を二次元配列に変換してください。③のplot()関数はグラフの描画に使う命令ですが、引数は「x座標」、「y座標」の順です。ここでもう一度、図5-8を見てください。x座標の値は第1行、y座標の値は第2行に入れましたね。二次元配列に変換しても、この形は変わりません。配列の特定の行の値は次の書式で参照することができるので、これをplot()関数の引数に与えてください。

　　p[0, :] ←配列pの第1行（x座標）
　　p[1, :] ←配列pの第2行（y座標）

y軸に線対称

　y座標はそのままでx座標の符号を反転させると、y軸に線対称に移動することができます（図5-9）。

図5-9　y軸に線対称に移動

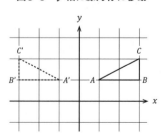

これを式で表すと、

$x' = -x$
$y' = y$

です。行列を使って表記すると、

$$\begin{pmatrix} x' \\ y' \end{pmatrix} = \begin{pmatrix} -1 & 0 \\ 0 & 1 \end{pmatrix} \begin{pmatrix} x \\ y \end{pmatrix}$$

になります。移動後の座標をPythonで計算してみましょう。

```
>>> p = np.matrix([[1, 3, 3], [1, 1, 2]])   ←三角形ABCの頂点
>>> A = np.matrix([[-1, 0], [0, 1]])        ←変換行列A（y軸に線対称）
>>> A * p                                    ←A×p
matrix([[-1, -3, -3],                        ←表示された結果（変換後のx座標）
        [ 1,  1,  2]])                       ←表示された結果（変換後のy座標）
```

座標原点(0,0)に点対称

x座標とy座標の両方の符号を反転させると、原点 (0,0) に点対称の位置に移動できます（図5-10）。

図5-10　原点に点対称に移動

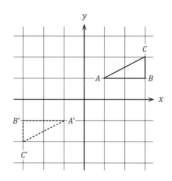

これを式で表すと、

$x' = -x$
$y' = -y$

です。行列を使って表記すると、

$$\begin{pmatrix} x' \\ y' \end{pmatrix} = \begin{pmatrix} -1 & 0 \\ 0 & -1 \end{pmatrix} \begin{pmatrix} x \\ y \end{pmatrix}$$

になります。以下は、これをPythonで計算する手順です。

```
>>> p = np.matrix([[1, 3, 3], [1, 1, 2]])    ←三角形ABCの頂点
>>> A = np.matrix([[-1, 0], [0, -1]])         ←変換行列A（原点に点対称）
>>> A * p                                      ←A×p
matrix([[-1, -3, -3],                          ←表示された結果（変換後のx座標）
        [-1, -1, -2]])                         ←表示された結果（変換後のy座標）
```

直線 $y = x$ に線対称

元の座標のxとyを入れ替えると、$y=x$の直線に線対称の位置に移動できます（図5-11）。

図5-11　直線（$y = x$）に線対称に移動

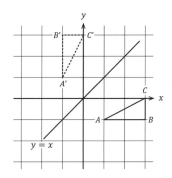

式で表すと、

$x' = y$

$y' = x$

です。行列を使って表記すると、

$$\begin{pmatrix} x' \\ y' \end{pmatrix} = \begin{pmatrix} 0 & 1 \\ 1 & 0 \end{pmatrix} \begin{pmatrix} x \\ y \end{pmatrix}$$

になります。

```
>>> p = ([[1, 3, 3], [-1, -1, 0]])    ←三角形ABCの頂点
```

```
>>> A = np.matrix([[0, 1], [1, 0]])    ←変換行列A（直線y = xに線対称）
>>> A * p                              ←A×p
matrix([[-1, -1,  0],                  ←表示された結果（変換後のx座標）
        [ 1,  3,  3]])                 ←表示された結果（変換後のy座標）
```

3.3 図形の拡大と縮小

　元の座標をx方向にa倍、y方向にb倍すると、図形を任意の大きさに拡大することができます。式で表すと、

$x' = ax$
$y' = by$

です。行列を使って表記すると、

$$\begin{pmatrix} x' \\ y' \end{pmatrix} = \begin{pmatrix} a & 0 \\ 0 & b \end{pmatrix} \begin{pmatrix} x \\ y \end{pmatrix}$$

になります。この式で$a = b$のときは、図5-12に示すように元の図形の形を保ったまま拡大(*17)することができます。また、1未満の値（$0 < a$（もしくはb）< 1）を指定すると、図形の縮小になります。

図5-12　形を保ったまま拡大

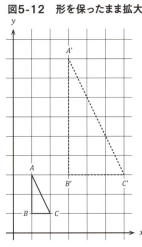

*17　このような変換を「相似変換」と言います。

Try Python 図形を拡大して描画する

リスト5-2は、図5-12の三角形*ABC*を*x*方向、*y*方向ともに3倍に拡大するプログラム、図5-13はその実行結果です。座標の定義の仕方やplot()関数で描画する方法など、くわしい説明は「3.2　図形の対称移動」のリスト5-1を参照してください。

図5-13　リスト5-2実行結果

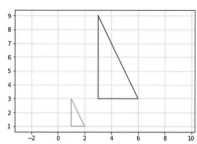

リスト5-2　図形の相似拡大

```
1.  %matplotlib inline
2.  import numpy as np
3.  import matplotlib.pyplot as plt
4.
5.  # 三角形 ABC の頂点
6.  p = np.matrix([[1, 1, 2, 1], [3, 1, 1, 3]])
7.
8.  # 変換行列（3倍に拡大）
9.  A = np.matrix([[3, 0], [0, 3]])
10.
11. # 変換
12. p2 = A * p
13. print(p2)
14.
```

```
15.  # 描画
16.  p = np.array(p)
17.  p2 = np.array(p2)
18.  plt.plot(p[0, :], p[1, :])
19.  plt.plot(p2[0, :], p2[1, :])
20.  plt.axis('equal')
21.  plt.grid(color='0.8')
22.  plt.show()
```

3.4 図形の回転

　図形の回転は対称移動や拡大・縮小に比べると、少し式が複雑になります。まずは、図5-14のように回転するための式を見てもらいましょう。 これは座標の原点を中心に、反時計回りにθ度回転した様子です。

$$\begin{pmatrix} x' \\ y' \end{pmatrix} = \begin{pmatrix} \cos\theta & -\sin\theta \\ \sin\theta & \cos\theta \end{pmatrix} \begin{pmatrix} x \\ y \end{pmatrix} \qquad \cdots\cdots 式②$$

　少し乱暴な言い方ですが、なぜ、この行列[*18]で回転できるのか、理屈を知らなくても問題ありません。式②の行列を「図形を回転するための道具」だと思って使えるようになりましょう。

図5-14　原点を中心に反時計回りにθ度回転

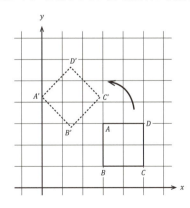

*18　これを「回転行列」と言います。

Try Python 図形を回転させて描画する

リスト5-3は、図5-14の四角形*ABCD*を反時計回りに45度回転させるプログラムです。cos()関数やsin()関数は、NumPyに定義されている関数[*19]を使いました。これらの関数には、角度をラジアン単位(弧度法)で指定しなければなりません。リスト5-3では回転行列を定義する前にradians()関数で度数法から弧度法に変換しています。

図5-15はリスト5-3の実行結果です。座標の定義の仕方やplot()関数で描画する方法など、くわしい説明は「3.2　図形の対称移動」のリスト5-1を参照してください。

リスト5-3　図形の回転

```
1.  %matplotlib inline
2.  import numpy as np
3.  import matplotlib.pyplot as plt
4.
5.  # 四角形 ABCD の頂点
6.  p = np.matrix([[3, 3, 5, 5, 3], [3, 1, 1, 3, 3]])
7.
8.  # 変換行列 (反時計まわりに 45 度回転)
9.  th = np.radians(45)      # 度数法 -> 弧度法
10. A = np.matrix([[np.cos(th), np.sin(-th)], [np.sin(th), np.cos(th)]])
11.
12. # 変換
13. p2 = A * p
14. print(p2)
15.
16. # 描画
17. p = np.array(p)
18. p2 = np.array(p2)
19. plt.plot(p[0, :], p[1, :])
20. plt.plot(p2[0, :], p2[1, :])
21. plt.axis('equal')
```

```
22. plt.grid(color='0.8')
23. plt.show()
```

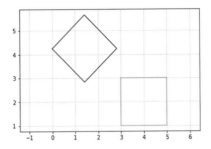

図5-15　リスト5-3実行結果

* 19　mathモジュールに定義されている関数を使っても同じ結果になります。

コラム 回転行列ができるまで

どうして

$$\begin{pmatrix} x' \\ y' \end{pmatrix} = \begin{pmatrix} \cos\theta & -\sin\theta \\ \sin\theta & \cos\theta \end{pmatrix} \begin{pmatrix} x \\ y \end{pmatrix}$$

のような式で回転ができるのか気になって仕方がないという人は、次の式をじっくり眺めてください。図5-14のように多角形で考えると頭が混乱してしまうので、ここでは点を1つだけ使います。

図5-16は、点$A(x, y)$を反時計回りにθ度回転させた様子です。点$B(x'\ y')$は回転後の位置です。ここで座標の原点と点Aを結ぶ線分の長さをℓ、x軸と線分が作る角度をαとすると、それぞれの座標は次の式で表す[*20]ことができます。

$$\begin{pmatrix} x \\ y \end{pmatrix} = \begin{pmatrix} \ell \cos \alpha \\ \ell \sin \alpha \end{pmatrix} \quad \cdots\cdots ①$$

$$\begin{pmatrix} x' \\ y' \end{pmatrix} = \begin{pmatrix} \ell \cos(\alpha + \theta) \\ \ell \sin(\alpha + \theta) \end{pmatrix} \quad \cdots\cdots ②$$

図5-16　点Aを反時計回りにθ度回転

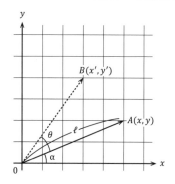

　さて、②の式は角度の部分が $(\alpha + \theta)$ になっていますが、これをαとθに対する三角関数で表現する(*21)と次のようになります。

$\sin(\alpha \pm \theta) = \sin\alpha\cos\theta \pm \cos\alpha\sin\theta$

$\cos(\alpha \pm \theta) = \cos\alpha\cos\theta \mp \sin\alpha\sin\theta$

これを利用すると、上記の②は次のように変形できます。

$$\begin{pmatrix} x' \\ y' \end{pmatrix} = \begin{pmatrix} \ell\cos(\alpha + \theta) \\ \ell\sin(\alpha + \theta) \end{pmatrix}$$

$$= \begin{pmatrix} \ell(\cos\alpha\cos\theta - \sin\alpha\sin\theta) \\ \ell(\sin\alpha\cos\theta + \cos\alpha\sin\theta) \end{pmatrix}$$

$$= \begin{pmatrix} \ell\cos\alpha\cos\theta - \ell\sin\alpha\sin\theta \\ \ell\sin\alpha\cos\theta + \ell\cos\alpha\sin\theta \end{pmatrix}$$

さらに、この式の$\ell\cos\alpha$と$\ell\sin\alpha$は①からxとyに置き換えられるので、次のように変形すると、

$$\begin{pmatrix} x' \\ y' \end{pmatrix} = \begin{pmatrix} x\cos\theta - y\sin\theta \\ y\cos\theta + x\sin\theta \end{pmatrix}$$

$$= \begin{pmatrix} x\cos\theta - y\sin\theta \\ x\sin\theta + y\cos\theta \end{pmatrix}$$

$$= \begin{pmatrix} \cos\theta & -\sin\theta \\ \sin\theta & \cos\theta \end{pmatrix} \begin{pmatrix} x \\ y \end{pmatrix}$$

これで回転行列の式の出来上がりです。

* 20　第3章「4.3　三角比と円」を参照してください。
* 21　これを「加法定理」と言います。

3.5 図形の平行移動

元の座標をx軸方向にs、y軸方向にt移動すると、元の図形の形を保ったまま平行移動することができます（図5-17）。

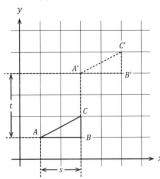

図5-17　平行移動

これを式で表すと、

$x' = x + s$
$y' = y + t$

です。行列を使って表記すると、

$$\begin{pmatrix} x' \\ y' \end{pmatrix} = \begin{pmatrix} x \\ y \end{pmatrix} + \begin{pmatrix} s \\ t \end{pmatrix}$$

になります。

行列を使った平行移動の式を見て、何か気が付きませんか？　対称移動や拡大・縮小、回転とどこが違うのか、少し考えてみてください。答えは次の項に続きます。

3.6 2×2行列から3×3行列へ

対称移動や拡大・縮小、回転のための変換行列は2×2行列で表すことが

できました。しかし、平行移動は違います。また、他の変換が行列との掛け算でできたのに対して、平行移動だけは足し算です。この違いがCGの世界では、とてもやっかいなことなのです。

　たとえば、図形を「回転→拡大・縮小→対称移動」の順に変換することを考えてみましょう。もとの座標を(x, y)、回転用の行列を$\begin{pmatrix} a_{11} & a_{12} \\ a_{21} & a_{22} \end{pmatrix}$とすると、回転後の座標$(x_1, y_1)$は

$$\begin{pmatrix} x_1 \\ y_1 \end{pmatrix} = \begin{pmatrix} a_{11} & a_{12} \\ a_{21} & a_{22} \end{pmatrix} \begin{pmatrix} x \\ y \end{pmatrix}$$

になります。次に拡大用の行列を$\begin{pmatrix} b_{11} & b_{12} \\ b_{21} & b_{22} \end{pmatrix}$とすると、拡大後の座標$(x_2, y_2)$は

$$\begin{pmatrix} x_2 \\ y_2 \end{pmatrix} = \begin{pmatrix} b_{11} & b_{12} \\ b_{21} & b_{22} \end{pmatrix} \begin{pmatrix} x_1 \\ y_1 \end{pmatrix} = \begin{pmatrix} b_{11} & b_{12} \\ b_{21} & b_{22} \end{pmatrix} \begin{pmatrix} a_{11} & a_{12} \\ a_{21} & a_{22} \end{pmatrix} \begin{pmatrix} x \\ y \end{pmatrix}$$

になります。さらに対称移動用の行列を$\begin{pmatrix} c_{11} & c_{12} \\ c_{21} & c_{22} \end{pmatrix}$とすると、対称移動後の座標$(x_3, y_3)$は

$$\begin{pmatrix} x_3 \\ y_3 \end{pmatrix} = \begin{pmatrix} c_{11} & c_{12} \\ c_{21} & c_{22} \end{pmatrix} \begin{pmatrix} x_2 \\ y_2 \end{pmatrix} = \begin{pmatrix} c_{11} & c_{12} \\ c_{21} & c_{22} \end{pmatrix} \begin{pmatrix} b_{11} & b_{12} \\ b_{21} & b_{22} \end{pmatrix} \begin{pmatrix} a_{11} & a_{12} \\ a_{21} & a_{22} \end{pmatrix} \begin{pmatrix} x \\ y \end{pmatrix}$$

となり、一連の変換を掛け算だけで表現できます。

　では、「回転→平行移動→拡大・縮小」の順に変換するとどうなるか見ていきましょう。

　①回転
$$\begin{pmatrix} x_1 \\ y_1 \end{pmatrix} = \begin{pmatrix} a_{11} & a_{12} \\ a_{21} & a_{22} \end{pmatrix} \begin{pmatrix} x \\ y \end{pmatrix}$$

　②平行移動
$$\begin{pmatrix} x_2 \\ y_2 \end{pmatrix} = \begin{pmatrix} x_1 \\ y_1 \end{pmatrix} + \begin{pmatrix} s \\ t \end{pmatrix} = \begin{pmatrix} a_{11} & a_{12} \\ a_{21} & a_{22} \end{pmatrix} \begin{pmatrix} x \\ y \end{pmatrix} + \begin{pmatrix} s \\ t \end{pmatrix}$$

　③拡大
$$\begin{pmatrix} x_3 \\ y_3 \end{pmatrix} = \begin{pmatrix} b_{11} & b_{12} \\ b_{21} & b_{22} \end{pmatrix} \begin{pmatrix} x_2 \\ y_2 \end{pmatrix} = \begin{pmatrix} b_{11} & b_{12} \\ b_{21} & b_{22} \end{pmatrix} \left\{ \begin{pmatrix} a_{11} & a_{12} \\ a_{21} & a_{22} \end{pmatrix} \begin{pmatrix} x \\ y \end{pmatrix} + \begin{pmatrix} s \\ t \end{pmatrix} \right\}$$
$$= \begin{pmatrix} b_{11} & b_{12} \\ b_{21} & b_{22} \end{pmatrix} \begin{pmatrix} a_{11} & a_{12} \\ a_{21} & a_{22} \end{pmatrix} \begin{pmatrix} x \\ y \end{pmatrix} + \begin{pmatrix} b_{11} & b_{12} \\ b_{21} & b_{22} \end{pmatrix} \begin{pmatrix} s \\ t \end{pmatrix} \quad \cdots\cdots 式③$$

変換の途中に足し算（平行移動）が入るだけで、式がとても複雑になりましたね。また、変換の順番を「平行移動→回転→拡大・縮小」にすると、

$$\begin{pmatrix}x_3\\y_3\end{pmatrix}=\begin{pmatrix}b_{11}&b_{12}\\b_{21}&b_{22}\end{pmatrix}\begin{pmatrix}a_{11}&a_{12}\\a_{21}&a_{22}\end{pmatrix}\begin{pmatrix}x\\y\end{pmatrix}+\begin{pmatrix}b_{11}&b_{12}\\b_{21}&b_{22}\end{pmatrix}\begin{pmatrix}a_{11}&a_{12}\\a_{21}&a_{22}\end{pmatrix}\begin{pmatrix}s\\t\end{pmatrix}$$
……式④

です。式③と式④を見比べるとわかるように、座標変換の順番が変わるごとに式を作り直さなければなりません。つまり、プログラムに置き換えにくいということです。

　この問題を解決するために、CGの世界では**同次座標**という方式が用いられています。これは(x,y)で表していた二次元座標にパラメータを与えて、(wx,wy,w)のように表現する方法[*22]です。このときのパラメータwの値は常に「1」なので、通常座標でも同次座標でもxとyの値が変わることはありません（図5-18）。

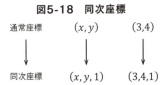

図5-18　同次座標

　この同次座標を使うと、図形の平行移動は次の式

$$\begin{pmatrix}x'\\y'\\1\end{pmatrix}=\begin{pmatrix}1&0&s\\0&1&t\\0&0&1\end{pmatrix}\begin{pmatrix}x\\y\\1\end{pmatrix}=\begin{pmatrix}x+s\\y+t\\1\end{pmatrix}$$

で表すことができます。もちろん、平行移動用の行列が3×3で、残りの変換行列が2×2のままでは計算できません。表5-13は、これまでに紹介した二次元の変換行列を3×3で表現したものです。これを利用すれば、すべての座標変換を掛け算だけで表現できます。

表5-13　同次座標で表した変換行列

操作	変換行列
X軸に線対称	$\begin{pmatrix} 1 & 0 & 0 \\ 0 & -1 & 0 \\ 0 & 0 & 1 \end{pmatrix}$
Y軸に線対称	$\begin{pmatrix} -1 & 0 & 0 \\ 0 & 1 & 0 \\ 0 & 0 & 1 \end{pmatrix}$
原点に点対称	$\begin{pmatrix} -1 & 0 & 0 \\ 0 & -1 & 0 \\ 0 & 0 & 1 \end{pmatrix}$
直線 $y = x$ に線対称	$\begin{pmatrix} 0 & 1 & 0 \\ 1 & 0 & 0 \\ 0 & 0 & 1 \end{pmatrix}$
拡大・縮小	$\begin{pmatrix} a & 0 & 0 \\ 0 & b & 0 \\ 0 & 0 & 1 \end{pmatrix}$
回転	$\begin{pmatrix} \cos\theta & -\sin\theta & 0 \\ \sin\theta & \cos\theta & 0 \\ 0 & 0 & 1 \end{pmatrix}$
平行移動	$\begin{pmatrix} 1 & 0 & s \\ 0 & 1 & t \\ 0 & 0 & 1 \end{pmatrix}$

* 22　三次元空間座標の場合は $(x, y, z, 1)$ になります。このとき変換行列は 4 × 4 行列になります。

Try Python 図形を平行移動して描画する

　リスト5-4は、前項「3.5　図形の平行移動」の三角形 ABC を x 軸方向に2、y 軸方向に3だけ平行移動するプログラムです。平行移動用の行列には

$\begin{pmatrix} 1 & 0 & 2 \\ 0 & 1 & 3 \\ 0 & 0 & 1 \end{pmatrix}$ の3×3行列を使うため、三角形の頂点の座標も $(x, y, 1)$ の同次座標で表さなければなりません。リスト中の①では変換前の座標を3×4行列で、図5-19のように定義しています。プログラムの実行結果は、図5-20を参照してください。

図5-19　頂点の座標を3×4行列で定義する

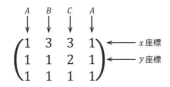

リスト5-4　図形の平行移動

```
1.  %matplotlib inline
2.  import numpy as np
3.  import matplotlib.pyplot as plt
4.  
5.  # 三角形 ABC の頂点 (同次座標)
6.  p = np.matrix([[1, 3, 3, 1], [1, 1, 2, 1],[1, 1, 1, 1]])   ←①
7.  
8.  # 変換行列 (平行移動)
9.  A = np.matrix([[1, 0, 2], [0, 1, 3], [0, 0, 1]])
10. 
11. # 変換
12. p2 = A * p
13. print(p2)
14. 
15. # 描画
16. p = np.array(p)
17. p2 = np.array(p2)
18. plt.plot(p[0, :], p[1, :])
```

```
19. plt.plot(p2[0, :], p2[1, :])
20. plt.axis('equal')
21. plt.grid(color='0.8')
22. plt.show()
```

図5-20　リスト5-4実行結果

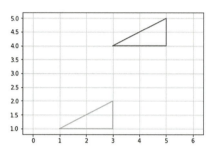

3.7 一次変換の組み合わせ

　前項「3.6　2×2行列から3×3行列へ」では3×3行列を使うと、二次元の座標変換は掛け算だけで表せるという話をしました。たとえば、元の座標を$(x, y, 1)$、平行移動用の行列をAとすると、変換後の座標$(x_1, y_1, 1)$は

$$\begin{pmatrix} x_1 \\ y_1 \\ 1 \end{pmatrix} = A \begin{pmatrix} x \\ y \\ 1 \end{pmatrix}$$

で表せます。また、変換行列Bを使ってこれを回転すると、変換後の座標$(x_2, y_2, 1)$は

$$\begin{pmatrix} x_2 \\ y_2 \\ 1 \end{pmatrix} = B \begin{pmatrix} x_1 \\ y_1 \\ 1 \end{pmatrix} = BA \begin{pmatrix} x \\ y \\ 1 \end{pmatrix}$$

で表せます。さらに変換行列Cを使ってこれを拡大・縮小すると、変換後の

座標$(x_3, y_3, 1)$は

$$\begin{pmatrix} x_3 \\ y_3 \\ 1 \end{pmatrix} = C \begin{pmatrix} x_2 \\ y_2 \\ 1 \end{pmatrix} = CBA \begin{pmatrix} x \\ y \\ 1 \end{pmatrix}$$

になります。さて、ここで3つの式をよく見直してみてください。何か法則のようなものは見つかりませんか?

　それぞれの式の一番右に注目すると、掛け算の最後は元の座標です。その左隣が最初の変換行列A、さらにその左隣が2番目の変換行列B、そして最後の変換行列Cが一番左側に来ています。つまり、複数の座標変換を組み合わせる場合は、先に処理する変換が掛け算の右側になります。なお、行列の掛け算では多くの場合交換法則は成立しません[*23]。上の例で言えば

　　　$CBA \neq ABC$

です。掛け算の順番を間違えると、まったく違った結果になるので注意してください。

---

* 23　一部の行列では交換法則が成立します。この章の「2.5 単位行列」、「2.6 逆行列」を参照してください。

Try Python 図形を平行移動してから回転させる

　リスト5-5は、図5-21の三角形ABCをx軸方向に2、y軸方向に3だけ平行移動したあと、反時計回りに90度回転させるプログラムです。掛け算の順番に注意してください。リスト5-5では平行移動用の変換行列をA、回転行列をBで定義しました。この場合、変換後の座標は「B×A×元の座標」になります(リスト5-5の①)。実行結果は図5-22を参照してください。

207

図5-21 平行移動してから回転させる

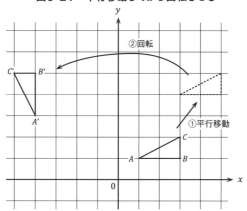

リスト5-5　一次変換の組み合わせ

```
1.  %matplotlib inline
2.  import numpy as np
3.  import matplotlib.pyplot as plt
4.
5.  # 三角形ABCの頂点（同次座標）
6.  p = np.matrix([[1, 3, 3, 1], [1, 1, 2, 1],[1, 1, 1, 1]])
7.
8.  # 変換行列
9.  A = np.matrix([[1, 0, 2], [0, 1, 3], [0, 0, 1]])  # 平行移動
10. th = np.radians(90)
11. B = np.matrix([[np.cos(th), np.sin(-th), 0], [np.sin(th), np.cos(th), 0], [0, 0, 1]])  # 回転行列
12.
13. # 変換
14. p2 = B * A * p  # 平行移動 -> 回転            ←①
15. print(p2)
16.
17. # 描画
18. p = np.array(p)
```

```
19.  p2 = np.array(p2)
20.  plt.plot(p[0, :], p[1, :])
21.  plt.plot(p2[0, :], p2[1, :])
22.  plt.axis('equal')
23.  plt.grid(color='0.8')
24.  plt.show()
```

図5-22　リスト5-5実行結果

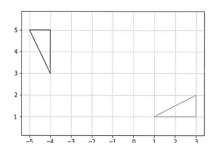

試しに、リスト5-5の①を

　　p2 = A * B * p

にして実行してみてください。この場合は90度回転したあとに平行移動することになるため、実行結果は図5-23のようになります。

図5-23　90度回転させてから平行移動した場合

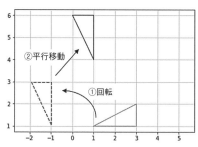

コラム 変換行列を1つにまとめる

リスト5-5では、平行移動用の行列をA、回転行列をB、元の座標をpで定義して、

　　p2 = B * A * p

という計算で変換後の座標を求めました。これは

　　X = B * A　　　←「平行移動して回転」の変換行列を定義
　　p2 = X * p　　　←座標変換を実行

のように書いても同じように動作します。理由はわかりますか？ そう、行列の掛け算は結合法則が成立するからです。

この章ではNumPyのmatrix()関数を使って座標を$3 \times n$行列で定義することで、図形(*24)を構成するすべての頂点の座標を一度に変換しました。しかし、他のプログラミング言語で同じやり方が通用するとは限りません。もしかしたら座標ごとに変換しなければならないかもしれません。その場合、図5-24左のように計算する方法と、図5-24右のように変換行列を先に計算しておく方法とでは、どちらが効率がよいと思いますか？

図5-24　掛け算の仕方

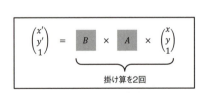
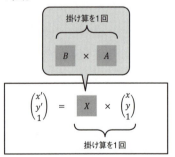

図5-24左の場合は、1つの頂点につき掛け算が2回必要です。一方、図5-24右の場合は先に変換行列をまとめるための掛け算を1回行ったあとは、頂点1つにつき掛け算は1回で済みます。「合計したら2回だし、どちらでも同じじゃないの？」と思うかもしれませんが、頂点数が増えると掛け算の回数は表5-14のように変わります。図5-24右の計算方法のほうが掛け

算の回数が少ないですね。つまり、処理速度が速いということです。CGや
ゲームの世界で複雑な図形を高速に描画しなければならないとき、行列は
とても強力なツールとなることを覚えておきましょう。

表5-14　掛け算の回数の違い

頂点数 (n)	図5-24左の方法の 計算回数 ($n×2$)	図5-24右の方法の 計算回数 ($n×1+1$) [*25]
1	2	2
2	4	3
3	6	4
5	10	6
10	20	11
100	200	101

＊24　CGの世界では、これを「ポリゴン」（polygon）と言います。

＊25　「＋1」は変換行列をまとめるために、先に掛け算した回数です。

第6章
集合と確率

オンラインショッピングサイトの閲覧履歴や購入履歴、SNSのログやプロフィール、交通系ICカードの使用履歴——。無尽蔵にあるビッグデータをいかに活用するかが今、重要な課題になっています。必要な情報を取り出して、どう分類し、分析するか。このときに「集合」の知識が必要です。

1 集合

　集合場所、集合時間、集合住宅——。日常生活では1か所に集まることや、集めたものを指すときに**集合**という言葉を使いますが、数学の世界では**はっきりと区別できて、同じ性質を持ったデータの集まり**のことを「集合」と言います。たとえば、「1から10までの自然数(＊1)」は数学で言うところの集合ですが、「今年の暑い日」は集合ではありません。違いがわかりますか?

　無限にある数の中から「1から10までの自然数」は確実に取り出すことができますね。一方の「今年の暑い日」は、「暑い」と判断する基準があいまいです。人によって集めるデータに差が出てしまうでしょう。それでは集合にはなりません。これが「真夏日」や「猛暑日」であれば「30度以上」や「35度以上」ではっきりと区別することができるので、集合と呼ぶことができます。

＊1　自然数とは 1, 2, 3……と続く正の数です。0を含めることもあります。

1.1 集合の特徴

　数学の世界で「1から10までの自然数」の集合は、

$$A = \{\, 1, 2, 3, 4, 5, 6, 7, 8, 9, 10 \,\}$$

のように { } を使って表記します。「A」は集合に付けた名前で、{ } に含まれる個々の値を**要素**と言います。なお、**1つの集合に同じ要素が含まれることはありません**(図6-1)。

　また、**集合の要素には順番という概念もありません。**

$$B = \{\, 1, 3, 2, 5, 4, 6, 7, 10, 9, 8 \,\}$$

これも「1から10までの自然数」の集合です。数学の世界では、集合Aと集合Bは同じものとして扱われます。

図6-1 集合のイメージ

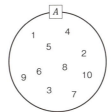

Try Python Pythonで集合を扱う

Pythonにはsetという集合を扱うデータ型があります。たとえば、

```
>>> A = { 1, 2, 3, 4, 5, 6, 7, 8, 9, 10 }
```

のようにすると、集合Aを定義できます。数学の世界と同じ書き方なので覚えやすいですね。今度は集合Aと同じ値で順番を変えた集合Bを定義して、集合Aと比べてみましょう。

```
>>> B = { 1, 3, 2, 5, 4, 6, 7, 10, 9, 8 }     ←集合Bを定義
>>> A == B                                      ←集合Aと集合Bは等しいか確認
True                                            ←表示された結果
```

集合の要素には順番の概念がないので、集合Aと集合Bは「等しい」という結果になりました。

もう一つ、集合の要素には重複した値が含まれないことも確認しておきましょう。

```
>>> A                                   ←集合Aを確認
{1, 2, 3, 4, 5, 6, 7, 8, 9, 10}         ←表示された結果
>>> A.add(10)                           ←集合Aに「10」を追加
>>> A                                   ←集合Aを確認
{1, 2, 3, 4, 5, 6, 7, 8, 9, 10}         ←表示された結果
>>> len(A)                              ←集合Aの要素数を調べる
10                                       ←表示された結果
```

3行目で「10」を追加する命令を実行しましたが、集合Aの要素には何の変化もありませんね。下から2行目のlen()関数を利用すると、集合の要素数を確認できることも覚えておきましょう。

1.2　いろいろな集合

　「犬が好き」、「猫が好き」、「犬は好きだけど、猫は嫌い」——友達10人に聞いてみれば、いろいろなグループができそうですね。ある明確な条件に基づいてグループ分けをすることを**集合演算**と言います。どのようなグループができるのか、Pythonでの演算結果と図（＊2）を見ながら確認していきましょう。

＊2　集合の関係を表す図を「ベン図」と言います。

全体集合、部分集合、補集合

　集合Aのすべての要素が集合Uに含まれるとき、集合Aを集合Uの**部分集合**と言い、

　　$U \supset A$

のように表します（図6-2）。

図6-2　全体集合、部分集合、補集合

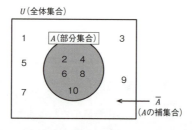

　Pythonでは「<=」を使って部分集合かどうかを確認することができます。

```
>>> U = {1, 2, 3, 4, 5, 6, 7, 8, 9, 10}    ←集合Uを定義
>>> A = {2, 4, 6, 8, 10}                   ←集合Aを定義
```

```
>>> A <= U                    ←集合AがUに含まれるか確認
True                          ←表示された結果（集合AはUの部分集合）
```

また、集合Aに含まれない要素は集合Aの**補集合**と言い、

$\overline{A} = \{1, 3, 5, 7, 9\}$

のように表記します。なお、部分集合が属する集合Uのことは**全体集合**と言います。Pythonには補集合を取得する演算子はありませんが、これは集合UからAを引いたものと同じです。このあとで説明する「差集合」を参照してください。

積集合

2つの集合に共通する要素の集合を**積集合**(*3)と言い、

$A \cap B$

のように表します（図6-3）。

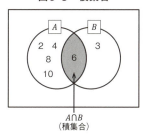

図6-3　積集合

Pythonでは&演算子を使って積集合を取得できます。

```
>>> A = {2, 4, 6, 8, 10}      ←集合Aを定義
>>> B = {3, 6, 9}             ←集合Bを定義
>>> A & B                     ←集合AとBの積集合
{6}                           ←表示された結果
```

和集合

2つの集合の全要素を合わせた集合を**和集合**と言い、

$A \cup B$

のように表します（図6-4）。Pythonでは|演算子を使って和集合を取得できます。

```
>>> A = {2, 4, 6, 8, 10}        ←集合Aを定義
>>> B = {3, 6, 9}               ←集合Bを定義
>>> A | B                       ←集合AとBの和集合
{2, 3, 4, 6, 8, 9, 10}          ←表示された結果
```

この結果を見て、何か気が付きませんか？ 両方の集合に共通する要素（この例では6）が、和集合には1つしか含まれません。なぜなら、集合は重複した値を持たない（*4）からです。Pythonのset型でも、重複した要素は取り除かれます。

図6-4　和集合

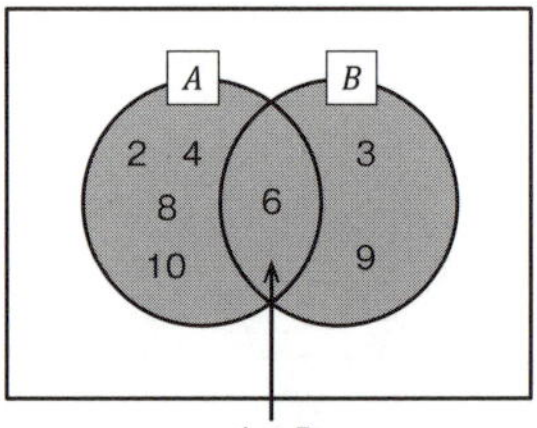

差集合

一方の集合から、もう一方の集合を引いたものを**差集合**と言います。どちらの集合から引くかによって結果が変わるので注意してください（図6-5）。

図6-5　差集合

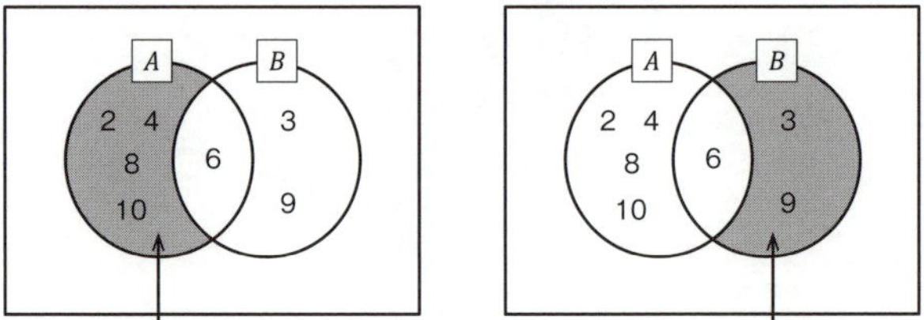

Pythonでは、算術演算子の-演算子を使って差集合を取得できます。

218

```
>>> A = {2, 4, 6, 8, 10}    ←集合Aを定義
>>> B = {3, 6, 9}           ←集合Bを定義
>>> A - B                   ←集合Aから集合Bの要素を除く
{2, 4, 8, 10}               ←表示された結果
>>> B - A                   ←集合Bから集合Aの要素を除く
{3, 9}                      ←表示された結果
```

対称差

2つの集合のすべての要素から、共通する要素を取り除いたものを**対称差**と言います（図6-6）。

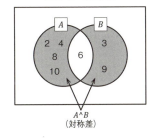

図6-6　対称差

Pythonでは ^ 演算子を使って対称差を取得できます。

```
>>> A = {2, 4, 6, 8, 10}    ←集合Aを定義
>>> B = {3, 6, 9}           ←集合Bを定義
>>> A ^ B                   ←集合AとBの対称差
{2, 3, 4, 8, 9, 10}         ←表示された結果
```

空集合

集合演算の結果、要素が1つもない集合ができることがあります。これを**空集合**と言います。たとえば、$X = \{1, 2, 3\}$、$Y = \{4, 5, 6\}$のとき

$$X \cap Y = \emptyset$$

になります。∅は空集合を表す記号です。

```
>>> X = {1, 2, 3}          ←集合Xを定義
>>> Y = {4, 5, 6}          ←集合Yを定義
>>> X & Y                  ←集合XとYの積集合
set()                      ←表示された結果（空集合）
```

＊3　「共通集合」と言うこともあります。
＊4　この章の「1.1　集合の特徴」を参照してください。

1.3 集合とデータベース

　図6-7左は連絡先を作る目的で集めたデータ、図6-7右は商品管理を目的に集めたデータです。どちらも「はっきりと区別できて、同じ性質を持ったデータの集まり」になっていますね。これをコンピュータの世界では**データベース**(＊5)と言います。なお、ビッグデータはデータベースではありません。ほとんどの場合、ビッグデータにはいろいろな種類のデータが、いろいろな形式で存在するからです。

図6-7　データベースのテーブル

ID	名前	ふりがな	電話番号	メールアドレス
1	山田　太郎	やまだ　たろう	090-1234-xxxx	yamada@xxx.xx.jp
2	田中　花子	たなか　はなこ	080-1111-xxxx	tanaka@xxxx.yy.jp
3	佐藤　桃子	さとう　ももこ	090-8989-xxxx	sato@xxxx.abc.jp
4	田中　次郎	たなか　じろう	03-3210-xxxx	jiro@xx.bce.jp
5	佐々木　吾郎	ささき　ごろう	070-4444-xxxx	sasaki@abcd.jp
6	伊藤　梅子	いとう　うめこ	070-4321-xxxx	ume@yyyy.xx.jp
7	浦島　三郎	うらしま　さぶろう	090-5555-xxxx	ura@dabc.xx.jp
8	青山　蘭子	あおやま　らんこ	03-3456-xxxx	ao@xxxx.zz.jp
9	鈴木　桜子	すずき　さくらこ	090-7890-xxxx	sakura@alkj.xx.jp
10	中村　史郎	なかむら　しろう	080-6543-xxxx	siro@werf@yy.jp

品番	品名	単価
S001102	ポテトチップ	250
Y110234	チョコレート	300
W121034	大福	150
S832423	せんべい	300
C221354	アイスクリーム	200
Y111023	クッキー	300
W123193	羊羹	800
C298011	ソフトクリーム	300
Y112134	キャンディ	150
Y102931	ガム	150

　話をデータベースに戻しましょう。実は、データベースと集合は、とても密接な関係にあります。まず、データベースには「同じデータを重複して登録してはいけない」という決まりがあります。図6-7左の連絡先に同じ人が何度も登録されていたら、どれが正しい情報かわからなくなってしまいますね。しかし、データを登録する順番は気にしません。「山田さん」の次

に「伊藤さん」を登録しても、連絡先は同じように使えます。

　データベースに関するくわしい説明は省略しますが、ビッグデータのように大量にある情報の中から必要な情報を抜き出してデータベースを構築し、そのデータを分析して活用するには集合の知識が役立つことを、ここでは覚えておきましょう（図6-8）。

図6-8　データを分析する

①データベースを構築

ID	名前	性別	出身地
1	山田　太郎	男性	東京都
2	田中　花子	女性	大阪府
3	佐藤　桃子	女性	京都府
4	田中　次郎	男性	東京都
5	佐々木　吾郎	男性	大阪府
6	伊藤　梅子	女性	神奈川県
7	浦島　三郎	男性	東京都
8	青山　蘭子	女性	東京都
9	鈴木　桜子	女性	神奈川県
10	中村　史郎	男性	大阪府

②抽出

条件A:出身地が東京都

ID	名前	性別	出身地
1	山田　太郎	男性	東京都
4	田中　次郎	男性	東京都
7	浦島　三郎	男性	東京都
8	青山　蘭子	女性	東京都

条件B:男性

ID	名前	性別	出身地
1	山田　太郎	男性	東京都
4	田中　次郎	男性	東京都
5	佐々木　吾郎	男性	大阪府
7	浦島　三郎	男性	東京都
10	中村　史郎	男性	大阪府

③分析

$A \cap B$:出身地が東京都の男性

ID	名前	性別	出身地
1	山田　太郎	男性	東京都
4	田中　次郎	男性	東京都
7	浦島　三郎	男性	東京都

$A - B$:出身地が東京都の女性

ID	名前	性別	出身地
8	青山　蘭子	女性	東京都

＊5　正確に表現すると、図6-7はデータベースの構成要素の１つである「テーブル」です。テーブルは表形式でデータを管理する入れ物です。

2 順列と組み合わせ

　もしも明日の天気がよければハイキング、雨だったら映画に行く——。このように、私たちは普段から「もしも」という言葉をよく使います。プログラムの世界でも、if文はよく利用しますね。では、あなたが書いたif文は「もしも」の事態にちゃんと対応できていますか？

　コンピュータはプログラムに書かれたことを忠実に実行する機械です。逆に言えば、書かれていないことは一切行いません。「もしも」のことが起こったときにコンピュータが停止してしまわないように、起こり得る事象をすべて書き出せるようになりましょう。

第6章　集合と確率

221

2.1 場合の数

　サイコロを振ったときに出る目の数は「1」「2」「3」「4」「5」「6」の6通り
で、コイントスをしたときに上になる面は「表」か「裏」の2通り——。こ
のように、そこで起こり得る事象の数のことを**場合の数**と言います。「場合
の」という言葉の通り、この数は場面によって変化します。サイコロも1個
だけなら場合の数は6通りですが、2個振ったときに出る目の数の組み合
わせになると21通り、コインを2個投げ上げたときの表と裏の出方は3通
りになります（図6-9）。

図6-9　場合の数

2つのサイコロの目

	1	2	3	4	5	6
1	○	○	○	○	○	○
2	—	○	○	○	○	○
3	—	—	○	○	○	○
4	—	—	—	○	○	○
5	—	—	—	—	○	○
6	—	—	—	—	—	○

2つのコインの表裏

	表	裏
表	○	○
裏	—	○

コラム 「試行」と「事象」の関係

　数学の世界では、同じ条件のもとで繰り返し行うことができて、その結
果が偶然に左右される実験や観察を**試行**と言い、その試行の結果として起
こる出来事を**事象**と言います。——こう文章で読むと難しいもののように
思えるかもしれませんが、簡単に言えば「サイコロを投げる」という行為
が試行、その結果「1が出た」というのが事象です。

2.2 場合の数の求め方

　太郎くんの家から花子さんの家までは3通り、花子さんの家から公園ま

では2通りの行き方があります。このほかに太郎くんの家から公園に行く道が2通りあります。さて、太郎くんの家から公園までは何通りの行き方があるでしょう？──図6-10のような絵を描けば答えはわかるのですが、ここは計算で求めてみましょう。

図6-10　太郎くんの家から公園までの行き方

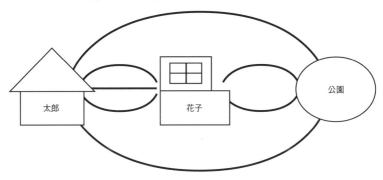

積の法則

2つの事象AとBがあって、Aの起こり方がa通りあり、それぞれについてBの起こり方がb通りあるときの場合の数は

　　a×b通り

という掛け算で求めることができます。この例では太郎くんの家から花子さんの家までは3通りの道があり、それぞれに対して花子さんの家から公園まで行く行き方が2通りあるのですから、

　　3×2 = 6通り

太郎くんの家から花子さんの家を経由して公園まで行く道は6通りです。

和の法則

2つの事象AとBがあって、AとBはどちらかしか起こらないとします。Aの起こり方がa通り、Bの起こり方がb通りあるとき、AまたはBのどちらかが起こる場合の数は

　　a + b通り

という足し算で求めることができます。公園への行き方の例では、

事象A　太郎くんの家から花子さんの家を経由して公園に行く行き
　　　　方が6通り
事象B　太郎くんの家から直接公園に行く道が2通り

という2つの事象があります。事象Aと事象Bはどちらか片方しか起こら
ないので、事象は全部で

6 + 2 = 8通り

となり、太郎くんの家から公園までの行き方は全部で8通りになります。
図6-10で数えた行き方と同じになりましたね。

Try Python 集合の要素数

　1から10までの自然数の中で「2の倍数」または「3の倍数」はいくつあ
るでしょう？──この章の「1.2　いろいろな集合」で説明した演算を使え
ば、簡単に求められますね。

```
>>> A = {2, 4, 6, 8, 10}     ←集合Aを定義
>>> B = {3, 6, 9}            ←集合Bを定義
>>> len(A | B)              ←和集合（AまたはB）の要素数
7                           ←表示された結果
```

　場合の数は、確率を求めるときに必要な値です。図や一覧表を描いたり、
積の法則や和の法則、場合によっては集合の要素数も利用して、全体でど
れだけの数があるか正しく把握できるようになりましょう。

2.3　順列

　「1」「2」「3」の3つの数字で作れる3桁の数字はいくつありますか？ た
だし、同じ数字は使えないものとします──。この問題は図6-11のような
図を描いてみると簡単に解くことができます。木の枝が伸びていくような
形から、この図を**樹形図**(* 6)と言います。

図6-11　樹形図

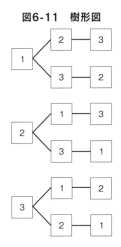

　では、「1」「2」「3」「4」「5」の数字で作れる3桁の数字はいくつありますか？　ただし、同じ数字は使えないものとします。——こんな問題が出されたらどうしますか？　図6-12のように一覧表を描いてもよいのですが、手間がかかりますね。

図6-12　1〜5の数字をそれぞれ1回だけ使って作れる3桁の数字

123	213	312	412	512
124	214	314	413	513
125	215	314	413	514
132	231	321	421	521
134	234	324	423	523
135	235	325	425	524
142	241	341	431	531
143	243	342	432	532
145	245	345	435	534
152	251	351	451	541
153	253	352	452	542
154	254	354	453	543

　この問題は「1〜5の数字をそれぞれ1回だけ使って、3桁の数字がいくつ作れるか」という問題です。ひと桁ずつ考えていきましょう。まず、100の位に入るのは1〜5までの「5通り」です。問題の中に「同じ数字は使え

ない」とあるので、10の位に入る数字は100の位に使った数字を除く「4通り」、1の位に入るのは100の位と10の位で使った数字を除く「3通り」です。これらの事象は同時に起こることなので、積の法則を使うと

  5×4×3 = 60通り

ということになります。このように順番を考えて並べることを、数学の世界では**順列**と言い、

  $_5P_3$

のように表します。Pはpermutation（順列）の頭文字を取ったものです。nPrと書いたときは「n個からr個を選んで順番に並べるときの場合の数」という意味になり、

  $nPr = n×(n-1)×(n-2)×(n-3)× ...×(n-r+1)$ ……式①

で計算することができます（図6-13）。

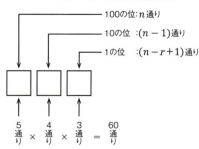

図6-13　順列の計算方法

---

* 6　樹形図は「漏れなく」、「重複なく」描くことが重要です。この例のように数字を使った問題であれば、小さい数字から順に並べていくと漏れや重複を防ぐことができます。そのほかの場合でも、自分なりに順番を決めて並べていくとよいでしょう。

Try Python 順列を求めるプログラム

 順列や組み合わせはitertoolsモジュール（* 7）の関数を使って求めることができます。たとえば、1〜5の数字を使ってできる3桁の数字は、次の手順で調べることができます。

```
>>> import itertools
>>> num = {1, 2, 3, 4, 5}      ←データを定義
>>> A = set(itertools.permutations(num, 3))
                               ← num の中から 3 個を選ぶ順列で集合を生成
>>> len(A)                     ← A の要素数を調べる
60                             ←表示された結果
>>> for a in A:                ← A の全要素にアクセスするループ
...     print(a)               ←要素を画面に出力
...
(1, 2, 3)                      ←以下、表示された結果
(1, 2, 4)
(1, 2, 5)
  〜中略〜
(5, 4, 1)
(5, 4, 2)
(5, 4, 3)
```

　ここでは、2行目でデータを定義しています。この例では集合を使いましたが、リストやタプルでも同様に使えます。この中から3つを選んで順番に並べる場合の数は、

　　　　itertools.permutations(num, 3)

で調べられます。1つめの引数にはデータを定義した集合を指定してください。その中からいくつ選ぶかを2番目の引数で指定します。なお、permutations()関数の結果は、イテレータオブジェクトという特別な形式になります。各要素に簡単にアクセスできるように、上の例では

　　　　A = set(itertools.permutations(num, 3))

のように結果を集合に変換してAに代入しました。これでlen()関数を使って要素数も調べられます。ページの都合上、結果は途中で省略しましたが、60通りの数字の並びが画面に表示されます。

＊7　Python の標準ライブラリです。効率的にループ処理を実行するための関数が定義されています。

2.4 階乗

「1」「2」「3」「4」「5」の5つの数字を使ってできる5桁の数字はいくつありますか? ただし、同じ数字は使えないものとします。──5個から5個を選んで順番に並べるのですから、前項の式①を使って

$$_5P_5 = 5×4×3×2×1 = 120通り$$

です。計算式の部分に注目してください。1から5までの掛け算になっていますね。

1からnまでの自然数を掛け合わせたものを、数学の世界では**階乗**と言い、

$$n! = n×(n-1)×(n-2)×・・・×3×2×1$$

で表します。5の階乗であれば「5×4×3×2×1」です。つまり、式①のnとrが等しいとき、順列の場合の数は

$$_nP_n = n×(n-1)×(n-2)×・・・×3×2×1 = n!$$

といったように階乗で表すことができます。

ここで階乗を使って計算できる、おもしろい順列を紹介しましょう。「n人が円卓を囲むとき、座り方は何通りありますか?」というのが問題です。たとえば、A、B、C、D、Eの5人を一列に並べる順番は、

$$_5P_5 = 5×4×3×2×1 = 120通り$$

あります。しかし、円卓ですから座る場所が変わっても図6-14はすべて同じ並び順ですね。

図6-14　円卓に座る順番

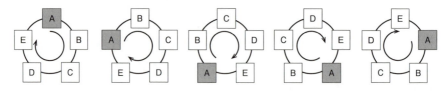

今度はAさんの座る位置を固定しましょう。そうすれば残りの4人の並び方を考えればいいことになります (図6-15)。

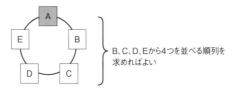

図6-15　Aさんの位置を固定すると……

　このような順列を「円順列」と言い、場合の数は

$$(n-1)!$$

で求めることができます。また、左回りと右回りを区別しない方法を「じゅず順列」と言い、場合の数は

$$\frac{(n-1)!}{2}$$

で求めることができます。

Try Python 階乗の計算はfactorial()関数で

　itertoolsモジュールのpermutations()関数を使うと、5の階乗は

```
>>> num = {1, 2, 3, 4, 5}          ←データを定義
>>> A = set(itertools.permutations(num, 5))   ← numの中から5個を選ぶ順列
>>> len(A)                         ←Aの要素数
120                                ←表示された結果
```

で求められますが、これは5個から5個を選ぶ順列の場合の数を求める方法であって、階乗を計算するのとは少し意味が違います。

　Pythonで階乗を計算するときは、mathモジュールのfactorial()関数を使いましょう。

```
>>> import math
>>> math.factorial(5)    ←5の階乗を求める
120                      ←表示された結果
```

2.5 重複順列

「1」「2」「3」「4」「5」の数字で作れる3桁の数字はいくつありますか？今度は同じ数字も使えるものとします。――111、112、113……と順番に書いていくのは大変そうですね。

この問題のように、同じものを使ってもよいという条件のもとで順番に並べることを**重複順列**[*8]と言い、

$$n\Pi r = n^r$$

で場合の数を計算できます（図6-16）。

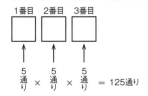

図6-16　重複順列の計算方法

---

*8　本書では紹介しませんでしたが、集合の世界では重複順列を求めることを「直積演算」と言います。集合のすべての要素を掛け合わせる演算です。

Try Python 重複順列をプログラムで求める

重複順列の場合の数は、itertoolsモジュールのproduct()関数を使って調べることができます。

```
>>> num = {1, 2, 3, 4, 5}        ←データを定義
>>> A = set(itertools.product(num, num, num))  ←numの中から3個を選ぶ重複順列
>>> len(A)                       ←Aの要素数
125                              ←表示された結果
>>> for a in A:
...     print(a)                 ←要素を画面に出力
...
(1, 1, 1)                        ←以下、表示された結果
(1, 1, 2)
(1, 1, 3)
```

```
　～中略～
(5, 5, 3)
(5, 5, 4)
(5, 5, 5)
```

　product()関数を使って重複順列の場合の数を調べるときは、引数に注意してください。1～5の数字を使って3桁の数字を作るとき、場合の数は$_5\Pi_3 = 5^3$で求めることができます。定義したデータを3回掛け合わせるには、引数が3つ必要です。

2.6 組み合わせ

　「1」「2」「3」「4」「5」の中から3つの数字を選んでください。選び方はいくつありますか？──数字の並べ方は考えずに、5つの中から3つを選ぶ方法は何通りあるかを調べる問題です。このように順番を考慮せずに、選び方だけを重視するものを**組み合わせ**と言います。数学では

$$_5C_3$$

のように表します。Cはcombination（組み合わせ）の頭文字で、nCrと書いたときは「n個から順番を考慮せずにr個を取り出すときの場合の数」という意味になり、

$$nCr = \frac{nPr}{r!} \qquad \cdots\cdots式②$$

で計算することができます。分子の「nPr」は、n個からr個を選ぶ順列、分母の「$r!$」は選んだr個を順番に並べる方法[*9]で、順列から並べ替えの要素を取り除くためのものです。図6-17を見ながら、計算の意味を考えましょう。

図6-17　1～5の中から3つを選ぶ順列

1,2,3	1,3,2	2,1,3	2,3,1	3,1,2	3,2,1	← 数字が同じで並び順が異なる
1,2,4	1,4,2	2,1,4	2,4,1	4,1,2	4,2,1
1,2,5	1,5,2	2,1,5	2,5,1	5,1,2	5,2,1
1,3,4	1,4,3	3,1,4	3,4,1	4,1,3	4,3,1
1,3,5	1,5,3	3,1,5	3,5,1	5,1,3	5,3,1
1,4,5	1,5,4	4,1,5	4,5,1	5,1,4	5,4,1
2,3,4	2,4,3	3,2,4	3,4,2	4,2,3	4,3,2
2,3,5	2,5,3	3,2,5	3,5,2	5,2,3	5,3,2
2,4,5	2,5,4	4,2,5	4,5,2	5,2,4	5,4,2
3,4,5	3,5,4	4,3,5	4,5,3	5,3,4	5,4,3

5個から3個を選ぶ組み合わせ

図6-17は、5個から3個を選ぶ順列をすべて書き出したものです。全部で

$$_5P_3 = 5×4×3 = 60通り$$

あります。しかし、選んだものの順番を考慮しないのが組み合わせです。図6-17であれば、色を塗った部分の組み合わせはすべて「1」「2」「3」が使われていて並び順が違うだけですから、これを1通りと考えなければなりません。選んだ3個をどのような順番で並べるか、その方法は

$$3! ＝ 3×2×1 ＝ 6通り$$

です。つまり、「5個から3個を選んだとき、それぞれの組み合わせにつき6通りずつ並べ方がある」ことになります。これを式で表すと、

$$_5C_3 ×3! = _5P_3$$

この式を変形すると、

$$_5C_3 = \frac{_5P_3}{3!} = \frac{60}{6} = 10$$

となり、答えは10通りです。

＊9　この章の「2.4　階乗」を参照してください。

Try Python 何通りの組み合わせがあるか求める

　組み合わせが何通りかを調べるときは、itertoolsモジュールのcombinations()

関数を使います。1～5のうち、3個の数字を選んだ場合は以下のようにな
ります。

```
>>> num = {1, 2, 3, 4, 5}      ←データを定義
>>> A = set(itertools.combinations(num, 3)) ← numの中から3個を選ぶ組み合わせ
>>> len(A)                     ←組み合わせが何通りあるかを確認
10                             ←表示された結果
>>> for a in A:
...     print(a)               ←要素を画面に出力
...
(2, 3, 5)                      ←以下、表示された結果
(1, 2, 3)
(1, 3, 5)
(1, 4, 5)
(1, 2, 4)
(1, 3, 4)
(2, 4, 5)
(3, 4, 5)
(2, 3, 4)
(1, 2, 5)
```

　この章の「2.1　場合の数」で、2つのサイコロを振ったとき、目の出方に
は21通りある、という話をしました。そのときは図6-9で目の出方を確認
しましたが、これを計算で求めてみましょう。

　まず、2つのサイコロの目が異なる数字になる組み合わせを考えましょ
う。これは「1」「2」「3」「4」「5」「6」の6つの数字の中から2個を選ぶ組み
合わせですから$_6C_2$で求められます。

```
>>> dice = {1, 2, 3, 4, 5, 6}      ←サイコロの目を定義
>>> A = set(itertools.combinations(dice, 2)) ← diceから2個を選ぶ組み合わせ
>>> len(A)                         ←組み合わせが何通りあるか
15                                 ←表示された結果
```

　また、2つのサイコロの目が同じになるのは「1, 1」「2, 2」「3, 3」「4, 4」「5,
5」「6, 6」の6通りです。これらの2つの事象は同時に起こることがないので、

和の法則を使うと

15＋6＝21通り

です。

3 確率

　機械学習という言葉を聞いたことはありますか？ 機械学習とは、大量の
データを使って反復的に学習することによって、何らかの特徴を見つけ出
す技術です。インターネットのショッピングサイトで表示される「あなた
におすすめの商品」や、看板等に書かれた文字をカメラで撮影するだけで
翻訳してくれるアプリなど、機械学習技術は私たちの身近なところでたく
さん使われています。もしも機械学習に興味があるのなら「確率」や「乱数」
もしっかり学んでおきましょう。機械学習では必須の知識です。

3.1 確率の求め方

　サイコロを振ったときに「1」が出る確率は$\frac{1}{6}$、明日の降水確率は20%。宝
くじで1等が当たる確率は……？

　確率という言葉は日常生活でもよく使いますが、数学の世界では「ある
試行を行ったとき、その結果として起こりうるすべての事象のうち、特定
の事象になる割合」を**確率**と言います。試行とは「サイコロを振る」、「コイ
ンを投げ上げる」のように、同じ条件で何度も繰り返すことができて、そ
の結果が偶然に左右されるもので、事象とは「1の目が出る」や「表が出る」
など、試行の結果として起こる出来事です。つまり、サイコロを振ったとき
に1の目が出ることを事象Aとすると、事象Aが起こる確率pは

$$p = \frac{事象 \mathbf{A} が起こる場合の数　（a）}{すべての事象の場合の数　（N）} \qquad ……式③$$

で求めることができます。確率を表す記号には「p」がよく利用されますが、

これはprobability（確率）の頭文字です。

さて、式③で計算すると、サイコロを振ったときに1の目が出る確率は$\frac{1}{6}$ですが、これは「何度も試行を繰り返していくと、最終的に1の目が出る確率はおよそ$\frac{1}{6}$になる」という意味です。6回サイコロを振ったら必ず1が出るということではないので注意してください。

また、確率pの範囲は、必ず

$0 \leqq p \leqq 1$

になります。もしも$p = 0$であれば、その事象が起こる可能性がないことを表しています。逆に$p = 1$であれば、その事象は必ず起こるということです。

Try Python 確率を計算してみよう

サイコロを何回も振ったら、最終的に1の目が出る確率は$\frac{1}{6}$になる――。本当かどうか、確かめてみましょう。

リスト6-1は、サイコロをn回振ったときに1が出る確率を調べるプログラムです。サイコロを振る代わりに**乱数**を使いました。乱数については第7章で改めて説明するので、今は「コンピュータの世界では、サイコロを振る代わりに乱数を使うんだな」ということだけ覚えてください。このプログラムを実行すると、確率は「0.16666」（＝$\frac{1}{6}$）に近い値になるはずです。

リスト6-1　1の目が出る確率

```
 1. import random
 2.
 3. # サイコロを振る
 4. cnt= 0  # 1が出た回数
 5. for i in range(10000):
 6.     dice = random.randint(1, 6)
 7.     if dice == 1:
 8.         cnt += 1
 9.
10. # 確率を求める
```

←①

```
11.  p = cnt / 10000
12.  print(p)
```

①のforループにより、以下の処理を10,000回繰り返すようにしています。まず、サイコロを振る代わりに

　　　dice = random.randint(1, 6)

を実行することで、1〜6までの整数のうち、どれか1つをランダムに選びます(＊10)。この値が1のときにcntに1を足すと、1が出た回数を数えることができます。ループを終了したあとの

　　　p＝cnt / 10000

で、1が出た回数を試行回数で割って確率を求めています(＊11)。なお、結果はリスト6-1を実行するたびに微妙に変わります。理由はrandint()関数が選ぶ値が毎回変わるからです。実世界でサイコロを振るのと同じですね。

すべての目について確率を求めると?

さて、サイコロに細工がない限り、どの目も$\frac{1}{6}$の確率で出るはずです。ということは、サイコロを振ったときに起こり得るすべての事象、言い換えると「1」「2」「3」「4」「5」「6」のいずれかの目が出る確率をすべて足せば、

$$\frac{1}{6}+\frac{1}{6}+\frac{1}{6}+\frac{1}{6}+\frac{1}{6}+\frac{1}{6}=1$$

ですから、必ず1になるはずですね。リスト6-2は、これを確認するプログラムです。

リスト6-2　すべての事象が起こる確率

```
1.  import random
2.
3.  # サイコロを振る
4.  hist = [0] * 7
5.  for i in range(10000):
6.      dice = random.randint(1, 6)
7.      hist[dice] += 1
```

```
 8.
 9.  # 確率を求める
10.  p = [0] * 7
11.  for i in range(1, 7):
12.      p[i] = hist[i] / 10000
13.      print(i, p[i])
14.
15.  # 確率を合計
16.  print('------------------\n' + str(sum(p)))
```

2行目の

    hist = [0] * 7

で、[0, 0, 0 ,0, 0, 0, 0]というリストを作成しました。先頭の要素は使わず
に、hist[1]は1が出た回数、hist[2]は2が出た回数……を数えるために使い
ます。同様にpにはそれぞれの数字が出た確率を代入します。最後に

    sum(p)

を実行すると、すべての事象の確率を合計できます。実行結果は「1.0」に
限りなく近い値(＊12)になります(図6-18)。

図6-18　リスト6-2実行結果

```
1 0.1644
2 0.1688
3 0.1652
4 0.163
5 0.1683
6 0.1703
------------------
1.0
```

＊10　この値が「乱数」です。

＊11　Python の環境によって、整数どうしの計算の答えが整数になる場合があります。
　　　答えが「0」になったときは、「10000.0」で割り算してください。

＊12　実数を使った計算には、必ず誤差が含まれます。第1章「5.4　避けられない実数誤差」
　　　を参照してください。

3.2 数学的確率と統計的確率

　サイコロを振って1の目が出る確率は$\frac{1}{6}$、コインを投げ上げたとき表が上面になる確率は$\frac{1}{2}$——。サイコロやコインがよっぽど変形していない限り、それぞれの事象はほぼ同じ程度で発生することが予想されます。これを数学の世界では「同様に確からしい」と表現し、ある事象Aが起こる確率pを**数学的確率**と言います。

　では、「今日、正午から午後6時までの降水確率」はどうでしょう？　雨が降る確率は、その日の気象条件で変わりますね。降水確率は過去のデータをもとに計算した値であり、データ数が増えれば変化する可能性のある値です。このような値を**統計的確率**と言います。確率の計算方法はどちらも同じですが、統計的確率の場合は

$$p = \frac{\text{過去に事象 A が起こった回数（a）}}{\text{過去のデータ数（N）}}$$

のような意味になります。前項「3.1　確率の求め方」の式③との違いを覚えておきましょう。

3.3 積の法則と和の法則

　7本のうち当たりが2本入っているくじがあります。今、あなたのほかに2人いるとしましょう。3人で1本ずつくじを引くとき、あなたなら何番目に引きますか？——当然、当たる確率が最も高いところで引きたいですよね。ところが、このくじは最初に引いても最後に引いても、そして2番目に引いても当たる確率は同じなのです。図6-19を見ながら、それぞれの確率を計算してみましょう。

図6-19　くじの引き方

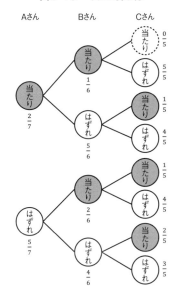

　Aさん、Bさん、Cさんの順番にくじを1本ずつ引くとき、Aさんが当たる確率は$\frac{2}{7}$で問題ありませんね。2番目に引くBさんの確率は、Aさんが当たりを引いたかどうかで変わります。Aさんが当たりを引くと、残りの6本のうち当たりは1本ですからBさんが当たる確率は$\frac{1}{6}$、Aさんがはずれたときは当たりが2本残っているので$\frac{2}{6}$です。しかし、この数値は残りくじの中に当たりがどれだけあるかを見ているだけです。本当の確率を求めるには、Aさんの結果を考慮しなくてはいけません。

　Aさんが当たって、Bさんも当たるという場面は同時に起こる事象です。そこで、積の法則を使って

$$\frac{2}{7} \times \frac{1}{6} = \frac{2}{42}$$

がAさんとBさんの両方が当たりを引く確率です。同じように考えると、AさんがはずれてBさんが当たりを引く確率は

$$\frac{5}{7} \times \frac{2}{6} = \frac{10}{42}$$

です。この2つの事象は同時に起こることがないので、今度は和の法則を

利用すると

$$\frac{2}{42} + \frac{10}{42} = \frac{12}{42} = \frac{2}{7}$$

これが2番目にくじを引くBさんの当たる確率です。最初にくじを引くA さんと同じ確率になりましたね。

　同じようにCさんが当たる確率を計算してみましょう。細かい計算は省略しますが、結果はやはり$\frac{2}{7}$になります。つまり、どの順番で引いても当たる確率は同じなのです。

Try Python 3番目にくじを引く人が当たる確率を求める

　fractionsモジュール（＊13）のFractionクラスを利用すると、Pythonで分数の計算ができます。たとえば、$\frac{1}{6}$はFractionクラスを使うと、次のように表せます。

```
>>> from fractions import Fraction
>>> Fraction(1, 6)          ←分子 1、分母 6 の分数を指定

Fraction(1,6)               ←表示された結果（1/6と同じ意味）
```

　これを使って、本当に3番目にくじを引く人が当たる確率も$\frac{2}{7}$なのかどうか確認してみましょう。図6-19を見ながらCさんが当たりを引く3つの事象の確率を計算してください。3つの事象は同時に起こることがないので求めた確率を合計すると、その値が3番目の人が当たりを引く確率になります。

```
>>> x = Fraction(2, 7) * Fraction(5, 6) * Fraction(1, 5)
                  ←事象 X（A 当たり→B はずれ→C 当たり）
>>> y = Fraction(5, 7) * Fraction(2, 6) * Fraction(1, 5)
                  ←事象 Y（A はずれ→B 当たり→C 当たり）
>>> z = Fraction(5, 7) * Fraction(4, 6) * Fraction(2, 5)
                  ←事象 Z（A はずれ→B はずれ→C 当たり）
>>> p = x + y + z      ←X、Y、Z のいずれかが起こる確率
```

240

```
>>> p
Fraction(2, 7)                    ←表示された結果 ($\frac{2}{7}$)
```

＊13　Pythonの標準ライブラリで、有理数計算が定義されています。

3.4 モンテカルロ法

　最後に確率を使った、ちょっとおもしろい計算を紹介しましょう。「モンテカルロ」はモナコにあるカジノで有名な地区の名前です。カジノと言えば確率——というのは飛躍しすぎかもしれませんが、「モンテカルロ法」は確率を使って、確率とはまったく関係のない問題を解く手法です。例題として最もポピュラーなのは、円周率を求める問題です。

　図6-20は半径が50の円と、それに外接する正方形です。円の半径が50ですから、正方形の1辺は100（＝50×2）ですね。この中にランダムに点を打っていくと円周率が求められるのですが、なぜだかわかりますか？

図6-20　円とそれに外接する四角形

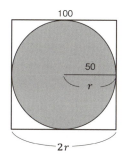

　円の面積はπr^2、この円に外接する正方形の面積は$4r^2$（＝ $2r\times 2r$）、つまり、図6-20の四角形の中にランダムに点を打ったとき、その点が円の中に入る確率pは

$$p = \frac{\text{円の面積}}{\text{正方形の面積}} = \frac{\pi r^2}{4r^2} = \frac{\pi}{4}$$

となります。さらにこの式を変形すると、

$$\pi = 4p$$

となり、円周率を求めることができるのです。

Try Python モンテカルロ法で円周率を計算しよう

リスト6-3は、円とそれに外接する正方形の面積を使って円周率を求めるプログラムです。図6-21に実行例を示します。

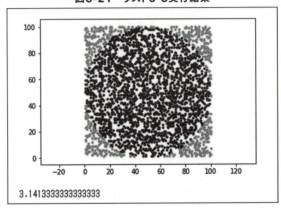

図6-21　リスト6-3実行結果

リスト6-3　円周率を求める

```
1.  %matplotlib inline
2.  import matplotlib.pyplot as plt
3.  import random
4.  import math
5.
6.  # 点を描画
7.  cnt = 0
8.  for i in range(3000):
9.      x = random.randint(1, 100)       ┐←①
10.     y = random.randint(1, 100)       ┘
11.     d = math.sqrt((x-50)**2 + (y-50)**2)      # 中心と点との距離
```

```
12.     if (d <= 50 ):
13.         cnt += 1                                    # 円内の点を数える
14.         plt.scatter(x, y, marker='.', c='r')        # 赤色の点を描画
15.     else:
16.         plt.scatter(x, y, marker='.', c='g')        # 緑色の点を描画
17. plt.axis('equal')
18. plt.show()
19.
20. # 円周率を求める
21. p = cnt / 3000                                      # 点が円の中にある確率
22. pi = p * 4                                          # 円周率
23. print(pi)
```

①はどこに点を打つか、その位置を決める処理です。リスト6-3ではrandint()関数を使って1〜100の中からランダムに選んだ値を使いました。描画領域の中心を(50, 50)と考えると、描画した点と中心との距離d(*14)は三平方の定理を使って

　　d = math.sqrt((x-50)**2 + (y-50)**2)

で求められます（図6-22）。

図6-22　円の中心と点の距離

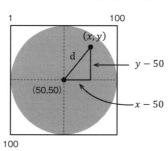

ここで求めた距離が50以下であれば円の中に入っていることになるので、cntを1増やします。

すべての点を描画し終えたら、cntを試行回数で割って確率を求めてください。これを4倍した値が円周率になります。試行回数が多いほど精度

は上がりますが、結果が出るまでの時間も長くなります。リスト6-3から描画処理をコメントアウトすると、点の描画処理を省略して高速に処理できるので、ぜひ精度の高い計算も試してみてください。

＊14　第3章「5.2　2点間の距離」を参照してください。

第7章
統計と乱数

　今日、正午から午後6時までの降水確率は30%——。第6章の「3 確率」でも触れましたが、降水確率は過去のデータをもとに算出した値です。もっと簡単に言えば、「今日と同じような気象条件のとき、過去に雨が降った実績がこれくらいの割合であるから、おそらく今日もそうなるだろう」という値です。このように過去のデータを分析して、何らかの意味や傾向、法則を数量的に導きだすのが「統計」です。今注目のビッグデータも、そこから何かを読み取るには統計の知識が必要です。

1 統計とは

　数学のテストで75点を取った。平均点が70点だから、成績は上の方だよね！——と自慢したくなる気持ちはわかりますが、ちょっと待ってください。その認識、正しくないかもしれないのです。理由はこのあと説明しますが、統計データを見るときは、必ず基になったデータにも注目しましょう。全体を見ずに与えられた数字だけを見ていると、間違った判断をすることにもなりかねません。正しいデータでも使い方によってはウソをつくことができる——それが統計です。

1.1　母集団と標本

　20代日本人男性の平均身長を求めるには、どうすればよいと思いますか？ 2018年12月時点で、20代日本人男性の人口はおよそ609万人[*1]です。その全員の身長を調べれば正確な値を計算できますが、それは無理な話ですね。普通は一部の20代日本人男性の身長を測って、その値から求めた平均値を20代日本人男性の平均身長として使います（図7-1）。

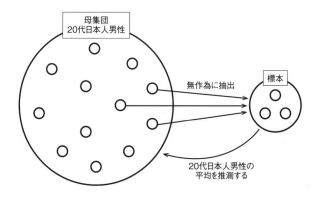

図7-1　母集団と標本

　統計学の世界では、本当に調べたい集団全体のことを**母集団**と呼びます。しかし、集団が大きすぎて全体を調べることができない場合は、その中から一部を無作為に選んで[*2]、それを母集団の推測に使います。この無作為

に選んだ集団のことを**標本**と言い、標本から母集団を推測することを研究する領域を**推測統計学**と言います。大きな集団を使って何かを調べるときは、母集団と標本の違いを十分に理解しておく必要があります。

　ただ、先ほど例に挙げたテストの点数のように、全データを使って調査できる場合は、わざわざ標本を抽出する必要はありません。この章ではいろいろな計算を行いますが、特に断りがない限り母集団を対象[3]にしています。

＊1　http://www.stat.go.jp/data/jinsui/pdf/201812.pdf（総務省統計局「人口推計平成30年12月報」）

＊2　無作為に選ぶ方法は、このあとの「5　ランダムに値を選ぶ」を参照してください。

＊3　母集団を使った計算は「n法」、標本を使った計算は「n-1法」と呼ぶことがあります。nはデータ数です。

Try Python CSVファイルを読み込む

　本書では図7-2に示すようなCSV形式[4]で学習用のサンプルデータを提供します。先頭行は日本語の列見出し、2行目以降がデータです。Pandasパッケージ[5]のread_csv()関数を使って、このファイルからデータを読み込む方法を紹介しましょう。データの区切りがタブの場合は、read_csv()関数の代わりにread_table()関数を使用してください。

図7-2　score.csvの内容

```
数学,理科
75,60
30,85
50,55
85,70
45,60

(中略)

85,80
50,65
90,85
85,90
95,80
```

リスト7-1　CSVファイルの読み込み

```
1. import pandas as pd
2.
3. # score.csv の読み込み
4. dat = pd.read_csv('score.csv', encoding='SHIFT-JIS')
5. dat.head()          # 内容を確認
```

　read_csv()関数の最初の引数はファイル名です。プログラムとは別の
フォルダ、たとえばデスクトップフォルダにCSVファイルがある場合は、
「'C:¥¥Users¥¥ユーザー名¥¥Desktop¥¥score.csv'」のようにパスを指定
してください。フォルダの区切りは「¥¥」(*6)です。2番目の引数は文字
のエンコード方式(*7)です。日本語で書かれた列見出しを読み込むために、
SHIFT-JISを指定してください。

　read_csv()関数はファイル内の全データを一度に読み込んで、変数に代
入します。dat.head()を実行すると、図7-3のように先頭から5個分のデー
タを確認できます。

図7-3　リスト7-1実行結果

	数学	理科
0	75	60
1	30	85
2	50	55
3	85	70
4	45	60

　データを個別に参照するときは、

　　dat['数学'][0]

のように指定してください。この場合は、数学の1番目のデータを指定し
ています

　　dat['数学']

にすると、数学の全データを参照できます。

248

* 4　データの区切りにカンマ（,）やタブを使用したテキスト形式のファイルです。Excel などで編集できます。
* 5　データ解析用のライブラリです。Anaconda に付属しています。
* 6　MacOS の場合、ディレクトリの区切りはスラッシュ（/）になります。
* 7　文字の扱い方は、第1章「6.1　コンピュータは文字をどう扱うか」を参照してください。

1.2　データのばらつき具合を見る

　図7-4の棒グラフは、2018年12月時点での日本人人口[*8]を10歳間隔で表したものです。これを統計の世界では**度数分布図**または**ヒストグラム**と言います。度数分布図の**分布**とは、「ばらつき状態」という意味です。つまり度数分布図とは、データのばらつき具合がひと目でわかる図のことです。また、データのばらつきの様子をなだらかな曲線で表したものを**分布曲線**と言います。

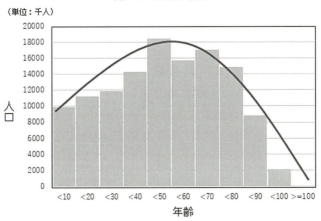

図7-4　度数分布図

　度数分布図は図7-5に示すように、いろいろな形になり得ます。

図7-5　集団の形

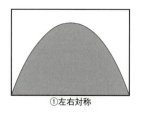
①左右対称

②一定

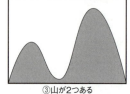
③山が2つある

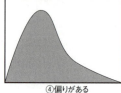
④偏りがある

⑤山が途中で切れている

　①のように山の形が左右対称になっている分布は、**正規分布**と呼ばれています。年齢別の身長や体重、桜の開花日や梅雨入りの日、工場で生産されるおにぎりや工業製品の長さや重さなど、私たちの周囲にある多くのものが、この分布になることが知られています。②は**一様分布**です。サイコロを何百回も振ったときの目の出方は、このような分布になります。

　集団の特徴を分析するときは、度数分布図の形が重要です。①や②のような形をしている場合は平均値にも意味がありますが、③、④、⑤のように山の形に偏りがあるときは要注意です。平均値だけを見ていても、それが集団の一般的な値とは限らないことを覚えておきましょう。

＊8　http://www.stat.go.jp/data/jinsui/pdf/201812.pdf（総務省統計局「人口推計平成30年12月報」）

1.3　平均値、中央値、最頻値

　平均値、中央値、最頻値など、集団の傾向を見るときに使う値を**代表値**と言います。集団の形によって、これらの3つの値は同じような値になる場合もあれば、まったく違う値になることもあります（図7-6）。

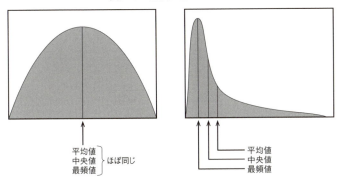

図7-6　集団の形と代表値

平均値

「平均に均す」という言葉のとおり、すべてのデータを合計して、その値をデータ数で割った値が平均値です。

$$平均値 = \frac{すべてのデータの合計}{データ数}$$

集団の中の一般的な値と解釈されがちな平均値ですが、それは図7-5の①や②のように集団を形成するデータに偏りがないことが前提です。③、④、⑤のような形をしているとき、平均値は値を均一にならしたものでありますが、集団の一般的な値とは言えません。

また、平均値は極端な値にも大きく作用されます。ためしに「1、2、3、4、5」と「1、2、1、2、9」の平均を求めてみましょう。

```
>>> (1+2+3+4+5) / 5    ←「1、2、3、4、5」の平均
3.0                     ←表示された結果
>>> (1+2+1+2+9) / 5    ←「1、2、1、2、9」の平均
3.0                     ←表示された結果
```

どちらも答えは「3」ですが、後者は明らかに「9」の影響を受けていますね。極端な値の影響をなくすために、フィギュアスケートや体操などの採点競技では、審判員が付けた点数の中から最も点数が低いものと高いものを除いた残りのデータの平均を使って得点を計算するといったことをしています。

中央値

データを小さい順に並べたときに、順番的に真ん中にくる値が**中央値**です。**中間値**や**中位数**と呼ぶこともあります。データ数（N）が奇数のときは$\frac{N+1}{2}$番目、偶数のときは$\frac{N}{2}$番目と$\frac{N}{2}+1$番目の値を足して2で割った値が中央値になります（図7-7）。

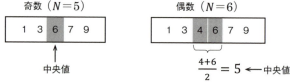

図7-7　中央値の求め方

集団の形が正規分布や一様分布のとき、平均値と中央値はほぼ同じ値になります。図7-6右のように偏りがある場合は、平均値よりも中央値のほうが集団を表す値としてふさわしいこともあります。

最頻値

集団の中で、度数がもっとも大きな値です。**モード**と呼ぶこともあります。既製服を作る場合は、平均値よりも**最頻値**を利用した方が、より多くの人にフィットする製品を作ることができます。

Try Python 平均値、中央値、最頻値を求めるプログラム

すべてのデータを足してデータの個数で割るだけですから、平均値を求めるプログラムは問題なく作れそうですね。手間がかかるのは中央値と最頻値です。中央値はデータを小さい順に並べ替える必要がありますし、最頻値はデータの範囲ごとに個数を数えなければなりません。

しかし、Pythonであれば平均値はNumPyのmean()関数、中央値はmedian()関数で求められます。最頻値だけは関数が用意されていないので、少しだけ工夫しましょう。リスト7-2を実行すると平均値、中央値、最頻値は次のようになります。

　　　平均値…70.0

中央値…85.0

最頻値…95

リスト7-2　平均値、中央値、最頻値を求める

```
1. import pandas as pd
2. import numpy as np
3.
4. # score.csv の読み込み
5. dat = pd.read_csv('score.csv', encoding='SHIFT-JIS')
6.
7. # 平均値、中央値
8. print('平均値', np.mean(dat['数学']))
9. print('中央値', np.median(dat['数学']))
10.
11. # 最頻値
12. bincnt = np.bincount(dat['数学'])     # 同じ値の個数を数える
13. mode = np.argmax(bincnt)     # bincnt の中で最も大きな値を取得
14. print('最頻値', mode)
```

コラム NumPyとstatisticsモジュール

　Pythonの標準モジュールであるstatisticsモジュールには、平均値や中央値、標準偏差など、統計計算用の関数が定義されています。最頻値を求めるmode()関数もあるのですが、この関数は同じ度数が複数個あるとエラーを返してきます。また、この章の後半で説明する共分散や相関係数はstatisticsモジュールの関数だけでは求められません。これらの理由から、この章ではサンプルプログラムにNumPyを使用しています。

1.4 度数分布図

　繰り返しになりますが、集団の特徴を分析するときはデータがどのように分布しているかがとても重要です。それをひと目で把握できるのが度数分布図でしたね。作り方はとても簡単で、

　　　①データの取り得る範囲を等間隔に分ける

　　　（これを**階級**と言います）

　　　②各階級に含まれるデータ数を数える（これを**度数**と言います）

　　　③横軸に階級、縦軸に度数をとって棒グラフを作成する

という手順で作ります。

　表7-1は数学の得点が0〜9点、10〜19点、20〜29点のように該当するデータ数を数えたものです。この表を「度数分布表」と言います。これを使って棒グラフを描くと、度数分布図になります。

表7-1　度数分布表

階級（点数）	度数（人数）
0〜9	0
10〜19	1
20〜29	2
30〜39	3
40〜49	4
50〜59	5
60〜69	3
70〜79	1
80〜89	5
90〜100	16

Try Python プログラムで度数分布図を作る

　matplotlib.pyplotモジュールを使って、数学のテストの度数分布図を描画しましょう。hist()関数を使う方法[*9]もありますが、ここでは各階級に含まれる度数を調べる方法と、それを使って棒グラフを描画する方法を紹介します（リスト7-3）。

リスト7-3　度数分布図を描画する

```python
1.  %matplotlib inline
2.  import matplotlib.pyplot as plt
3.  import pandas as pd
4.
5.  # score.csv の読み込み
6.  dat = pd.read_csv('score.csv', encoding='SHIFT-JIS')
7.
8.  # 各階級に含まれる度数を数える
9.  hist = [0]*10        # 度数（要素数 10、0 で初期化）
10. for dat in dat['数学']:
11.     if dat < 10:    hist[0] += 1
12.     elif dat < 20:  hist[1] += 1
13.     elif dat < 30:  hist[2] += 1
14.     elif dat < 40:  hist[3] += 1
15.     elif dat < 50:  hist[4] += 1          ←①
16.     elif dat < 60:  hist[5] += 1
17.     elif dat < 70:  hist[6] += 1
18.     elif dat < 80:  hist[7] += 1
19.     elif dat < 90:  hist[8] += 1
20.     elif dat <= 100:  hist[9] += 1
21. print('度数 :', hist)
22.
23. # 度数分布図                               ←②
24. x = list(range(1,11))         # x軸の値
25. labels = ['0~','10~','20~','30~','40~','50~','60~','70~','80~','90~']
                                  # x軸の目盛りラベル
26. plt.bar(x, hist, tick_label=labels, width=1) # 棒グラフを描画
27. plt.show()
```

　データを読み込んだあと、①はすべてのデータにアクセスする for ループです。値が10より小さいときは hist[0] を、10 〜 19のときは hist[1] の値を1つ増やすといったように、各階級に含まれるデータ数をカウントしています。この値が棒グラフの y 軸の値になります。

255

②以降で度数分布図を描画します。変数xはx軸の値です。今回は階級を10点間隔にしたので、1～10（＝100÷10）までの値にしました。labelsはx軸の目盛りラベルです。これらの値を使って棒グラフを描画する命令が
　　　plt.bar(x, hist, tick_label=labels, width=1)
です。widthキーワードはオプションです。棒の太さを軸の目盛りと同じ1にすることで、棒を隙間なく描画しています（図7-8）。

図7-8　リスト7-3実行結果

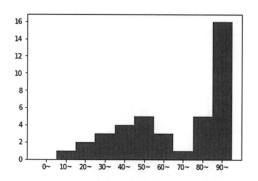

　さて、この度数分布図を見てどう思いますか？　点数の高い方にずいぶん偏っていますね。この節の最初に「数学のテストで75点を取った。平均点が70点だから、成績は上の方だよね！」というセリフがあったのですが、この認識は正しいと思いますか？

　前項「1.3　平均値、中央値、最頻値」で調べたように、確かに平均点は70点でした。しかし、図7-8を見ると70点台を取ったのは一人だけのようです。それだけでなく、80点以上の人が21人（＝5＋16）もいます。全データ数が40個ですから、これでは平均点が集団の一般的な値とは言えませんね。つまり、「平均点よりも良かったから、成績は上の方だ」というのは事実ではありません。

　度数分布図を見て偏りがある場合は、平均値以外の値も見るようにしましょう。この例では中央値（85点）の方が、集団を表す値として適切です。

＊9　hist() 関数の使い方は、このあとの「2.1　分散と標準偏差」を参照してください。

2 ばらつきを調べる

　受験生にとって気になる数値と言えば「偏差値」です。「偏差値が60以上だからレベルが高い」とか「偏差値55から70に学力を上げる」とか──。いろいろな使われ方をする偏差値ですが、いったいどんな値か知っていますか？ 本当の意味を理解して、正しい使い方ができるようになりましょう。

2.1　分散と標準偏差

　あなたはおにぎり屋さんの店長です。アルバイトに太郎くんを雇っているのですが、どうも太郎くんの握ったおにぎりは大きさが不ぞろいな気がしてなりません。そこで、自分が作ったおにぎりと太郎くんが握ったおにぎりの重さを測ってみることにしました。1週間後、平均値を調べてみると、どちらのおにぎりの重さも100gでした──。

　ここで「太郎くんのおにぎりが不ぞろいなのは気のせいか……」と思ってはいけません。統計データを見るときは、集団の形が重要でしたね。

　度数分布図を描いてみたところ、図7-9のような形になりました。どちらも正規分布になっているのですが、太郎くんの方は山の頂点が低く、山裾もずいぶん広くなっています。ここから「太郎くんが握ったおにぎりは大きさにばらつきがある」ということが読み取れます。いったい、どれだけばらついているのか数値で表してみましょう。

図7-9 店長と太郎くんのおにぎりの度数分布図

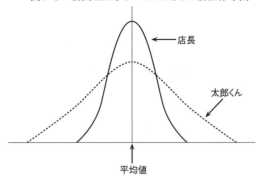

ばらつきを表す値は「分散」と「標準偏差」です。たとえば、2人のおにぎりの重さが

店長… 94　　105　　107　　106　　88
太郎… 117　　84　　95　　72　　132

だったとしましょう。これをグラフ化したものが図7-10です。

図7-10 平均からのずれ

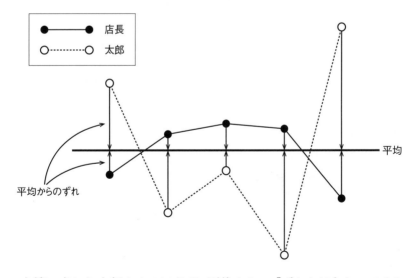

点線で表した太郎くんのほうが、平均からの「ずれ」が大きいですね。この「ずれ」を合計すれば、ばらつき具合がわかるような気がしませんか？残念ながら、実際に計算してみると答えは必ず「0」になってしまいます。

```
>>> import numpy as np
>>> owner = [94, 105, 107, 106, 88]      ←店長のデータ
>>> mean = np.mean(owner)                ←平均
>>> sum = 0                              ←答え（ずれの合計）用の変数を初期化
>>> for d in owner:                      ←すべてのデータについて、
...     sum = sum + (d - mean)            「データ－平均」の合計を求める
...
>>> sum
0.0                                      ←表示された結果
```

　すべてのデータを平らに均した値が平均値ですから、そこからの差分を
合計すると答えが0になるのは当然ですね。今度は「データ－平均」を2乗
してみましょう。2乗すれば符号がすべてプラスになり、合計も計算できま
す。

```
>>> sum = 0
>>> for d in owner:
...     sum = sum + (d - mean)**2   ←「データ－平均」の 2 乗を合計
...
>>> sum
290.0                               ←表示された結果
```

　当たり前の話ですが、この値はデータ数が増えれば増えるほど大きくな
ります。データ数の影響をなくすために、データ数で割り算しましょう。こ
の値が**分散**です。ただし、分散は「データ－平均」を2乗した値を使って求
めた値です。この例で言えば、おにぎりの重さが2乗されているというこ
とです。元の値に戻すために平方根をとった値が**標準偏差**です。

```
>>> import math
>>> variance = sum / 5              ←分散
>>> stdev = math.sqrt(variance)     ←標準偏差
>>> variance, stdev
(58.0, 7.615773105863909)           ←表示された結果（分散，標準偏差）
```

第**7**章　統計と乱数

259

分散と標準偏差は、どちらもデータのばらつき具合を示す値です。両方とも値が大きいほど、集団のデータがばらついているということを表しています。特に標準偏差は、平均からの「ぶれ」と考えるとわかりやすいかもしれません。それぞれの計算方法を確認しておきましょう。

$$分散 = \frac{(データ - 平均)^2 の合計}{データの個数}$$

$$標準偏差 = \sqrt{分散}$$

　参考までに、おにぎり5個分のデータで分散と標準偏差を求めたところ、次のような結果になりました。これで自信を持って太郎くんに注意できますね。「ぶれ」が8g未満のあなたに、太郎くんは何も言えないはずです。

表7-2　店長と太郎くんのぶれを比較

	分散	標準偏差
店長	58	8
太郎	476	22

Try Python **分散、標準偏差をプログラムで求める**

　onigiri.csvには店長と太郎くん、それぞれ100個分のおにぎりの重さが記録されています（図7-11左）。これを基に作成したのが、右側の度数分布図です。

図7-11　onirigi.csvと度数分布図

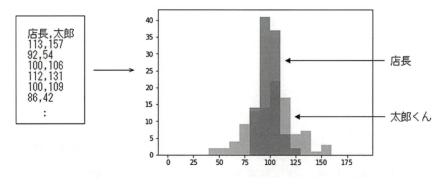

　明らかに山の形が違いますね。リスト7-4では、この度数分布図の描画に

matplotlib.pyplotモジュールのhist()関数を使いました。引数は先頭から順に「y軸の値」、「x軸の値」、「棒グラフの透明度」です。

リスト7-4　度数分布図を描画する

```
1.  %matplotlib inline
2.  import matplotlib.pyplot as plt
3.  import pandas as pd
4.
5.  # データ読み込み
6.  dat = pd.read_csv('onigiri.csv', encoding='SHIFT-JIS')
7.
8.  # 度数分布図
9.  plt.hist(dat['店長'], bins=range(0, 200, 10), alpha=0.5)
10. plt.hist(dat['太郎'], bins=range(0, 200, 10), alpha=0.5)
11. plt.show()
```

　今度は、ばらつきを数値で表しましょう。NumPyには分散を求めるvar()関数と、標準偏差を求めるstd()関数[*10]があるので、これらを使えば途中の計算は一切必要ありません。リスト7-5を実行すると、次のような結果が得られます。

```
店長 ---------
平均：98.29
分散：59.5859
標準偏差：7.719190372053276
太郎 ---------
平均：101.23
分散：522.0771
標準偏差：22.849006542954992
```

リスト7-5　平均、分散、標準偏差を求める

```
 1. import numpy as np
 2. print('店長 ---------')
 3. print('平均 :', np.mean(dat['店長']))
 4. print('分散 :', np.var(dat['店長']))
 5. print('標準偏差 :', np.std(dat['店長']))
 6.
 7. print('太郎 ---------')
 8. print('平均 :', np.mean(dat['太郎']))
 9. print('分散 :', np.var(dat['太郎']))
10. print('標準偏差 :', np.std(dat['太郎']))
```

* 10　NumPy の var() 関数と std() 関数は、母集団の計算を行います。標本に基づいた予測
値が必要な場合は statistics モジュールで定義されている関数を使用してください。

2.2　偏差値

　4月の模試で5教科の合計得点が320点、9月の模試では430点だった。
成績は確実に上がっている！——と言いたいところですが、これも真実と
は限りません。なぜなら、模試を受けた人数や顔ぶれ、模試の難易度が違う
可能性があり、単純に点数だけでは比べられないからです。こういうとき
に判断基準として使うのが**偏差値**です。

　ただし、偏差値が有効なのは、基となる集団の形が正規分布であること
が大前提です。分布が偏っているときに平均値だけを見ていても意味がな
いのと同じように、偏差値だけを見て判断することはできません。この先
は模試の点数がどちらも正規分布であると仮定して話を進めましょう。

　ところで、正規分布にもいろいろな形があるということを知っていますか？　たとえば、平均値が同じでも標準偏差が異なる場合は山の高さが変わ
ります（図7-12左）。また、標準偏差が同じで平均値が異なる場合は、山の

出現する場所が変わります（図7-12右）。これでは320点や430点がどうなのか、単純には比較できません。こういうとき、統計の世界では**標準化**(＊11)という作業を行います。

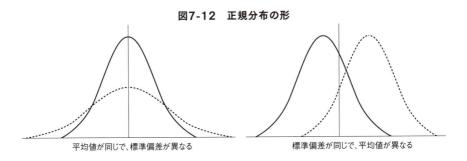

図7-12　正規分布の形

平均値が同じで、標準偏差が異なる　　　　標準偏差が同じで、平均値が異なる

標準化は平均値が0、分散が1になるようにデータを変換する作業で、そのための式が

$$標準化後のデータ = \frac{データ - 平均}{標準偏差}$$

です。

標準化したデータで度数分布図を描くと、正規分布の形は必ず図7-13のような形に統一されます。また、中心から離れた値が出る確率も図中に示したように決まります。横軸の1σ（シグマ）は標準偏差1つ分という意味です。つまり平均から±標準偏差1つ分の範囲に全体の68.3％が、±標準偏差2つ分の範囲に全体の95.4％のデータが含まれるということです。これなら山の中心からどれだけ離れているかを見れば、それがどういう値か判断できますね。

図7-13　標準化された正規分布

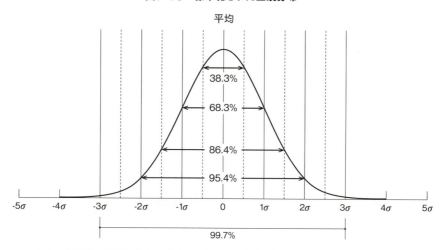

　しかし、模試の平均値が0点というのは現実味がない値です。また、標準化したあとのデータは0.18や−1.45のような小さな値になり、これを模試の得点と受け止めるのも難しい話です。そこでひと工夫したのが**偏差値**です。

$$偏差値 = \frac{点数 - 平均}{標準偏差} \times 10 + 50$$

　この計算を行うと、模試を受けた人数や顔ぶれ、模試の難易度に関わらず、平均点を取った人の偏差値は必ず50になります。標準化した得点を10倍して50を足しただけなので、度数分布図の形は図7-13と同じです。もちろん、中心から離れた値が出る確率も同じです。つまり、自分の偏差値が山の中心（値にすると50）からどれだけ離れているかを見ることで、そのときの成績を判断できるということです。

＊11　「正規化」や「基準化」と呼ぶこともあります。

Try Python　偏差値をプログラムで求める

　模試の結果が表7-3と仮定して、それぞれの偏差値を求めてみましょう。本当に成績は上がっているのでしょうか？　もちろん、基となる集団の形は正規分布であるものとします。

表7-3　模試の結果の推移（4月と9月）

	4月	9月
得点	320点	430点
平均	278点	388点
標準偏差	60	60

```
>>> def dev_value(score, mean, stdev):
...     return (score - mean) / stdev * 10 + 50    ←偏差値を計算
...
>>> dev_value(320, 278, 60)                          ←4月の偏差値を計算
57.0                                                 ←表示された結果
>>> dev_value(430, 388, 60)                          ←9月の偏差値を計算
57.0                                                 ←表示された結果
```

　dev_value()関数の引数は、先頭から順に「得点」、「平均値」、「標準偏差」です。この関数を使って4月と9月の模試の偏差値を調べると、結果はどちらも57でした。つまり、成績は変わりなかったということです。

　繰り返しになりますが、偏差値を利用するときは基となる集団の形が正規分布になっていることが大前提です。データの分布に偏りがあるときに偏差値を見ても意味がありません。

　また、偏差値は特定の集団の中での位置を示しているだけにすぎません。受験生全員を対象にして調べた場合と、成績上位者だけを選んで調べた場合とでは、偏差値が変わります。模試のたびに一喜一憂するのではなく、偏差値は1つの目安と考えるのがいいかもしれませんね。

③ 関係を調べる

　「数学の成績がいい人は理科の成績もいい」とか「スマートフォンを長時間利用すると学力が低下する」とか——まことしやかに囁かれるこれらの話は本当なのでしょうか？ こんなときは散布図を描いてみましょう。

3.1 散布図

散布図とは、2つのデータの関係性を表す図です。それぞれをグラフのx軸とy軸に対応させて、そこに点を描画すれば出来上がりです。図7-14は表7-4の値を使って描いた散布図です。

表7-4　数学と理科の得点

数学 (x)	75	30	50	85	45	85	20	95	95	35
理科 (y)	60	85	55	70	60	90	15	80	100	50

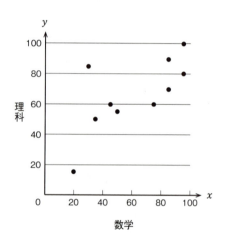

図7-14　散布図

散布図を描いたら、点群全体の形を見てください。図7-14のように点群が右上がりになっているときは、**正の相関**があると言います。「相関」とは「関係がある」という意味です。「正の相関がある」とは、xの値が増えるにつれてyの値も増える関係にある、という意味です。

逆に、図7-15左のように点群が右下がりになる場合は**負の相関**です。この場合は、xの値が増加するとyの値が減少する関係です。また、図7-15右のように点群がバラバラな場合は**無相関**です。2つのデータに関係性は見られません。

図7-15　負の相関と無相関

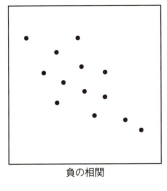
負の相関

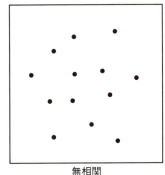
無相関

Try Python 散布図をプログラムで描く

　score.csvには、40人分の数学と理科の得点が記録されています。これを利用して散布図を描画しましょう。リスト7-6では点の描画にmatplotlib.pyplotモジュールのscatter()関数を使いました。実行結果を見ると、数学と理科の点数には正の相関があると読み取れますね（図7-16）。

リスト7-6　散布図を描画する

```
1. %matplotlib inline
2. import matplotlib.pyplot as plt
3. import pandas as pd
4.
5. # データ読み込み
6. dat = pd.read_csv('score.csv', encoding='SHIFT-JIS')
7.
8. # 散布図
9. plt.scatter(dat['数学'], dat['理科'])
10. plt.axis('equal')
11. plt.show()
```

図7-16 リスト7-6実行結果

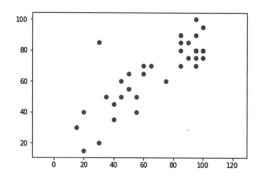

3.2 共分散と相関係数

　2つのデータのおおよその関係性は散布図から読み取ることができますが、「その関係性はどのくらい？」と聞かれたらどう答えますか？ できればきちんとした数値で答えたいですね。2つのデータの関係性を表す値には**共分散**と**相関係数**があります。どのような値か、くわしく見ていきましょう。

　関係性を調べる2つのデータをx、yとしましょう。「$x - x$の平均値」と「$y - y$の平均値」を掛け算したとき、答えが正の値になるのはxとyの両方が平均値よりも大きい、もしくは平均値より小さいときです（図7-17左の・）。また、一方が平均値より大きくて、もう一方が平均値よりも小さいとき、答えは負の値になります（図7-17右の・）。すべての値についてこの値を調べて符号を見れば、相関図と同じように2つの関係性がわかりますね。代表値として平均値を使いましょう。この値が共分散です。

$$共分散 = \frac{(x - xの平均値) \times (y - yの平均値)の合計}{データ数}$$

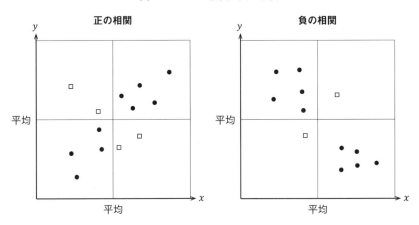

図7-17 正の相関と負の相関

しかし、共分散は2つのデータの関係を表す指標にはなりますが、単位が定まらないのが困ったところです。数学と理科の得点のように同じ意味を持つデータならまだしも、スマートフォンの使用時間と学力のような場合は、共分散の値をどう評価すればよいか迷ってしまいます。

統計の世界では、こんなときに「標準化」をします。前にも出てきましたね(*12)。共分散は次の式で標準化できます。これにより求められるのが相関係数です。

$$相関係数 = \frac{共分散}{(xの標準偏差) \times (yの標準偏差)}$$

相関係数は必ず−1〜1の値になり、一般的に表7-5に示す言葉に置き換えて使用されます。表7-5では正の値のみ記載しましたが、負の値でも相関の強さを示す意味は同じです。

表7-5　相関係数の意味

相関係数	意味
0 〜 0.2	ほとんど相関がない
0.2 〜 0.4	やや相関がある
0.4 〜 0.7	かなり相関がある
0.7 〜 1.0	強い相関がある

＊12　この章の「2.2　偏差値」を参照してください。

Try Python 相関係数を計算する

　相関係数はNumPyのcorrcoef ()関数で求めることができます。自分で共分散を求めたり、標準偏差を求めたりする必要はありません。

```
>>> import numpy as np
>>> import pandas as pd
>>> dat = pd.read_csv('score.csv', encoding='SHIFT-JIS')
>>> correlation = np.corrcoef(dat['数学'], dat['理科'])
                                      ←調べるデータを指定
>>> correlation[0,1]                  ←相関係数を確認
0.827685316489                        ←表示された結果
```

　corrcoef()関数の引数には、関係性を調べる2つのデータを指定してください。この関数は

　　　[[1.　　　0.82768532]

　　　[0.82768532 1.　　]]

のように二次元の配列で値を返します。これは、

　　　[[数学-数学　　　数学-理科]

　　　[理科-数学　　　理科-理科]]

の相関関係を表しています(＊13)。数学と理科の相関係数は、[0, 1] (上記の入力例ではcorrelation[0, 1]) もしくは[1,0] (同correlation[1, 0]) の値です。この結果から、数学と理科の得点には非常に強い正の相関があるということがわかりました。

* 13 　同じ科目同士を比べたとき、相関係数は 1 になります。

4 データから推測する

　集まったデータを分析して、そこから何かしらの傾向や性質を見つけ出すこと──。これが統計学の本質です。過去の統計データをうまく利用すれば、未来を予測することもできます。

4.1 　移動平均

　図7-18は2018年3月から5月末の東京の日別平均気温[* 14] をグラフにしたものです。日ごとの細かな気温変動がきっちり示されているのはありがたいのですが、春から初夏にかけての気温変化をもっとざっくり把握したい！──こういう場合は**移動平均**という手法を使いましょう。

図7-18　日別平均気温グラフ

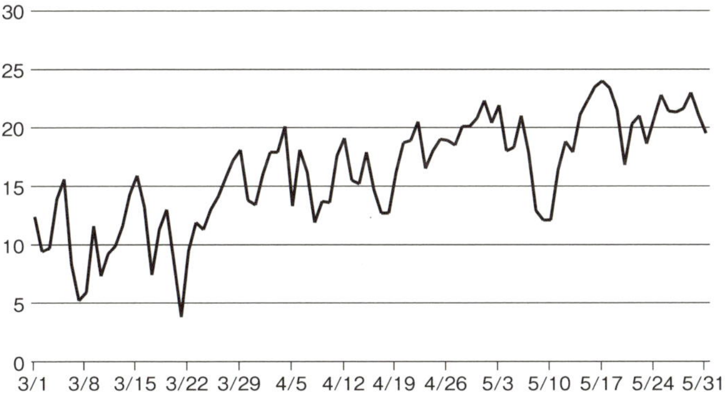

　移動平均とは、注目データを中心に前後いくつかの平均値をとり、その値で注目データの値を置き換える方法です。図7-19を見ながら計算方法[* 15] を

確認しましょう。図7-19上は、移動平均の区間数を3にした計算です。この場合は1〜3番の平均値を2番の値、2〜4番の平均値を3番の値、3〜5番の平均値を4番の値……にします。移動平均の区間数を5にしたときは、1〜5番の平均値が3番の値、2〜6番の平均値が4番の値……になります（図7-19下）。

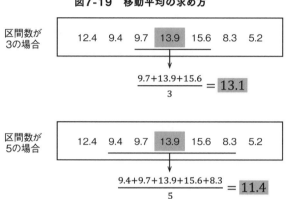

図7-19　移動平均の求め方

　移動平均を使うと、元データの特徴をある程度残したまま、滑らかに推移を表現することができます。天気予報で「最高気温は平年より3度高めの28度」という表現をよく聞きますが、「平年っていつ？」と思ったことはありませんか？ 実は、ここで移動平均が使われています。たとえば5月1日の平年値であれば、過去30年分[*16]の5月1日の気温を平均して、さらに区間数を9にした移動平均を3回計算した結果[*17]なのです。「3回も移動平均をかけるなんて！」と驚いたかもしれませんが、これで図7-18のようなギザギザのグラフが滑らかになり、気温変化を大まかに把握できるようになります。

*14　気象統計データは https://www.data.jma.go.jp/gmd/risk/obsdl/index.php からダウンロードできます。
*15　ここでは移動平均の区間数を奇数にした計算方法を説明します。偶数の場合は区間数を2で割って前半と後半の平均値を求めたあと、さらにその2つの平均値を求めるといった方法で計算してください。
*16　平年値は西暦の1の位が「1」の年に更新されます。2018年であれば1981〜2010年までの30年分のデータを使って計算した値が平年値になります。
*17　計算方法の詳細は「気象観測統計指針 第1部 第5章 平年値」（https://www.data.jma.go.jp/obd/stats/data/kaisetu/shishin/shishin_5.pdf）を参照してください。

Try Python 移動平均を計算する

　移動平均は区間を決めて平均値を求めるだけなので、計算自体は難しくありません。でも、3カ月分の気温の移動平均を求めて折れ線グラフに表すとなると大変そうですね。NumPyのconvolve()関数を使うと、移動平均も簡単に求められます。やってみましょう。

　temperature.csvには、2018年3月から5月末までの東京の日別平均気温が記録されています（図7-20左）。これを使って日ごとのグラフと、区間数9で移動平均した値のグラフを描画するプログラムが、リスト7-7です。実行結果は図7-20右側のグラフになります。

図7-20　temperature.csvとリスト7-7の実行結果

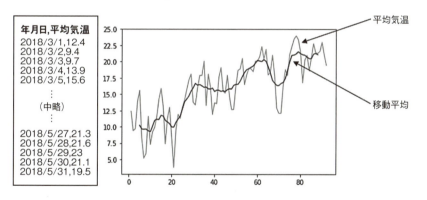

リスト7-7　移動平均グラフを描画

```
1. %matplotlib inline
2. import matplotlib.pyplot as plt
3. import pandas as pd
4. import numpy as np
5.
6. # 気温データの読み込み
7. dat= pd.read_csv('temperature.csv', encoding='SHIFT-JIS')
```

```
 8.
 9.  n = len(dat)              # データ数
10.  x = range(1, n+1)         # x軸の値（1〜データ数）
11.
12.  # 気温
13.  y = dat['平均気温']        # y軸の値（平均気温）
14.  plt.plot(x, y)            # グラフを描画
15.
16.  # 区間数:9 の移動平均
17.  v = np.ones(9)/9.0                          ←①
18.  y2 = np.convolve(y, v, mode='same')  ←②
19.  plt.plot(x[4:n-4], y2[4:n-4])             ←③
20.  plt.show()
```

　平均値を求めるには、すべてのデータを合計してデータ数で割る方法
（図7-21上）と、データに係数を掛けてから合計する方法(*18)（図7-21下）
の2通りの方法があります。convolve()関数は、後者の方法で平均値を計算
します。

図7-21　平均値の求め方

データ

| 1 | 2 | 3 | 4 | 5 | 6 | 7 | 8 | 9 |

方法①合計をデータ数で割る

$$\frac{1+2+3+4+5+6+7+8+9}{9} = \boxed{5}$$

方法②係数を掛けてから合計する

$$\left(1\times\frac{1}{9}\right) + \left(2\times\frac{1}{9}\right) + \cdots + \left(8\times\frac{1}{9}\right) + \left(9\times\frac{1}{9}\right) = \boxed{5}$$

　リスト7-7の①は、係数用の配列の初期化です。ones()関数は指定した要
素数を1で埋める命令なので、リスト7-7のようにすると要素数が9個で「1
÷9.0」の答えで初期化した配列vが定義されます。この係数を使って移動
平均を求める命令が②です。最初の引数yはファイルから読み込んだ気温
データです。3番目の引数modeは「same」にしてください。
　③は移動平均を使って折れ線グラフを描画する命令ですが、移動平均は

274

前後のデータがないと計算できません。そこで、計算できなかった分[19]を描画しないように、x軸とy軸のデータの範囲を指定しています。

* 18　このような手法を「畳み込み演算」と言います。機械学習では必ず使う演算方法です。
* 19　データの先頭と最後から「（区間数− 1）÷ 2」個分のデータは計算できません。
　　　区間数が9であれば4個分（＝ (9 − 1) ÷ 2）のデータはグラフを描画できないことになります。

4.2　回帰直線

　「気温が27度を超えるとアイスクリームがよく売れる」とか「運動習慣のない人は肥満傾向にある」とか「カマキリが高いところに卵を産むと、その年は積雪が多い」とか——。いずれも過去の統計データを基にした話です。ここから一歩先に進んで、未来のことを予測してみましょう。

　図7-22上は、表7-6を基に作成した散布図[20]です。気温が高くなるとジュースの販売数が増えるということは納得できるのですが、いったいどのくらい増えているかはわかりませんね。こういうときは点群の間を通ってうまく傾向を示せるような直線を引いてみましょう。しかし、目測で引くと図7-22下のように傾きが定まりません。正しく傾向を示す直線は、計算で求めるのが正解です。

図7-22　点群の間を通る直線を目測で引くと……

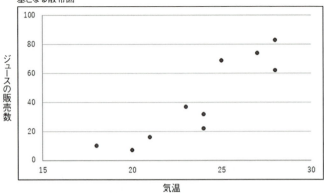

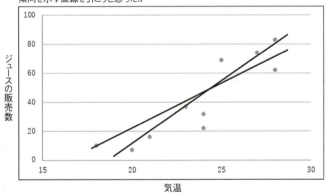

表7-6　気温とジュースの販売数

気温 (x)	23	24	28	24	27	21	18	25	28	20
ジュースの販売数 (y)	37	22	62	32	74	16	10	69	83	7

　理想の直線は、図7-23に示したずれが最も小さい直線です。つまり、すべての点のずれを合計した結果が最小になるように直線の傾きと切片を求めればよいのですが、各点のずれにはプラスとマイナスの値が混在しています。そのまま足し算すると、互いに誤差を打ち消し合うため、ずれ全体の量を正しくとらえることができません。そこで、「ずれ」を2乗してから合計しましょう[*21]。この値が最も小さくなるような直線を**回帰直線**と言い、

その傾きと切片は次の式で求めることができます。共分散の求め方は「3.2 共分散と相関係数」を、分散の求め方は「2.1　分散と標準偏差」を参照してください。

$$傾き = \frac{x と y の共分散}{x の分散}$$

$$切片 = y の平均 - (傾き \times x の平均)$$

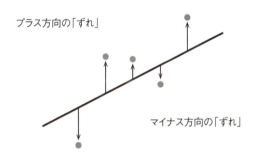

図7-23　データと直線のずれ

＊20　散布図の描き方は、この章の「3.1　散布図」を参照してください。
＊21　この方法を「最小二乗法」と言います。「最小自乗法」と表記することもあります。

Try Python 回帰直線の傾きと切片を求める

2つのデータ x[]、y[] があるとき、共分散は

```
>>> import numpy as np
>>> mean_x = np.mean(x)              ←xの平均値
>>> mean_y = np.mean(y)              ←yの平均値
>>> cov = np.mean((x-mean_x)*(y-mean_y))   ←xとyの共分散
```

で計算できます。xの分散は

```
>>> var_x = np.var(x)
```

で求めることができます。これらの値から回帰直線の傾きaと切片bは次のようにして求めることができます。

```
>>> a = cov / var_x
>>> b = mean_y - (a * mean_x)
```

ちょっと面倒ですね。そこで、NumPyのpolyfit()関数を使いましょう。これと同じことがたった1行でできます。リスト7-8は、表7-6のデータを基に散布図と回帰直線を描画するプログラムです。polyfit()関数の3番目の引数は回帰式の次数です。ここでは直線を描画するので「1」を指定してください。

図7-24　リスト7-8の実行結果

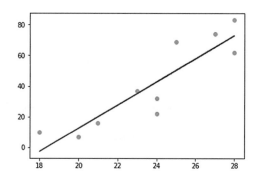

リスト7-8　回帰直線を求める

```
1. %matplotlib inline
2. import matplotlib.pyplot as plt
3. import numpy as np
4.
5. # データ
6. x = np.array([23,24,28,24,27,21,18,25,28,20])    # 気温
7. y = np.array([37,22,62,32,74,16,10,69,83,7])      # ジュースの販売数
8.
9. # 回帰直線
10. a, b = np.polyfit(x, y, 1)
```

```
11.  y2 = a * x + b
12.  print(' 傾き : {0}, 切片 :{1}'.format(a, b))   # 傾きと切片を表示
13.
14.  # 描画
15.  plt.scatter(x, y)   # 散布図
16.  plt.plot(x, y2)      # 回帰直線
17.  plt.show()
```

　さて、データに基づいた正確な直線が引けたところで満足してはいけません。回帰直線の本当の目的は、その式を利用して値を検証したり、未来を予測したりすること(*22)です。たとえば、「明日の気温は33度」という予報が出たとしましょう。この気温を回帰直線の式に代入すると、

```
>>> a * 33 + b
110.5019305019305
```

となり、ジュースが売れる本数はおよそ110本と予測することができます。この値を目安に準備しておけば、売り切れによる売り逃がしや大量の売れ残りのような事態を回避できそうですね。

　なお、前節「3.2　共分散と相関係数」で説明した相関係数は2つのデータの関係性を表す数値です。回帰直線とは目的が違うことを覚えておきましょう。

* 22　これを「回帰分析」と言います。

5 ランダムに値を選ぶ

　この章の「1.1　母集団と標本」の話を覚えていますか？ 20代日本人男性全員の身長を測ることはできないから、一部の人の身長を測って、その

平均身長を20代男性の平均身長とするという話です。ここで考えなければいけないのが、一部の人、つまり「標本」をどう選ぶかです。バスケットボールチームに所属する人ばかりを標本にしてしまったら、ずいぶん平均身長が高くなりそうですね。

5.1 乱数

標本は、何らの意図も加えることなく「無作為に」選ぶのが基本です。このときに**乱数表**や**乱数サイ**(＊23)を使うのですが、そもそも**乱数**とは何なのでしょう？ これは

$$3, 86, 72, 61, 81, 6, 2, 31, 30, 83\cdots\cdots$$

のように並びに規則性がなく、それぞれの数の出現回数がほぼ同じであるものをいいます。ほとんどのプログラミング言語には乱数を発生させる命令があり、Pythonではrandomモジュール(＊24)のrandint()関数(＊25)を使って生成することができます。

```
>>> import random
>>> rand = []                          ←乱数を入れるリスト
>>> for i in range(10):
...     rand.append(random.randint(0,100))   ←0～100までの乱数を生成
...
>>> rand
[35, 0, 9, 24, 3, 51, 43, 10, 36, 44]        ←表示された結果
```

この結果を見る限り、確かに数字の並びに規則性はなさそうです。でも、コンピュータが生成した乱数を過信してはいけません。なぜなら、コンピュータが生成した乱数は何らかの計算式で求めた値だからです。これを「擬似乱数」と言います。

＊23　0～9までの数字が2個ずつ書かれた正二十面体のサイコロです。出た目の組み合わせで乱数を作ります。

＊24　Pythonの標準ライブラリです。

＊25　これは整数の乱数を生成する関数です。実数の乱数を生成するにはuniform()関数を使います。

5.2 乱数を使うときに注意すること

乱数を生成する式の1つに、「線形合同法」というものがあります。

$$R_{n+1} = (a \times R_n + b) \bmod c$$

ここで、R_nは1つ前の乱数、a、b、cはいずれも正の値で$c > a$、$c > b$を満たす整数、modは割り算の余りを求める演算子です。cで割った余りを利用して乱数を作るため、この式で生成できるのは$0 \sim c - 1$までの乱数ということになります。

試しに、$a = 4$、$b = 7$、$c = 9$、乱数の初期値を1にして、この計算をしてみましょう。

```
>>> a = 4                                    ←乱数の初期値
>>> b = 7
>>> c = 9
>>> rn = 1
>>> rand = []
>>> for i in range(20):
...     rn = ((a * rn + b) % c)              ←乱数を生成
...     rand.append(rn)
...
>>> rand
[2, 6, 4, 5, 0, 7, 8, 3, 1, 2, 6, 4, 5, 0, 7, 8, 3, 1, 2, 6]
                                             ←表示された結果
```

最初の9つは確かに乱数のように見えますが、10番目が2になってしまったことにより、その後は同じ値の組み合わせが繰り返されます。もちろんa、b、cおよびR_nの初期値を変更すれば異なる乱数を生成しますが、それでも規則性があることに変わりはありません。計算式が生成する乱数には必ず何らかの周期性があるということだけは覚えておきましょう[*26]。

a、b、c、R_nが生成する乱数を決める大事な要素であることに変わりはありません。これらの値は乱数の種（シード：seed）と呼ばれています。ほとんどのプログラミング言語には乱数の種を初期化する命令があり、コンピュータのシステム時刻と組み合わせて実行するのが一般的です。命令を実行するときに同じ時間である確率はきわめて低く、これを利用すれば毎

281

回異なる乱数を生成できるからです。randomモジュールのrandint()関数も、システム時刻を使って乱数の種を初期化 (* 27) しています。

* 26　乱数を生成する方法はいろいろあります。興味のある人は調べてみると良いでしょう。かなり奥が深いですよ。
* 27　seed() 関数を使って初期化することもできます。

第8章
微分・積分

　「ゆでガエル理論」というのを知っていますか？ 熱い湯に入れるとカエルはびっくりして飛び跳ねるけれど、水に入れて徐々に温めていくと、温度変化に気付かずにゆで上がってしまう——。本当かどうかは知りませんが、ビジネスの世界では環境変化に対応することの大切さを警鐘するために使われる理論です。そして数学の世界では、「ゆでガエル」こそが微分・積分の入り口になります。

1 曲線とグラフ

　前ページで紹介した「ゆでガエル理論」では、水の中に入れられたカエルが10秒おきに水温をチェックして、「さっきよりちょっと上がったな」、「また上がった」、「またまた上がった！」、「この調子でいくと、どんどん水温が高くなる……？　ヤバイ!!」と、こんな風に変化の様子をきちんと分析できていれば、ゆで上がらずに済んだはずですね。**微分**は、この変化の様子を分析するための道具です。

1.1 変化を知る手がかり

　図8-1は、架空の会社の賃金モデルです。このグラフから何がわかるか、少し考えてみてください。年収が低すぎるのではないかとか、そういうことではありませんよ。

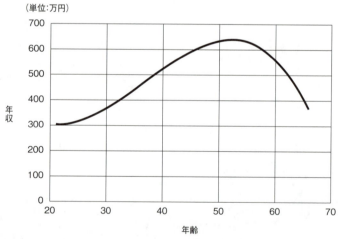

図8-1　賃金モデル

　20歳で入社してから年収は順調に増加して、50歳を過ぎたころにピークを迎えたあとは少しずつ減少し、65歳で定年――。グラフの曲線を言葉で説明すると、このような感じになるでしょうか。では、年収がどんな風に増加しているかわかりますか？　毎年、決まった昇給額であれば、グラフは右上がりの直線になるはずです（図8-2）。

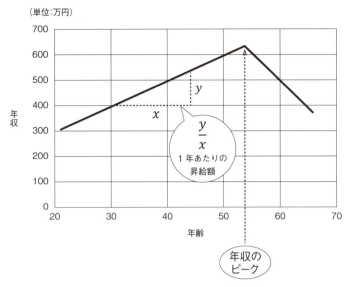

図8-2　昇給額が一定の賃金モデル

　しかし、図8-1のような曲線を描くということは、勢いよく昇給するときとそうでないときがあるということです。もう一つ、図8-1のグラフの頂上、つまり、年収のピークに到達するのは何歳だと思いますか？

　図8-2のように直線で表されたグラフであれば、傾きから毎年の昇給額がわかります。また、山の頂上もとがっているので見つけやすいですね。一方、図8-1のような曲線の場合は、できるだけ平らなところを見つけて、「この辺が頂上かな」と見当をつけることしかできません。しかし、ある作業をすると、山の頂上を正確に見つけることができます。その作業とは、

　　①隣り合う2つの年度の差分を取る
　　②その差分を使ってグラフを描く

たったこれだけです。

Try Python 年収グラフと差分グラフ

　隣接する2つの年収の差分をとってグラフを描くとどうなるか、実際に描いてみましょう。年収データはsalary.csvを使用します。1列目は年齢、2列目が年収です（図8-3）。

図8-3　salary.csv

```
年齢,年収
20,303.6
21,303.7187
22,305.9016
23,310.0089
24,315.9008
      ⋮
    (中略)
      ⋮
61,510.8427
62,480.9576
63,447.4049
64,410.0448
65,368.7375
```

　リスト8-1は、salary.csvを読み込んで年収グラフを描画するプログラム、図8-4が実行結果です。csvファイルの読み込み方法は第7章「1.1　母集団と標本」を、グラフを描画する方法は第3章「1 matplotlibでグラフを描く」を参照してください。

リスト8-1　年収グラフを描画する

```python
1.  %matplotlib inline
2.  import matplotlib.pyplot as plt
3.  import pandas as pd
4.
5.  # salary.csv 読み込み
6.  dat = pd.read_csv('salary.csv', encoding='SHIFT-JIS')
7.
8.  # データをセット
9.  x = dat['年齢']
10. y = dat['年収']
11.
12. # グラフを描画
13. plt.plot(x, y)
14. plt.grid(color='0.8')
15. plt.show()
```

286

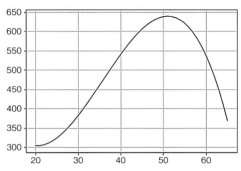

図8-4 年収グラフ

　今度は隣接する2つの年度の年収の差分を取り、その差分を使ってグラフを描画しましょう。リスト8-2は、リスト8-1の続きです。

リスト8-2　差分グラフを描画する

```
1.  # データ数
2.  cnt = len(dat)                          ←①
3.
4.  # 差分をとる
5.  diff_y = []
6.  for i in range(0, cnt-1):               ┐
7.      diff_y.append(y[i+1] - y[i])        ┘←②
8.
9.  # グラフを描画
10. plt.plot(x[1:], diff_y)                 ←③
11. plt.grid(color='0.8')
12. plt.show()
```

　①でデータ数を確認したあと、②のforループは年収データの先頭からcnt-1までの要素にアクセスするループです。ここで2つの年度の差分を計算し、結果をdiff_yに追加しています。③はxとdiff_yを使ってグラフを描画する命令ですが、plot()関数の引数に注意してください。

　　　plt.plot(x[1:], diff_y)

このように引数を与えると、xの先頭要素を読み飛ばして2番目からグラフを描画(*1)します（図8-5）。

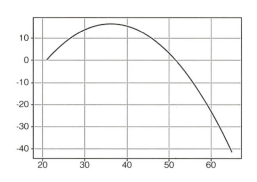

図8-5　差分グラフ

* 1　入社1年目は前年度のデータがないので差分を計算できません。その結果、x と diff_y の要素数が異なるので plt.plot(x, diff_y) ではエラーになります。

　さて、Pythonで2つのグラフを描画しました。最初のグラフ（図8-4…以降は「年収グラフ」と呼びます）は図8-1と同じものですから問題ありませんね。次（図8-5…以降は「差分グラフ」と呼びます）は、隣接する2つの年度の年収の差分を使って描いたグラフです。「またまた曲線じゃないか！」と思うかもしれませんが、このグラフが表すものは何か、考えてみてください。答えは次項に続きます。

1.2　変化を読み取る

　図8-5の差分グラフは、1年ごとに年収がどれくらい変化するかを表しています。「結局は曲線だもの。はっきりしたことは読み取れないじゃないか」と早合点しないでくださいね。このグラフで注目してほしいのは、横軸と交わるところです。その理由がわかるでしょうか？ 図8-6を見ながら考えてみてください。

図8-6 年収グラフと差分グラフ

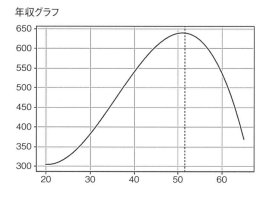

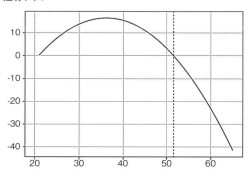

　図8-6は、年収グラフと差分グラフを上下に並べたもの(*2)です。差分グラフで横軸と交わるところ、つまり、差分が0のところに線を引くと……年収のピークと一致しましたね。前年との差分が0ということは、「変化がなかった」ということです。年収グラフで言えば、山の頂上の平らな部分に相当します。年収グラフの曲線ではぼんやりとしか見えていなかった山の頂上が、差分グラフを利用することで、はっきりと見えるようになりました。

　今度は差分グラフの全体を見てみましょう。どうやら山のピークは37歳前後にありそう(*3)です。これが意味することは、52歳前後まで順調に伸びているように見えた年収が、実は37歳前後で昇給のピークを迎え、その先は年収こそ増えてはいるものの昇給額は年々少なくなっている、という

ことです。

　いかがでしたか？ 年収グラフのようになだらかに変化する曲線も、差分グラフと一緒に見ると、それまでは気づかなかった変化の様子が見えてきましたね。それがわかったところで重大発表があります。実は、変化の様子がわかるのは「微分」を使っていたからなのです！
——と言われても困りますよね。「差分は取ったけれど、微分なんてしてないよ？」と、多くの人が思ったことでしょう。実は、この差分こそが微分なのです。

＊２　図8-6の差分グラフは、横軸の目盛りが年収グラフと一致するように工夫しています。
＊３　差分グラフを基に、もう一度差分グラフを作ると昇給のピークがわかります。くわしくは本章の「2.5　導関数が教えてくれること」で説明します。

2 微分とは

　「微かな部分」と書いて「微分」。微分を言葉で説明すると、「連続して変化する値の、ごく微かな部分に注目して変化の様子を調べること」——こんな感じでしょうか。これなら難しくないでしょう？

2.1　変化率

変化の様子は

$$\frac{y\text{の変化量}}{x\text{の変化量}}$$

という比で表される値（以降は**変化率**と呼びます）で、数学の世界では$\frac{dy}{dx}$(＊4)や$\frac{\Delta y}{\Delta x}$(＊5)のような記号で表記します。ここから先、いろいろな記号が出てきますが、すべて数学の世界で標準的に使うものばかりです。最初は戸惑うかもしれませんが、これを機に覚えてしまいましょう。

　たとえば、数学の世界では関数を$y = f(x)$(＊6)のように表記します。この関数が図8-7上のようなグラフを描くとき、変化率は直線の傾きと一致

290

します。もちろん、グラフのどこを取っても、傾きが変わることはありません（図8-7中）。つまり、変化率は常に一定ということです。xに対するyの変化率をグラフで表すと、図8-7下のようにx軸に平行な直線になります。

図8-7　直線の変化率

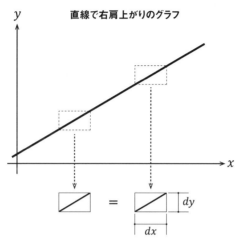

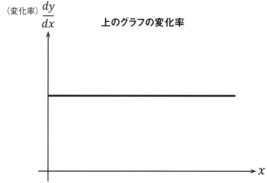

では、$y = f(x)$が図8-8左のような曲線を描くときはどうでしょうか。dxの大きさを固定して曲線の一部を取り出すと、図8-8右に示すように場所によって異なることがわかります。

図8-8　曲線の変化率

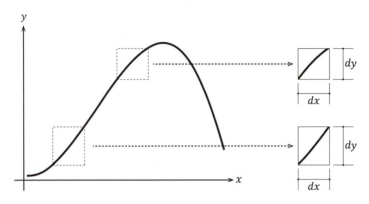

ここでdxを1すると、変化率は

$$\frac{dy}{dx} = \frac{y_2 - y_1}{x_2 - x_1} = \frac{y_2 - y_1}{1} = y_2 - y_1$$

このように表すことができます（図8-9）。この式から何か思い出しませんか？

前節「1.1　変化を知る手がかり」で年収の差分グラフを作るときに、「（注目年度＋1）の年収－注目年度の年収」という引き算をしましたが、これは上記の式と同じ計算ですね。

図8-9　曲線の変化率

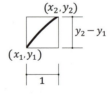

＊4　dは「differential」（日本語で「微分」）の頭文字です。
＊5　Δは「微小な」という意味を表すギリシャ文字で、「デルタ」と発音します。
＊6　fは「function」（日本語で「関数」）の頭文字です。

2.2 微分係数

ここで一度、頭の中を整理しましょう。直線の傾きは、どこを取っても

同じです。ところが、曲線はどこを取るかで変化率が変わります。そこで$y=f(x)$のグラフ上に点Aと、そこからx軸の正方向にhだけ離れたところに点Bを取ると、2つの座標は点A $(a, f(a))$、点B $(a+h, f(a+h))$で表すことができます（図8-10）。また、直線ABの傾きは

$$\frac{f(a+h)-f(a)}{h}$$

これで表すことができますね。

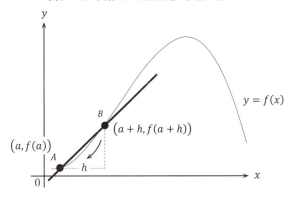

図8-10　曲線上の2点を通る直線の傾き

今度は図8-10の点BをAに近づけてみましょう。hの値は限りなく0に近づきますね。そして極限まで近づいたとき、数学の世界では直線ABの傾きを

$$\lim_{h \to 0} \frac{f(a+h)-f(a)}{h}$$

のように表します。これが**微分係数**(*7)です。式の頭についている$\lim_{h \to 0}$(*8)は、「hが限りなく0に近づくとき」という意味です。「限りなく」というのが大事なところで、どんなに小さくしても0になることはありません。

　いきなり「微分」という言葉が出てきて面食らったかもしれませんが、微分係数とは、**ある点における変化率**です。関数$y=f(x)$が図8-11上のような曲線を描くとき、微分係数はxの値に応じて変化する値になります（図8-11中）。図8-11下はxに対する微分係数、言い換えると、ある点における変化率をグラフ化したものです。これこそが微分した結果なのです。

図8-11 微分係数をグラフ化する

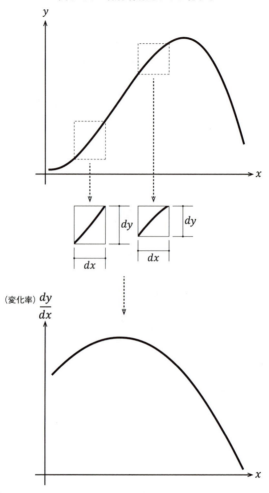

* 7 「微係数」と呼ぶこともあります。
* 8 lim は「限界」という意味の limit を省略したものです。

2.3 微分する

　「お茶する」、「会話する」と同じように、数学の世界では「微分する」という表現をよく使いますが、これは「変化の様子を見る」という意味です。

具体的に何をするかというと、xの値をほんの少しずつ動かしながら、yの値がどう変化するかを調べるだけです。

　「ちょっと、待って。数学の参考書にはもっと難しいことが書いてあったはず。えーっと、微分とは導関数を求めること……とか？」——確かに、そうですね。では、もう一度、図8-11下を見てください。これはxの値に応じて変化する微分係数をグラフにしたものです。言い換えると、微分係数はxの値に応じて決まる、つまり、微分係数もxの関数と見なすことができるということです。この関数は$y = f(x)$から導き出されたことから「導関数」と呼ばれており、$f'(x)$と表記するのが一般的です。参考書に書かれていた内容が、何となくでもわかってきたのではないでしょうか？

　私たちは図8-11下のグラフを作るために、xの値をほんの少しずつ動かしながら、yの値がどう変化するかを調べました。これが「微分する」という作業で、一般式で表すと、

$$\lim_{h \to 0} \frac{f(x + h) - f(x)}{h}$$

です。そして数学の世界では、この式を**関数$f(x)$の導関数**と言います。

　ここでまた新しい疑問がわいてきませんか？　前項「2.2　微分係数」で図8-11下は微分係数をグラフ化したもので、その微分係数は$\lim_{h \to 0} \frac{f(a + h) - f(a)}{h}$で求めるという話をしました。まったく同じ式なのに「微分係数」と「導関数」、2つも呼び方があるなんて頭が混乱しそうですね。今はその違いについて深く考える必要はありません。どちらも、簡単に言えば「変化の様子を見る」、それだけのことです。

コラム **導関数の表記方法**

　ややこしいことに導関数は$f'(x)$のほかにy'や$\frac{dy}{dx}$、$\frac{d}{dx}f(x)$、$\frac{df(x)}{dx}$など、いろいろな表記方法があります。同じことを指していろいろな言葉を使ったり、表記方法もいろいろあるところが微分を難しくしている原因かもしれませんね。本書では、導関数の表記として$f'(x)$、それと区別するために微

分係数の表記には$\frac{dy}{dx}$を使います。

2.4 微分の公式

学生時代に、
 $y = x^3 + 3x^2 + 3x + 1$　を微分しなさい
あるいは、
 $y = x^3 + 3x^2 + 3x + 1$　の導関数を求めなさい
といったような問題を解いた記憶はありませんか？ ここまで本書を読んできた今なら、この2つの問題は表現の仕方が異なるだけで同じ内容だとわかりますね。では、問題の意味はわかりますか？ 問題文を言い換えると「$y = x^3 + 3x^2 + 3x + 1$のグラフを描くと図8-12左のような曲線になるから、この変化を知るためのグラフ（図8-12右）を描くための式を求めなさい」のようになります。

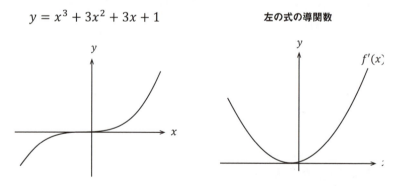

図8-12　関数と導関数

$y = x^3 + 3x^2 + 3x + 1$のxに入れる値を少しずつ変えてyを計算し、その変化量を求めていけば何とかグラフは描けるかもしれませんが……。このグラフを描くための式はどうすれば求められるのでしょうか？

　この問題は表8-1に示す3つの公式(*9)を覚えていれば簡単に解くこと

ができます。表の見方はとても簡単で、たとえば1行目であれば「元の関数の定数は、導関数では0に置き換える」というように見てください。

表8-1 微分の公式

$f(x)$	$f'(x)$
k（定数）	0
x	1
x^n	nx^{n-1}

さっそく$y = x^3 + 3x^2 + 3x + 1$を微分してみましょう。この式の定数部分を0に、xは1に、x^nはnx^{n-1}に置き換えると、

$$f'(x) = 3 \times x^{3-1} + 3 \times 2 \times x^{2-1} + 3 \times 1 + 0 = 3x^2 + 6x + 3$$

ですから、導関数は$f'(x) = 3x^2 + 6x + 3$ということになります。

＊9　表8-1に示したものは、公式のごく一部です。式に三角関数や指数を含んでいる場合でも、
　　それを解くための公式があるので、興味のある人は調べてみましょう。

Try Python $y = x^3 + 3x^2 + 3x + 1$ **と導関数**$f'(x) = 3x^2 + 6x + 3$

公式を使うことで、あっけなく導関数が求められました。リスト8-3は、この関数を使って本当にグラフが描けるのかどうか、確かめるプログラムです。図8-13上は元の関数$y = x^3 + 3x^2 + 3x + 1$のグラフ、図8-13下は導関数$f'(x) = 3x^2 + 6x + 3$のグラフです。関数をグラフ化するにはNumPyの配列が便利です。くわしい説明は、第3章「2.3　関数とグラフ」を参照してください。

第**8**章　微分・積分

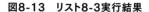

図8-13 リスト8-3実行結果

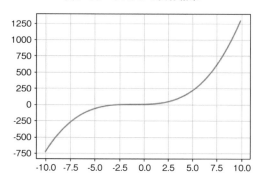

$$y = x^3 + 3x^2 + 3x + 1$$

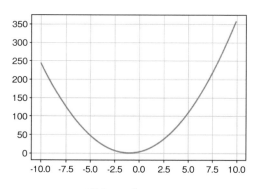

$$f'(x) = 3x^2 + 6x + 3$$

リスト8-3 関数と導関数のグラフを描画する

```
1. %matplotlib inline
2. import matplotlib.pyplot as plt
3. import numpy as np
4.
5. # xの値
6. x = np.arange(-10, 10, 0.1)
7.
8. # 元の関数
9. y = x**3 + 3*x**2 + 3*x + 1          ←f(x) = x³ + 3x² + 3x + 1
```

```
10. plt.plot(x, y)
11. plt.grid(color='0.8')
12. plt.show()
13.
14. # 導関数
15. y2 = 3*x**2 + 6*x + 3          ←f'(x) = 3x² + 6x + 3
16. plt.plot(x, y2)
17. plt.grid(color='0.8')
18. plt.show()
```

<small>15行目のコメント右の数式: $\leftarrow f'(x) = 3x^2 + 6x + 3$</small>

2.5 導関数が教えてくれること

学生時代に頭を悩ませた

$$y = -x^3 + 100x^2 - 2500x + 5000$$ を微分しなさい（または、導関数を求めなさい）

という問題。もちろん、解けるに越したことはありませんが、それよりももっと大切なことは、導関数が何を教えてくれるのかをきちんと理解することです。

図8-14上は、関数$y = f(x)$のグラフ、中央は$f(x)$を微分してできた導関数$f'(x)$のグラフ、一番下は$f'(x)$をさらに微分[*10]してできたグラフです。これらのグラフから何がわかるか、少し考えてみてください。

第**8**章 微分・積分

図8-14 導関数からわかること

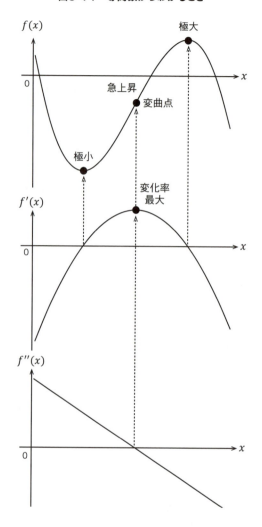

　導関数からわかることの1つめは、関数$f(x)$の**極値**です。極値とは、なめらかに連続する曲線の中にある谷や山のピークのことで、谷の底を**極小**、山の頂上を**極大**と言います。もちろん、図8-14上のグラフでもおおよそのところはわかりますが、正確な極値は導関数$f'(x)$の値が0になるときのxの位置になります（図8-14中央）。導関数$f'(x)$の値が0、つまり、値に変化がなかったということです。

導関数からわかることの2つめは、関数$f(x)$の変化がもっとも大きな地点です。「変化が大きい」を言い換えると「変化率が高い」、つまり「勢いよく伸びている（または下がっている）」ところです。これは導関数$f'(x)$の極値を見ればわかります。図8-14中のグラフを見ると、$f'(x)$の極大は関数$f(x)$の変化率が最も大きかったところ、つまり値が急上昇した地点を表しています。図8-14中のグラフには現れていませんが、$f'(x)$の極小はマイナス方向の変化が最大（*11）だったことを示しており、この場合は関数$f(x)$の値が急降下した地点を表します。

　では、導関数の極値をどうやって見つけましょうか。これは$f'(x)$を微分してできた$f''(x)$を使ってグラフを描けばいいですね（図8-14下）。$f''(x)$の値が0になるときのxの値が導関数$f'(x)$の極値であり、関数$f(x)$の変化率がもっとも大きな地点です。この点を**変曲点**と言います。

* 10　$y = f(x)$の導関数は$f'(x)$、その導関数の導関数は微分を2回したことになるので$f''(x)$のように表記します。ダッシュの数が微分した回数を表します。
* 11　導関数$f'(x)$の極小は、最も変化率が低かった場所ではないので注意してください。変化率が最も低いのは、$f'(x)$の値が0になったところです。

コラム 極小と極大

　1つのグラフに現れる極値は、図8-14上のグラフのように極小と極大が1つずつとは限りません。たとえば、図8-15のグラフには極大と極小が3つずつ現れていますし、場合によっては極大値が極小値を下回ることもあります（図8-15では左から2番目の極大値と最も左の極小値）。

　何だか腑に落ちないという人は「極小」と「極大」の意味を確認してください。極小は谷の底に現れる平らな部分、極大は山の頂上に現れる平らな部分です。どちらも最小値、最大値とは意味が違うので混同しないようにしましょう。

第**8**章　微分・積分

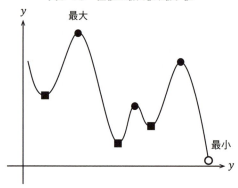

図8-15　極値と最大値、最小値

3 積分とは

微分とセットのように勉強する積分ですが、ここでは覚えてほしいことが2つあります。1つは**積分は面積を扱う**ということ、そしてもう1つは**積分は微分の逆演算**ということです。

3.1　変化を積み重ねる

図8-16は、この章の冒頭に出てきた会社の賃金モデルです。このようなグラフを見ていると、「25歳までにどのくらいもらえるかな？」とか「40代になると、どうなんだろう？」とか、気になりませんか？

図8-16 賃金モデル

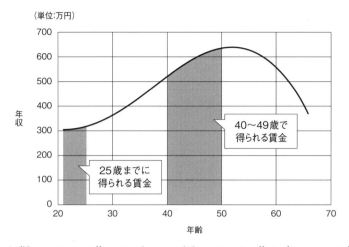

それを調べるために作ったグラフが図8-17です。作り方はとても簡単で、
　①ある年度の年収に、前年度までの年収を合計したものを足す
　②その値を使ってグラフを描く
と、これだけです。2つのグラフを見比べて、何か気が付くことはありませんか？

図8-17　生涯賃金グラフ

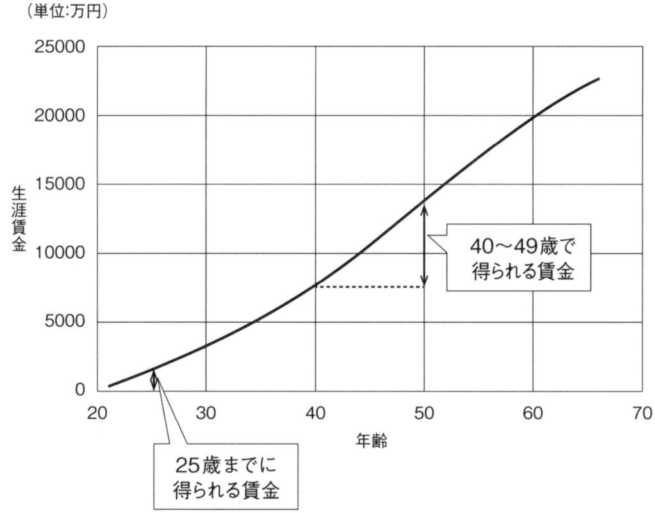

イメージしにくいという人のために、図8-18を用意しました。これは年

収グラフと生涯賃金グラフの一部（20歳から25歳まで）を拡大したものです。すると、20歳から24歳までの年収の合計は、右の棒グラフの5番目に相当することになります。もう少し丁寧に説明すると、図8-18左のグラフでは面積として表される部分が、図8-18右のグラフでは高さになるということです。これが積分の基本です。

図8-18　年収と年収合計の関係

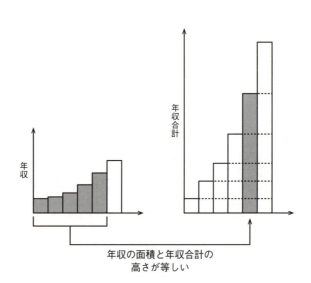

「ある部分を積み重ねる」から**積分**。積み重ねとは、足し算そのものですね。この節の最初に「積分は微分の逆演算だ」という話をしたのですが、その意味も理解していただけたのではないでしょうか。

3.2　積分する

「微分する」と同じように、積分も「積分する」という言い方をします。何をすることかと言えば、「連続して変化する値を足して、合計を求める」

——。これだけです。簡単でしょう？

ところが、数学の世界で積分の式に書かれた記号の羅列を見ると、途端にその意味を忘れてしまう。そんなことはありませんか？ 数学の世界では、積分することを

$$\int f(x)dx$$

のように表記します。∫は「合計する」という意味のsummationの頭文字「s」を縦に伸ばしたもので、「インテグラル」と発音します。もちろん、この式を「インテグラルエフエックスディーエックス」と発音してもよいのですが、なんだか意味がわかりませんね。今後、この式を見たら「$f(x)$をdxで積分すると……」のように読んで、「関数$f(x)$に、ごく小さな値dxを与えたときの合計を求めるんだな」と思ってください。

ここで大事なことは、「ごく小さな値dx」です。たとえば、図8-19上は$y = x$のグラフです。このグラフとx軸とで囲まれた部分の面積は、三角形の面積の公式を使って

$$S = \frac{10 \times 10}{2} = 50$$

で求められますね。面積は50です。

では、積分を利用してみましょう（図8-19下）。ひと目盛りごとに棒グラフを描いて、それぞれの面積（＝縦×横）を足し算すると、

$$S = 1 + 2 + 3 + 4 + 5 + 6 + 7 + 8 + 9 + 10 = 55$$

となり、三角形の面積の公式を使って求めた値よりも、値が大きくなってしまいました。理由はわかりますか？

305

図8-19　$y = x$とx軸とで囲まれた領域の面積を求める

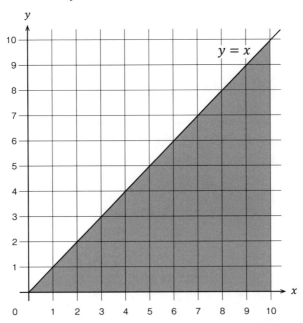

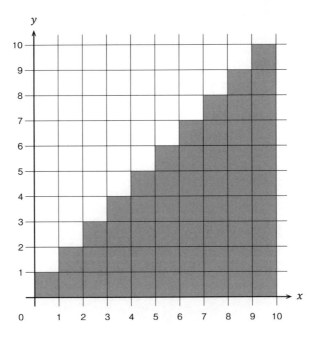

306

図8-19上のように、直線で囲まれた領域の面積であれば、公式を使って正確に求めることができます。しかし、図8-20のような曲線で囲まれた領域の面積を求める公式はありません。そこで横幅がとても小さな棒、つまり極細の棒を敷き詰めて、それを加算して面積を求めるという方法を利用するのですが、棒の幅が太いと図8-19下のように誤差が生じてしまいます。だから「ごく小さな値」が大事なのです。

図8-20　曲線とx軸とで囲まれた領域の面積

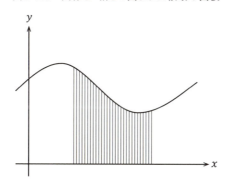

Try Python 棒グラフの幅と誤差の関係

　$y=x$のグラフとx軸とで囲まれた領域の面積を積分で求めるとき、図8-21のように棒グラフの幅を小さくすれば誤差も小さくなります。リスト8-4のcalc_area()関数は、図8-21のグレーに塗った部分の面積を求めるプログラムです。引数dxには、棒グラフの横幅を与えてください。この値を小さくすればするほど、面積は50に近づきます（表8-2）。

```
>>> calc_area(1)      ←幅が1のとき
55                    ←表示された結果
```

図8-21 棒グラフを細くして誤差を小さく

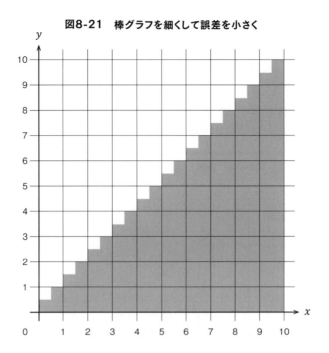

リスト8-4 棒の太さを変えて面積を求める

```
1.  def calc_area(dx):
2.      h = 0                    # 棒の高さ
3.      area = 0                 # 面積
4.      cnt = int(10 / dx)       # 棒の数
5.      for i in range(1, cnt+1):
6.          h = i * dx           # 高さを求める
7.          s = h * dx           # 棒の面積を求める
8.          area += s            # 棒の面積を積算する
9.      return area
```

表8-2　リスト8-4実行結果

幅	面積
1	55
0.5	52.5
0.1	50.499999
0.01	50.049999
0.001	50.005000

3.3　定積分・不定積分

　図8-22は、この節の最初に示した2つのグラフを縦に並べたものです。20歳から24歳までに得られる賃金の合計が、図8-22下に示したグラフでは高さになることは、わかっていただけたと思います。では、40歳から49歳までに得られる賃金の合計はどうでしょう？　この場合は40歳になるまでにもらった総賃金を引かなければなりませんね。

図8-22 賃金モデル

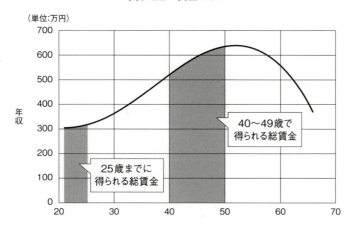

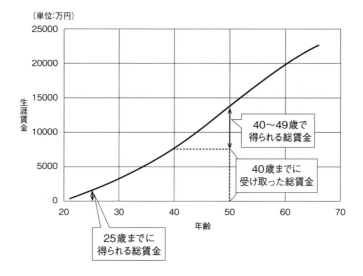

このように範囲を決めて積分することを、数学の世界では**定積分**と言い、

$$\int_a^b f(x)dx$$

のように表記します。インテグラルの横に、新たにaとbが追加されましたが、これは範囲の下限 (a) と上限 (b) で、上の式は「$f(x)$にaからbまでの範囲で、ごく小さな値dxを入れて積分すると」という意味になります。なお、

積分する範囲を指定していない次の式は**不定積分**と言います。

$$\int f(x)dx$$

定積分や不定積分という言葉は、次のような問題で見た覚えがあるのではないでしょうか。

問題① $\int x^2 dx$の不定積分を求めなさい

問題② $\int_2^4 x^2 dx$の定積分を求めなさい

これらの問題の意味を説明する前に、微分と積分の関係を整理しておきましょう。

3.4 原始関数

図8-23上のグラフは、これまでに何度も登場した賃金モデルです。隣り合う2つの年度の差をグラフにすると図8-23下になり、年収の変化、つまり、1年ごとの昇給額がわかります[*12]。今度は下から上に見ていきましょう。図8-23下でグレーに塗った部分は、入社してから35歳までに昇給した額を表しています。この昇給額が、上のグラフでは高さになって表れます。この関係は、微分と積分そのものですね。

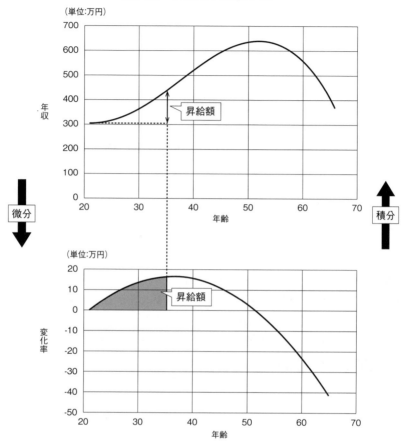

図8-23　年収グラフと差分グラフ

　積分とは、極細の棒を敷き詰めて図8-23下のグレーに塗った部分の面積を求めることでした。しかし、この方法はとても手間がかかります。それよりも、図8-23上に示した高さを求める方が簡単そうに見えませんか？　実は、

　　　問題①　$\int x^2 dx$の不定積分を求めなさい

という問題は「ある関数を微分したらx^2になったから、その基になった関数を求めなさい」という意味です。少しややこしいですね。もう一度、図8-23で説明しましょう。

図8-23下は、図8-23上のグラフを微分して得られた導関数が描くグラフです。このグラフのグレー部分の面積は、図8-23の上のグラフ、つまり導関数の基になった関数がわかれば、その関数に引数を与えることで求められますね。

微分して$f(x)$になる関数のことを**原始関数**と言い、数学の世界では$F(x)$と表記するのが一般的です。また、原始関数を求めることを「$f(x)$を不定積分する」と言います。つまり、「$\int x^2 dx$の不定積分を求めなさい」という問題文は、「微分してx^2になる関数$F(x)$を求めなさい」という意味になります。

また、

問題② $\int_2^4 x^2 dx$の定積分を求めなさい

という問題は、「微分してx^2になる関数$F(x)$を使って、xの値が2〜4の範囲での面積を求めなさい」という意味になります。

* 12　この章の「1　曲線とグラフ」を参照してください。

コラム 微分と積分の関係

微分する、積分する、不定積分する、導関数を求める、原始関数を求める……。微分・積分を勉強していると、よく似た言葉がたくさん出てきます。これらの関係を理解するヒントを図8-24 (*13) に示しておきましょう。

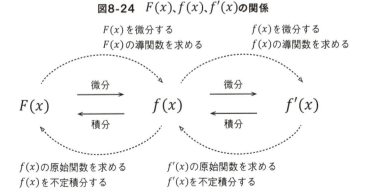

図8-24　$F(x)$、$f(x)$、$f'(x)$の関係

＊13 図8-24は、微分と積分のイメージ図です。関数 $f(x)$ を微分して得られた導関数 $f'(x)$ を不定積分しても、完全に基の関数 $f(x)$ に戻るわけではありません。理由は、このあとの「3.6 積分定数 C とは」で説明します。

3.5 　積分の公式

　学生時代に頭を悩ませた「問題① $\int x^2 dx$ の不定積分を求めなさい」と「問題② $\int_2^4 x^2 dx$ の定積分を求めなさい」は、どちらも「微分して x^2 になる関数を求める」ところまでは同じです。不定積分の場合は原始関数の式が、定積分は与えられた範囲を使って値を求めた結果、つまり面積が答えになります。では、「微分して x^2 になる関数」はどうやって求めるのか？ 気になりますね。これは、

$$\int x^n dx = \frac{1}{n+1} x^{n+1} + C \qquad （ただし、C は積分定数）$$

という公式で解くことができます。さっそく問題①を解いてみましょう。答えは

$$\int x^2 dx = \frac{1}{2+1} x^{2+1} + C = \frac{1}{3} x^3 + C \qquad （ただし、C は積分定数）$$

になります。最後の「ただし、C は積分定数[＊14]」まで、きちんと書いてくださいね。

　積分する範囲が与えられている問題②は、図8-25のグレーに塗った部分の面積を求める問題です。これは x の値が4までの面積から、x の値が2までの面積を引いた値になりますね。一般式で表すと、

$$\int_a^b f(x)dx = [F(x)]_a^b = F(b) - F(a)$$

です。問題①から $\int x^2 dx = F(x) = \frac{1}{3} x^3 + C$ ですから、ここに $x = 4$ と $x = 2$ を代入すると

$$\int_2^4 x^2 dx = \left[\frac{1}{3} x^3 + C\right]_2^4 = \left(\frac{1}{3} \times 4^3 + C\right) - \left(\frac{1}{3} \times 2^3 + C\right)$$

$$= \left(\frac{64}{3} + C\right) - \left(\frac{8}{3} + C\right) = \frac{56}{3}$$

となり、図8-25のグレー部分の面積は $\frac{56}{3}$ になります。

図8-25　$y = x^2$のグラフと積分する範囲

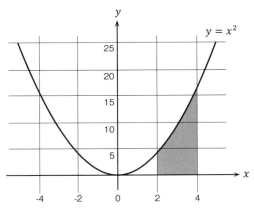

「曲線で囲まれた面積なんて測れないし、$\frac{56}{3}$が正しいかどうか判断できないじゃないか」という人は、

$$\int_0^{10} x\,dx$$

を解いてみてください。これは「$y = x$のグラフとx軸とで囲まれた領域のうち、xの値が0から10までの面積」、つまり、図8-26のグレー部分の面積を求める問題です。これを計算すると、

$$\int_0^{10} x\,dx = \left[\frac{1}{1+1}x^{1+1} + C\right]_0^{10} = \left(\frac{1}{2}\times 10^2 + C\right) - \left(\frac{1}{2}\times 0^2 + C\right)$$
$$= (50 + C) - (0 + C) = 50$$

となり、ちゃんと三角形の面積の公式を使って求めた値と同じ値になりましたね。

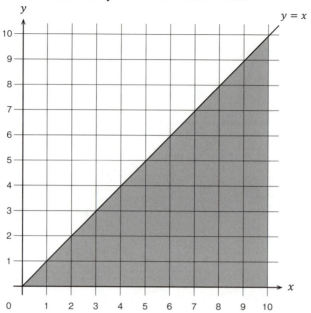

図8-26　$y = x$のグラフと積分する範囲

*14　積分定数Cについては、次の「3.6　積分定数Cとは」で説明します。

Try Python　$\int_{-3}^{3}(x^2 + 2x + 5)dx$の定積分を求める

図8-27は$y = x^2 + 2x + 5$のグラフです。xの値が-3から3までの面積（グレーに塗った部分）を求めてみましょう。

図8-27 $y = x^2 + 2x + 5$のグラフと積分する範囲

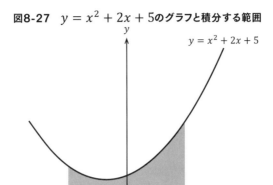

$f(x) = x^2 + 2x + 5$のように関数$f(x)$に複数の項がある場合は、それぞれの項に公式を適用して不定積分を求めてください。

$$\int_{-3}^{3} (x^2 + 2x + 5)dx$$
$$= \left[\frac{1}{2+1}x^{2+1} + 2\times\frac{1}{1+1}x^{1+1} + 5\times\frac{1}{0+1}x^{0+1}\right]_{-3}^{3}$$
$$= \left[\frac{1}{3}x^3 + x^2 + 5x\right]_{-3}^{3}$$

ここから先はコンピュータに計算してもらいましょう。定積分は

$$\int_{a}^{b} f(x)dx = [F(x)]_{a}^{b} = F(b) - F(a)$$

で求められるので、不定積分した式をF()関数として定義し、−3と3を引数にして実行すると、

```
>>> def F(x):                    ←F(x) = 1/3 x³ + x² + 5x
...     return 1/3*x**3 + x**2 + 5*x
...
>>> a = F(-3)                    ←F(a)
>>> b = F(3)                     ←F(b)
>>> b-a                          ←F(b) − F(a)
```

| 48.0 | ←表示された結果 |

答えは48です。

　通常はこのように計算しますが、PythonではSciPy[15]のintegrateモジュール[16]に定義されているquad()関数を使って定積分を求めることができます。この場合、自分で不定積分を求める必要はありません。たとえば、$\int_{-3}^{3}(x^2 + 2x + 5)dx$の定積分は次の手順で求められます。quad()関数は値を2つ返します[17]が、その1つめが定積分して求めた値です。

```
>>> from scipy import integrate
>>> def func(x):
...     return x**2 + 2*x + 5       ]←基となる関数(x² + 2x + 5)を定義
...
>>> integrate.quad(func, -3, 3)      ←定積分を求める
(47.99999999999999, 5.32907051820075e-13)   ←表示された結果
```

＊15　科学計算用のライブラリです。Anacondaに付属しています。
＊16　積分関数が定義されているモジュールです。
＊17　2つめの値は推定誤差です。

3.6　積分定数Cとは

　前項「3.5　積分の公式」で定積分を解いたとき、不定積分の後ろについていた**積分定数C**が計算の途中で消えたことに気付いたでしょうか？ そもそも不定積分の後ろには、なぜ「ただし、Cは積分定数」のような補足が付いていたのか不思議に思いませんでしたか？
　繰り返しになりますが、

$$\int x^2 dx \quad \text{の不定積分を求めなさい}$$

という問題文は、「微分してx^2になる関数$F(x)$を求める」という意味ですから

318

$$F(x) = \frac{1}{3}x^3$$

ですね。次は逆の演算をしてみましょう。

$$y = \frac{1}{3}x^3 + 5 \quad \text{を微分しなさい}$$

積分の逆の演算と言えば微分[*18]ですね。上記の式を微分すると

$$f'(x) = x^2$$

になります。同じように$y = \frac{1}{3}x^3 + 333$や$y = \frac{1}{3}x^3 + 634$を微分してみてください。答えは必ず$f'(x) = x^2$になります。

つまり、微分してx^2になる関数は$y = \frac{1}{3}x^3$だけでなく、$y = \frac{1}{3}x^3 + 5$や$y = \frac{1}{3}x^3 + 333$など、いろいろあります。そこで、微分したときに消えてしまう定数をまとめて、

$$\int x^2 dx = \frac{1}{3}x^3 + C \qquad (\text{ただし、} C \text{は積分定数})$$

のように表記しているのです。

では、定積分をするとCが消える理由はわかりますか？ ヒントは次の式です[*19]。

$$\int_a^b f(x)dx = [F(x)]_a^b = F(b) - F(a)$$

* 18　微分の仕方を忘れてしまった人は、この章の「2.4　微分の公式」に戻って確認してください。
* 19　$F(x)$に範囲の下限と上限を入れて引き算するのですから、積分定数Cはここでは必ず消えます。

4 道具としての微分・積分

微分は変化の様子を知るための道具、積分はごく小さな部分の合計を知るための道具です。それがどんな場面で利用されているのか、最後に具体的な応用例を少しだけ紹介しましょう。

4.1 曲線の接線

数学の参考書で「微分係数とは、$y = f(x)$の$x = a$における接線の傾きである」のような記述を見たことはありませんか？ 新しく**接線**という言葉が出てきて戸惑ったかもしれませんが、これは「2.2 微分係数」で見てきたことと同じ話です。大事なところなので、もう一度、図8-28を見ながら参考書に書かれていた内容を確認しましょう。

図8-28　曲線に接する線

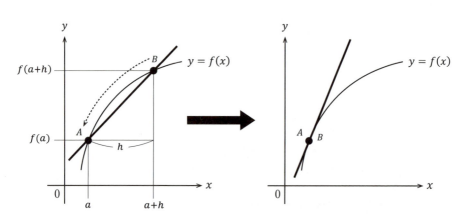

図8-28左の点BがAまで変化する間にyが変化する割合は、$\frac{f(a+h)-f(a)}{h}$です。これは直線ABの傾きと等しい値です。この状態から点Bを少しずつAに近づけていきます。極限まで近づけると、図8-28右のように直線ABは点Aを通って$y = f(x)$の曲線に接する線、つまり接線になります。ということは？――「微分係数とは、$y = f(x)$の$x = a$における接線の傾き」ですね。

Try Python **接線を描画する**

微分係数とは、$y = f(x)$の$x = a$における接線の傾きである――。これに具体的な式や値を入れると、

　　　微分係数とは、$y = 2x^2 + 3$の$x=0.25$における接線の傾きである

になります。$x=0.25$をこの式に代入すると、yの値は3.125ですね。リスト8-5は、関数$y = 2x^2 + 3$の $(0.25, 3.125)$ における接線を描画するプログラム、その実行結果が図8-29です。

リスト8-5　接線を描画する

```
 1. %matplotlib inline
 2. import matplotlib.pyplot as plt
 3. import numpy as np
 4.
 5. # x の値
 6. x = np.arange(-1, 1, 0.1)
 7.
 8. # 基の関数
 9. y = 2*x*x + 3
10.
11. # 接線
12. a = 4*0.25                    # 導関数f'(x) = 4x（傾き）        ←①
13. b = 3.125 - a * 0.25          # 切片b = y - ax
14. y2 = a*x + b                  # 接線の式
15.
16. # グラフを描画
17. plt.plot(x, y)               # 基の関数
18. plt.plot(x, y2)              # 接線
19. plt.grid(color='0.8')
20. plt.show()
```

第8章 微分・積分

321

図8-29　リスト8-5実行結果

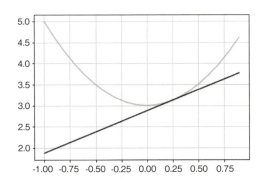

　①からの3行が、接線の式($y = ax + b$)[*20]を求める処理です。接線の傾きaは$y = 2x^2 + 3$のx=0.25における微分係数と等しいので、$y = 2x^2 + 3$の導関数$f'(x) = 4x$にx=0.25を代入すると求められます。切片bは直線の式を変形した$b = y - ax$に、求めた傾きと座標 (0.25, 3.125) を代入すれば得られますね。あとは接線の式を使ってグラフを描画するだけです。関数を使ったグラフの描画方法は、第3章「3.直線の方程式」を参照してください。

* 20　第3章「3.直線の方程式」を参照してください。

コラム なめらかな曲線を描画する

　図形描画用のソフトウェアを使って曲線を描いてみましょう。思い通りに描けますか？ 本当は図8-30左のようになめらかな曲線に仕上げたいのに、不自然な曲がり角ができてしまった……という経験はありませんか？

図8-30 曲線のつなぎ目

　曲線の中でもベジェ曲線と呼ばれるものは、始点と終点、曲線の形を決める2つの制御点の合計4点を使って曲線を描きます（図8-31）。図形描画用ソフトウェアの中には曲線を描画したあとに始点や終点だけでなく、制御点を自由に動かして形を修正できるものもあります。このときに注目してほしいのは、始点と制御点①、終点と制御点②を結ぶ直線です。この直線、何かわかりますか？

図8-31 ベジェ曲線の形を決める点

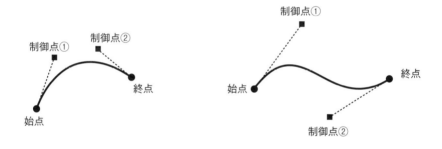

　これらの直線は、始点または終点を通る接線です。接線の傾きは、ある点における変化率、つまり曲線がどう変化するかを表しているので、この変化率は曲線を微分すれば……という計算はコンピュータに任せることにして、私たちは制御点の取り方を工夫して、きれいな曲線を描くことに集中しましょう。

　なめらかな曲線を描くための条件は、

　　　①1本目の曲線の終点と、2本目の曲線の始点の位置が同じであること
　　　②1本目の曲線の終点と制御点②が作る接線と、2本目の曲線の始点と制御点①が作る接線の傾きが等しいこと

の2つです（図8-32左）。なお、ベジェ曲線を連続して描画できるソフトウェアの場合、1本目の終点と2本目の始点は同じ位置になりますが、接線の傾きが異なれば図8-32右のように不自然な形になります。

図8-32　なめらかな曲線を描く方法

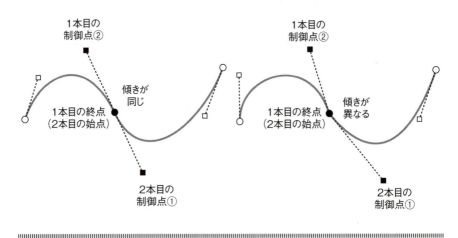

4.2 輪郭の抽出

写真を加工するソフトウェアには、画像の輪郭を取り出して表示する機能があります（図8-33）。「輪郭抽出」や「エッジ抽出」と呼ばれるこれらの機能は、微分と同じ考え方でできています。

図8-33 輪郭の抽出例

基の画像

輪郭抽出

　私たちは色の変化や影の様子を見て、物体の形を認識していますね。写真を加工するソフトウェアも、基本は同じです。画像の濃淡（各ピクセルの明るさ）や色情報を見て、変化の少ないところは同じ領域、値が急激に変化するところは領域と領域の境目、つまり輪郭であると判断しています（図8-34）。

　値の変化を見る方法と言えば、引き算ですね。画像処理の参考書では「画像を微分する」という表現が使われますが、そこで実際に行われているのは引き算です。

図8-34　明るさが急激に変化するところが輪郭

明暗差の激しいところを輪郭と判断

第8章　微分・積分

325

Try Python 画像の輪郭をプログラムで抽出する

リスト8-6は画像の輪郭を抽出するプログラムで、その実行結果が図8-35です。画像の読み込みには、PILライブラリ(＊21)を使いました。輪郭を抽出する画像(リスト8-6ではsample.png)は、プログラムと同じフォルダにあることを前提にしています。少し長いプログラムになりましたが、輪郭抽出のためにしたことは引き算だけです。

図8-35　リスト8-6実行結果

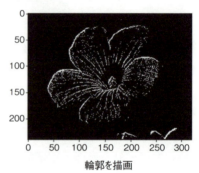

基の画像　　　　　　　　　　　　　　　輪郭を描画

リスト8-6　画像の輪郭を抽出する

```
1.  %matplotlib inline
2.  import matplotlib.pyplot as plt
3.  from PIL import Image
4.
5.  # 画像読み込み
6.  src_img = Image.open('sample.png')              ←①
7.  plt.imshow(src_img)
8.  plt.show()
9.
10. # 画像サイズ
11. width, height = src_img.size
12.
13. # 出力用
14. dst_img = Image.new('RGB', (width, height))     ←②
```

```
15.
16. # カラー -> モノクロ
17. src_img = src_img.convert("L")                                              ←③
18.
19. # 輪郭抽出
20. for y in range(0, height-1):
21.     for x in range(0, width-1):
22.         # 明るさの差を調べる
23.         diff_x = src_img.getpixel((x+1, y)) - src_img.getpixel((x, y))
24.         diff_y = src_img.getpixel((x, y+1)) - src_img.getpixel((x, y))
25.         diff = diff_x + diff_y
26.                                                                               ④
27.         # 出力
28.         if diff >= 20:                                                        ←⑤
29.             dst_img.putpixel((x, y), (255, 255, 255))
30.         else:
31.             dst_img.putpixel((x, y), (0, 0, 0))
32. plt.imshow(dst_img)
33. plt.show()
```

①で画像を読み込みます。②は同じ大きさの画像領域を新たに作成する命令です。この領域は抽出した輪郭の描画用に使います。なお、モノクロ画像を対象にしたほうがきれいに輪郭を抽出できるので、③でカラー画像をモノクロに変換する処理をしています。これらの命令はPILライブラリに定義されています。これに続いて、ピクセルごとに明るさを調べたり、指定したピクセルに点を描画する処理をしますが、これらの命令もPILライブラリに定義されています。

④の二重のforループが、画像の輪郭を抽出する処理です。このループを利用すると、画像の左から右へ、上から下へという順で、すべてのピクセルにアクセスできます。ここで左右に隣り合う2つのピクセルの明るさの差（diff_x）と、上下に並ぶピクセルの明るさの差（diff_y）を調べて、2つを足した値が20以上であれば注目ピクセルに白色の点を描画するという処理を行っています。この白色の点が、画像の輪郭になります。

⑤で輪郭かどうかを判断する基準として明るさの差を20以上にしています(*22)が、この値を変えると結果も変わります。画像によって適切な値は変わるので、いろいろためしてみてください。

* 21　画像処理用のライブラリです。Anacondaに付属しています。
* 22　このような値を「閾値（しきいち）」と言います。

コラム 画像の面積を調べる

　図8-36右の花の面積は？　——面積と言えば積分ですね。花の輪郭を式で表して、その式が描く曲線で囲まれた面積を求めればよいのですが、なかなか大変です。その代わりにピクセル数を数えましょう。積分とは、小さな部分を積み重ねて合計を調べること、でしたね。

図8-36　画像の面積を調べる

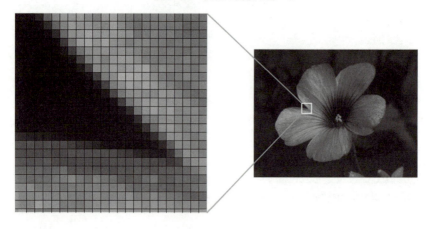

　医療の現場ではレントゲン写真やCT、MRIなどの画像から病気やケガを診断(*23)しています。たとえば、胸部のCTを撮影すると心臓や肺などの断面を画像で見ることができ、それぞれの面積はピクセル数を数えることで調べることができます。また、連続する断面の面積を足し算すれば、体積も求めることができます。

　大きなものをどんどん小さくして、その小さくなったものを積み重ねる。

それによって同じものでも見え方が変わってくるなんて面白いですね。

*23 これを「画像診断」と言います。

4.3 円周と円の面積の関係

紙の上に小さな円を1つ描いてください。次に、最初の円よりも、ほんの少しだけ半径が大きな円を描いてください。円の中心は同じ位置です。さらに半径の大きな円を描いて……。これを何度か繰り返して描いたのが図8-37です。最も外側の円の中に、細かく円がぎっしり詰まっているように見えますね。

図8-37 半径を少しずつ大きくしながら同心円を描画

積分とは、曲線で囲まれた部分に極細の棒を敷き詰めて、それを足し算することで面積を求める手法(*24)でした。「極細の棒」を「細かい円」に置き換えれば、円周を利用して図8-37の最も外側の円の面積が求められそうな気がしませんか？

円周を求める公式は$2\pi r$ですから、この不定積分を求めると

$$\int (2\pi r)dr = 2\pi \times \frac{1}{1+1}r^2 = \pi r^2 + C \quad (ただし、Cは積分定数)$$

となり、円の面積を求める公式になりました。今度は$f(r) = \pi r^2$を微分してみましょう。

$$f'(r) = 2\pi r$$

ちゃんと円周を求める公式になりました。微分とは変化の様子を表したものです。つまり、この導関数は半径rがほんの少し大きくなる間に円の面積

は円周の分だけ変化する、ということを意味しています。

＊24　この章の「3.2　積分する」を参照してください。

Try Python トイレットペーパーの長さを求める

図8-38は、トイレットペーパーを真上から見た図です。図に示された値を手掛かりに、トイレットペーパーの長さを求めてみましょう。

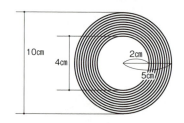

図8-38　トイレットペーパーを真上から見たところ

ここでトイレットペーパーは同心円上に薄い紙を順々に巻き付けたものと見なすことにします。そう考えると、1巻きは半径rの円の円周になるので、半径が2cmの位置から5cmの位置までの円周の合計は、

$$\int_{2}^{5}(2\pi r)dr = [\pi r^2]_{2}^{5}$$

で求めることができます。積分の式をよく見てくださいね。これは「関数$y = 2\pi r$をrで積分する」という意味です。この式で求めた値は図8-38のドーナツ状に描かれた部分の面積であって、トイレットペーパーの長さではありません。長さを求めるには、もうひと工夫必要です。

図8-39は、トイレットペーパーをすべて伸ばして真横から見た様子です。元は同じものですから、図8-39で示した薄い長方形の面積と図8-38のドーナツ状に描かれた円の面積は同じはずですね。

図8-39　トイレットペーパーを伸ばして真横から見たところ

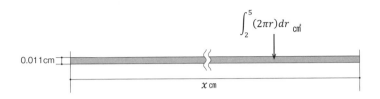

ここで、紙の厚さを0.11mm（= 0.011cm）、積分して求めた面積をs、トイレットペーパーの長さをxとすると、

$s = 0.011 \times x$

が成立するので、これをxについて解けば長さがわかります。

以上の計算をプログラミングしたものが、リスト8-7です。定積分の計算にはSciPyに定義されているintegrate.quad()関数を使いました。このプログラムを実行すると、

```
(65.97344572538566, 7.324523845818128e-13)
5997.58597503506
```

のような結果になります。2行目がトイレットペーパーの長さですが、この単位はcmです。メートルに換算すると、およそ60mです。

リスト8-7　トイレットペーパーの長さを求める

```
1. from scipy import integrate
2. import math
3.
4. # 半径 r の円の円周を求める
5. def calc_area(r):
6.     return 2 * math.pi * r
7.
8. # 半径2〜5の区間の円周の合計
```

```
 9.  s = integrate.quad(calc_area, 2, 5)
10.  print(s)
11.
12.  # トイレットペーパーの長さ
13.  x = s[0] / 0.011
14.  print(x)
```

4.4 円錐の体積

　円柱と円錐の体積を求める公式、覚えていますか？ 円柱を真横に切断すると、切断面は半径rの円になります。この円を高さhの数だけ積み重ねたものが円柱ですから、その体積は$V = \pi r^2 h$で求められますね（図8-40左）。では、円錐の体積はどうでしょう？ 学校では$V = \frac{1}{3}\pi r^2 h$と習いましたが、理由を考えたことはありますか？（図8-40右）。

図8-40　円柱と円錐

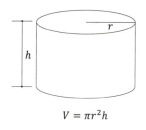
$V = \pi r^2 h$

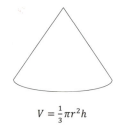
$V = \frac{1}{3}\pi r^2 h$

　図8-41は、円錐の頂点を通って縦に切断した様子です。頂点から底面に垂線を下ろすと、直角三角形ができますね。

図8-41 円錐を縦に切断すると……

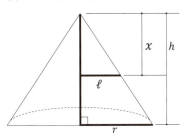

断面にできた大きい方の三角形の底辺をr、頂点からxのところで切断したときにできる三角形の底辺をℓとすると、

$$h:r = x:\ell$$

という比例式が成立するので、小さい方の三角形の底辺ℓは次の式で表すことができます。

$$\ell = \frac{r}{h}x$$

ℓを半径とする円を高さ0からhまで積み上げたものが円錐ですから、その体積は次の式で求めることができます。

$$V = \int_0^h \pi \left(\frac{r}{h}x\right)^2 dx = \left[\pi \times \frac{1}{3} \times x^3 \times \frac{r^2}{h^2}\right]_0^h = \frac{1}{3}\pi h^3 \times \frac{r^2}{h^2} = \frac{1}{3}\pi r^2 h$$

ちゃんと学校で習った公式になりました。ここでは円錐を例にしましたが、底面積をSとすると、三角錐でも四角錐でも体積は

$$V = \frac{1}{3}Sh$$

で求められるということが、これでもう理解できますね。

4.5 球の体積と表面積の関係

積分の考え方を利用するとテニスボールやサッカーボール、スイカや地球の体積も簡単に求めることができます。図8-42は、半径rの球を縦に切断したところです。

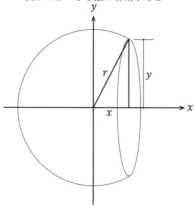

図8-42　球を縦に切断すると…

　球をまっすぐ切断するのですから、断面は円になりますね。この図では、中心からx離れたところで切断しました。すると、この断面の半径yは三平方の定理から

$$x^2 + y^2 = r^2$$
$$y = \sqrt{r^2 - x^2}$$

となり、断面の面積Sは

$$S = \pi \left(\sqrt{r^2 - x^2}\right)^2 = \pi r^2 - \pi x^2$$

で求めることができます。

　球の体積Vは、この面積を$-r$からrまで積分したものになるので、

$$V = \int_{-r}^{r} (\pi r^2 - \pi x^2) dx = \left[\pi r^2 x - \frac{1}{3}\pi x^3\right]_{-r}^{r}$$

$$= \left(\pi r^2 \times r - \frac{1}{3}\pi r^3\right) - \left(\pi r^2 \times (-r) - \frac{1}{3}\pi \times (-r)^3\right)$$

$$= \frac{3}{3}\pi r^3 - \frac{1}{3}\pi r^3 + \frac{3}{3}\pi r^3 - \frac{1}{3}\pi r^3 = \frac{4}{3}\pi r^3$$

で求めることができます。学校で習った球の体積を求める公式になりましたね。

　では、球の体積の公式を微分すると、どうなるでしょう？これは、

$$V' = 4\pi r^2$$

となります。これは、球の表面積を求める公式ですね。

　この章の「3.4　原始関数」で微分と積分は逆演算の関係にあるという話をしました。それなのに、球を薄くスライスしてできた円の面積を積分すると体積が求められて、その式を微分にしたら表面積になるなんて、「納得できない！」という人がいるかもしれませんね。

　改めて説明すると、逆演算の関係にあるのは「計算の仕方」であり、得られる答えの意味まで逆の関係にあるわけではありません。勘違いしやすいところなので、注意しましょう。

Try Python 球の体積と表面積を求める

　さて、球の体積と表面積の公式がわかりました。あとは半径さえわかれば、何でも計算できますね。ちなみに硬式テニスのボールの半径はおよそ3.4cm、サッカーボールの半径は11cm、一般的なスイカの半径は13cm、地球の半径は赤道付近でおよそ6380kmです。

```
>>> import math
>>> r = 3.4                     ←テニスボールの半径
>>> v = 4/3 * math.pi * r**3    ←体積を計算
>>> v
164.63621020892427             ←表示された結果（体積）
>>> s = 4 * math.pi * r**2      ←表面積を計算
>>> s
145.267244301992              ←表示された結果（表面積）
```

第**8**章　微分・積分

335

Appendix
ソフトウェア導入ガイド

1 Pythonのバージョン

本書に掲載したプログラムは、Python3.6およびPython3.7で動作することを確認しています。

PythonにはPython2.x系とPython3.x系の2つのバージョンが存在しますが、これらのバージョンに互換性はありません。そのためPython2.x系では本書に掲載したプログラムが動作しないこともあるので注意してください。

なお、ここではインストールから使い方について説明していきますが、基本的にWindows環境での操作を紹介しています。MacOSやLinuxなど、ほかのOSでは、適宜読み替えてください。

2 Anacondaディストリビューションの導入

「ディストリビューション」とは、プログラムの開発に必要なものを一括してインストールできるようにまとめたものです。今回はPythonプログラミング開発環境を整えるために、「Anaconda」というディストリビューションを使用します。Anacondaを利用するとPythonの標準ライブラリだけでなく、NumPyやmatplotlib、SymPyなどの便利な外部ライブラリ、Jupyter Notebookというプログラムの編集ツールも同時にインストールすることができます。

Anacondaは専用のサイトから入手できます（図A-1）[*1]。ご自分の環境に応じたOSを選択し、Python3.x系のAnacondaをダウンロードしてくだ

さい。数百MBとサイズが大きいので、場合によってはダウンロードに時間がかかるかもしれません。

図A-1　Anacondaダウンロード画面

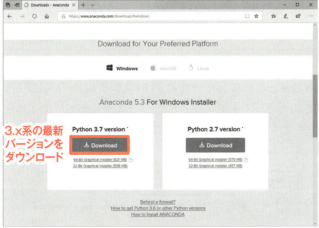

ダウンロードしたファイルをダブルクリックすると、インストーラーが起動します。画面の指示に従ってインストールしてください（図A-2）。

図A-2　Anacondaのインストール

Anacondaは下記のフォルダーにインストールされます。

表A-1 標準のインストール先

OS	標準のインストールフォルダー
Windows 10	C:¥Users¥<your-username>¥Anaconda3¥
MacOS	/Users/<your-username>/anaconda3
Linux	/home/<your-username>/anaconda3

必要であれば、インストール中に表示される画面で変更してください（図A-3）。このとき、フォルダー名にスペースやUnicode文字は使用できないので注意してください。

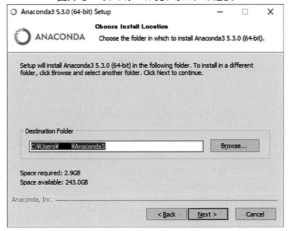

図A-3 インストール先フォルダの選択

インストールの途中でWindowsのシステム環境変数PATHにPythonのフォルダーを追加するかどうかの確認画面が表示されますが、メッセージの中に「設定を推奨しない」と書かれています（図A-4）。ここでPATHを追加する必要はありません。

図A-4　インストールオプションの選択

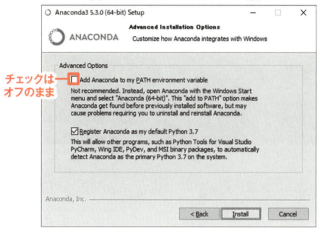

　また、Microsoft Visual Studio Codeのインストール画面が表示されますが、必要なければスキップしてください。本書ではVisual Studio Codeは使用しません。画面に[Finish]ボタンが表示されたらインストールの完了です。

＊1　AnacondaおよびPythonのバージョンや画面のデザインは、ダウンロードする時期によって変わります。

❸ Pythonのバージョンを確認する

　まず、Pythonのバージョンを確認しておきましょう。Windows環境では、スタートメニューから[Anaconda3]→[Anaconda Prompt]の順に選択して、Anacondaのコマンドプロンプトを開いてください（図A-5）。MacOSの場合は「ターミナル」を起動してください。

図A-5　Anaconda Prompt

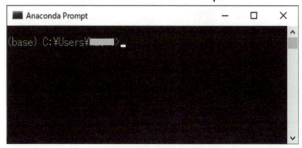

　ここで次のコマンドを入力すると、Pythonのバージョンを確認することができます（図A-6）。

```
> python --version <enter>
```

図A-6　Pythonのバージョンを確認

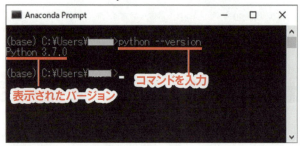

4 Pythonインタプリタを利用する

　続いて、AnacondaのコマンドプロンプトからPythonインタプリタを起動してみましょう。それには、コマンドプロンプトで「python」と入力し、Enterキーを押します（図A-7）。すると、プロンプトが「>」から「>>>」に変わります。これでPythonインタプリタが起動しました。

```
> python<enter>
```

図A-7　Pythonインタプリタ

　Pythonの優れている点は、Pythonと対話をするようにプログラムを実行できる点です。たとえば、「1+1」と入力すれば、Pythonが答えの「2」を返してくれるという感じです。本書でも、ごく簡単なプログラムの実行にはPythonインタプリタを使用します。たとえば、説明の中で

```
>>> bin(-10 & 0b11111111)
'0b11110110'
```

このように表記してあるところは、Pythonインタプリタを利用しています。「>>> 」で始まる行はPythonの命令、先頭にプロンプトが表示されていない行は、その実行結果です（図A-8）。

図A-8　命令を実行する

　Pythonインタプリタを終了するときは、

```
>>> exit()
```

のように入力してください。Anacondaのコマンドプロンプトに戻ること
ができます。MacOSの場合はターミナルに戻ります。

コラム Pythonインタプリタでプログラムを実行する

　ごく簡単なプログラムであれば、Pythonインタプリタでも実行できます。
たとえば、図A-9は10ページで紹介した10進数から2進数へ変換するプロ
グラム（関数）「dec2bin」です（「2.1 10進数から2進数へ」のリスト1-1）。

図A-9　Pythonインタプリタでの入力とリストの例

```
>>> dec2bin(26)      ← dec2bin() 関数で 10 進数の 26 を 2 進数に変換
[1, 1, 0, 1, 0]      ←表示された結果
>>> bin(26)          ← Python の bin() 関数で 26 を 2 進数に変換
'0b11010'            ←表示された結果
```

リスト1-1　10進数から2進数に変換する「dec2bin」

```
1.  def dec2bin(target):
2.      amari = []        # 余りを入れるリスト
3.
4.      # 割り算の商が 0 になるまで
```

　これをPythonインタプリタで実行するには、先に関数を定義して、その
後に実行するという手順になります。

```
>>> def dec2bin(target):        ←ここから関数の定義
        amari = []              ←スペースかタブで位置を合わせてインデント
        while target != 0:      ←コメントや空き行は省いて入力
            amari.append(target % 2)
            target = target // 2
        amari.reverse()
        return amari
```

342

```
>>> dec2bin(26)                    ←定義した関数を利用
[1, 1, 0, 1, 0]                    ←表示された結果
```

　なお、Pythonインタプリタで空の行を入力すると、ブロックの終了と解釈されてしまいます。必ず上記の入力例のように空の行を入れずにプログラムを入力してください。

　Pythonインタプリタは命令の実行結果を1つずつ確認しながら作業できる、とても便利なツールです。当たり前の話ですが、入力した中に1文字でも間違いがあればエラーが発生して何も実行できません。そんなときは最初から入力し直せばよいのですが、これがなかなか面倒なものです。特に関数を作っているときに入力を間違えてしまうと、関数を最初から作り直すはめになるのでとても効率が悪くなります。プログラムが長くなるようなときは、Jupyter Notebookのようなプログラム編集ツールを利用するのがお勧めです。

5 Jupyter Notebookの使い方

　Jupyter Notebookはプログラムの編集や実行、管理などのすべての作業をWebブラウザー上で実行できるツールです（図A-10）。また、プログラムと一緒にグラフや図も表示できるので、Pythonのプログラミングにはおすすめのツールです。Jupyter NotebookはAnacondaと一緒にインストールされるので、別途ダウンロードして導入する手間はいりません。

図A-10　Jupyter Notebookのプログラム編集画面

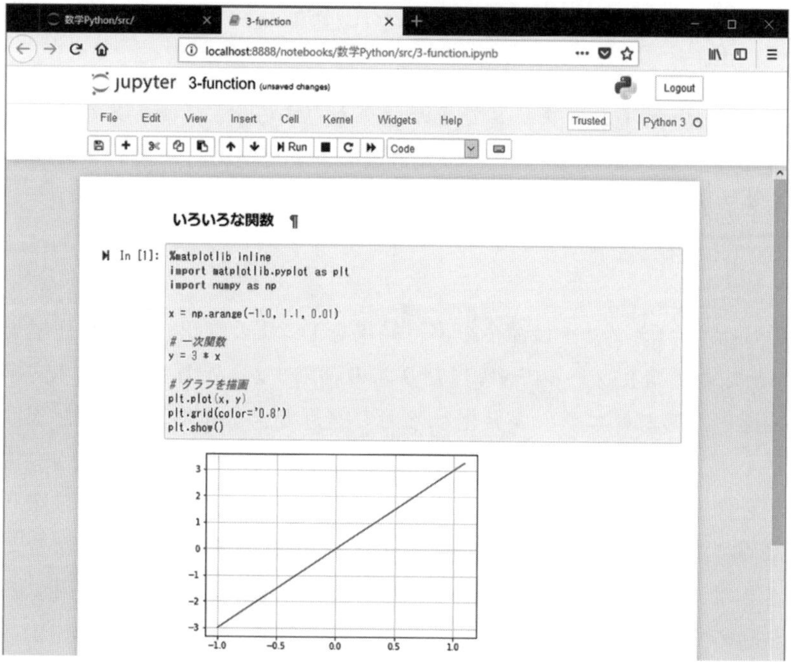

　Jupyter Notebookを起動するには、スタートメニューから［Anaconda3］
→［Jupyter Notebook］を選択してください。コマンドプロンプトが起動
したあと、しばらくするとWebブラウザーが起動してJupyter Notebookの
画面が表示されます（図A-11）。MacOSの場合は「ターミナル」を起動して、
「jupyter notebook」と入力すると起動できます。なお、ホームディレクトリ
はAnacondaをインストールしたフォルダーです。

図A-11　Jupyter Notebook起動画面

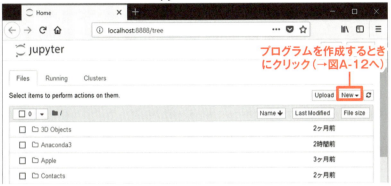

5.1　プログラムを作成する

　画面の右上端にある[New]ボタンを押すと、プルダウンメニューが開きます。ここで[Python3]を選択すると、プログラムの作成画面になります(図A-12)。In[ ]の右横の箱(これを「セル」と言います)がプログラムを入力する領域です。左横の[Run](実行)ボタンをクリックすると、そのセル(*2)に記述したプログラムを実行できます。Out[ ]は実行結果です。

図A-12　プログラムを実行する

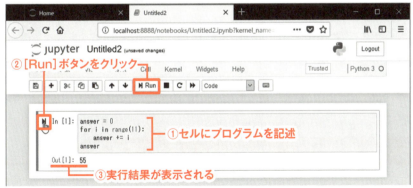

　プログラムは複数のセルに分けて入力できます。その場合は[Cell]メニューから[Run All]または[Run All Below]を選択してください。[Run All]は画面に表示されているすべてのプログラムを、[Run All Below]は

345

編集対象のセル以降に書かれたプログラムを一度に実行します。

　セル単位で何度もプログラムを実行しているうちに、変数の値がわからなくなるといったことがよくあります。そんな場合は［Kernel］メニューから［Restart & Run All］を選択してください。すべてをリフレッシュしてプログラムを再実行することができます。

＊2　編集中のセルには左端に緑色のラインが表示されます。

5.2　プログラムに名前を付けて保存する

　［File］メニューから［Rename...］を選択するか、画面に表示されたファイル名の部分をクリックすると、名前を変更することができます（図A-13）。プログラムをある程度書いたところで、ファイルを保存しておきましょう。それには［File］メニューから［Save and Checkpoint］を選択するか、ツールバー上の［Save and Checkpoint］ボタンをクリックします。

図A-13　ファイル名を変更する

5.3　Jupyter Notebookを終了する

　プログラムの作成画面で［File］メニューから［Close and Halt］を選択すると、ホームディレクトリに戻ります。ブラウザを終了したあと、コマンドプロンプトで［CTRL］＋［C］キーを入力すると、Jupyter Notebookを終了することができます。

347

索引

【数字】

2進位取り記数法	12
2進数	13
2進法	12
2の補数	29, 67
10進位取り記数法	10
10進数	10
10進法	10
16進位取り記数法	14
16進数	14
16進法	14
24ビットカラー	44
32ビットカラー	44

【A-Z】

AND演算	62, 81
ASCIIコード表	43
cos	111
False	80
float	33
int	33
matplotlib	88
NOT演算	66
OR演算	63, 83
pyplot	88
sin	111
tan	111
True	80
XOR演算	65

【あ】

一次変換	189
一様分布	250

移動平均	271
円周率	241
円錐	332
重み	10

【か】

解	91
回帰直線	275
階級	254
階乗	228
外積	165
確率	234
仮数部	40
傾き	97
関数	93
機械学習	234
基数	11
基数変換	16
逆行列	183, 184
球	333
共分散	268
行列	172
極小	300
極大	300
極値	300
空集合	219
組み合わせ	231
桁の重み	10
原始関数	311
交点	103
誤差	41
弧度法	115

【さ】

最頻値	252
差集合	218
差分	285
三角比	110
算術演算	48
算術演算子	48
算術右シフト	60
散布図	266
三平方の定理	118
試行	222
事象	222
指数	40
指数部	40
実数	33, 35, 37
実数誤差	41, 53
シード	281
シフト演算	54
集合	214
集合演算	216
樹形図	224
順列	224, 226
小数部	37
真理値表	80
推測統計学	247
数学的確率	238
スカラー	140, 159
正規分布	250
整数	33
整数部	37
正の相関	266
成分	135, 172
積集合	217
積の法則	223, 238
積分	302, 304

積分定数	318
接線	320
切片	97
ゼロベクトル	144
線形合同法	281
線対称	190, 192, 194
相関	266
相関係数	268

【た】

対称移動	190
対称差	219
代入演算子	50
代表値	250
種	281
単位行列	182
単位ベクトル	140
単精度浮動小数点数	41
中位数	252
中央値	252
中間値	252
重複順列	230
直線の傾き	97
底	11
定積分	310
データベース	220
点対称	193
導関数	295
統計	246
統計的確率	238
同次座標	203
度数	254
度数分布図	249, 254
度数法	115

【な】

内積 154, 158

【は】

場合の数 222
倍精度浮動小数点数 41
排他的論理和 80
バイト 23
比較演算 78
ヒストグラム 249
ピタゴラスの定理 118
ビット 23
ビット演算 61
微分 284
微分係数 292
標準化 263
標準偏差 258, 260
標本 247
比例式 104
複合演算子 50, 51
符号ビット 27
符号部 40
不定積分 311
浮動小数点数 40
負の相関 266
部分集合 216
フラグ 64, 72, 74
分解 145
分散 258, 260
分布 249
分布曲線 249
平均値 251
ベクトル 134
ベクトルの大きさ 139, 156
ベクトルの分解 145
ベクトルの方向 137
ベクトル方程式 147
変化率 290
変曲点 301
偏差値 257, 262
方向 137
法線ベクトル 166
方程式 90
方程式の解 91
補集合 217
母集団 246
補数 29, 67

【ま】

マスク 69
マスクパターン 69
右シフト 59
無相関 266
文字コード 42
文字化け 42
モード 252
モンテカルロ法 241

【や】

要素 137, 172, 214

【ら】

乱数 235, 280
乱数サイ 280
乱数の種 281
乱数表 280
連立方程式 98, 184
論理演算 78, 80
論理積 81
論理否定 80
論理右シフト 60

論理和————————83

【わ】
和集合————————217
和の法則————————223, 238

文系プログラマーのための
Pythonで学び直す高校数学

2019年3月18日　　第1版第1刷発行
2023年5月25日　　第1版第7刷発行

著者	谷尻かおり（メディックエンジニアリング）	装幀	山之口正和（tobufune）
発行者	中川ヒロミ	デザイン	松田 剛（東京100ミリバールスタジオ）
編集	仙石 誠	DTP制作	東京100ミリバールスタジオ
発行	株式会社日経BP	イラスト	ばじぃ
発売	株式会社日経BPマーケティング	印刷・製本	図書印刷
	〒105-8308　東京都港区虎ノ門4-3-12	編集協力	関口雄太（電気通信大学）

●本書籍に関するお問い合わせ、ご連絡は下記にて承ります。
　https://nkbp.jp/booksQA

●本書の無断複写・複製（コピー等）は著作権法上の例外を除き、禁じられています。
　購入者以外の第三者による電子データ化および電子書籍化は、私的使用を含め一切認められておりません。

©2019 Medic Engineering
ISBN978-4-8222-9591-2
Printed in Japan